형사판결문으로 본
치안유지법 사건과 1920년대 사회주의운동

이 저서는 2014년 대한민국 교육부와 한국학중앙연구원(한국학진흥사업단)을 통해 한국학 분야 토대연구지원사업의 지원을 받아 수행된 연구임(AKS-2014-KFR-1230010-).

동국대학교 대외교류연구원·인간과미래연구소 일제하 형사판결문 해제집 7

형사판결문으로 본
치안유지법 사건과 1920년대 사회주의운동

초판 1쇄 발행   2020년 2월 10일

저  자 ㅣ 전명혁
펴낸이 ㅣ 윤관백
펴낸곳 ㅣ 도서출판선인

등  록 ㅣ 제5-77호(1998.11.4)
주  소 ㅣ 서울시 마포구 마포대로 4다길 4 곳마루 B/D 1층
전  화 ㅣ 02) 718-6252 / 6257
팩  스 ㅣ 02) 718-6253
E-mail ㅣ sunin72@chol.com

정가   30,000원

ISBN   979-11-6068-354-7   94910
ISBN   979-11-6068-347-9   (세트)

동국대학교 대외교류연구원 · 인간과미래연구소
일제하 형사판결문 해제집 7

# 형사판결문으로 본
# 치안유지법 사건과 1920년대 사회주의운동

전 명 혁

도서출판 선인

# ▌ 발간사 ▐

이 책은 동국대학교 대외교류연구원이 한국학중앙연구원의 지원을 받아 3년간(2014년 9월 1일부터 2017년 8월 31일까지) 연구한 「일제강점기 형사사건기록의 수집·정리·해제·DB화」 사업의 결과물을 간행한 것이다.

일제하 식민지 사회는 전통과 근대, 지배층과 피지배층이 교차하고 공존하는 시기로 복잡다기한 사회적 갈등이 새로운 양상으로 표출되던 공간이었다. 전통 사회의 해체과정에서 생성된 다양한 계층이 근대적 문물을 접하면서 욕망하는 개인으로 존재감을 드러내기 시작하였으나, 다른 한편 그들 모두가 일본의 핍박과 억압에 저항하거나 순응하는 피지배자의 굴레를 벗어날 수가 없는 운명공동체이기도 하였다. 이 같은 전환기 식민시대 조선인의 이중성을 인식하지 않고는 당시 상황의 본질을 이해하기가 어렵다.

그동안 식민지 사회의 연구는 그 시기 소수의 지식인들이 집필한 저서의 분석이 주를 이루었다. 그러기에 저자들의 주관적 사상이나 현실과 유리된 지식의 울타리에 머무를 수밖에 없었다. 당연히 식민지 사회의 다수를 차지했던 일반인, 특히 하층민들의 삶과 의식에 대한 연구는 뒷전으로 밀릴 수밖에 없었다. 그런 의미에서 식민지인의 일상을 그대로 조명할 수 있는 새로운 자료의 발굴은 있는 그대로의 식민지 사회를 이해하기 위해 반드시 필요한 과제라고도 할 수 있다.

형사사건 기록은 일제강점기 다양한 계층의 일상을 민낯으로 보여주기에 식민지 사회의 이중적이고 복합적인 모습을 있는 그대로 드러낸다. 동시에 일제의 형사법 체계가 어떻게 이루어져 있고, 그것이 식민지 조선 사회에 어떤 영향을 미쳤는가를 보여준다. 나아가 식민지 시대 형사법을 계승한 해방 이후 및 현대의 형사법 체계를 이해하는 데도 도움을 준다.

　　이 책은 일제강점기를 크게 ① '무단통치기'(1910~1919년) ② '문화통치기'(1920~1929년) ③ '전시체제기'(1930~1945년) 등 3시기로 구분하였다. '무단통치기'는 일제에 의해 조선총독부가 설치되면서 조선에 대한 식민지배가 본격화되는 시기이다. 1910년 한일병합시기부터 1919년 3·1운동 시기까지의 다양한 민중들의 삶과 사회적 문제, 3·1운동 관련 판결문 등을 다루었다. 그런데 이 책에서는 대한제국시기 『형법대전』이 만들어지고 근대적 형법체제가 형성되지만, 을사늑약 이후 통감부가 설치되면서 일제의 정치적 개입과 경제적 침략이 전개되면서 의병운동이 일어나던 시기의 관련 판결문을 포함하였다.

　　1920년대 '문화통치기'에는 일제의 탄압이 고도화되고 치밀해지고, 일본제국주의 독점자본이 도시와 농촌까지 장악하면서, 전통적인 삶의 양식이나 습속, 의식 등에서 '야만'과 '문명'이 충돌하게 된다. 형사사건의 유형에서도 '저항'과 '협력' 사이에서 고뇌하고 분노하는 조선인들의 이중적 모습이 각양각색으로 나타난다.

　　'무단통치기'와 '문화통치기'에 일제는 「조선태형령(朝鮮笞刑令)」(1912년, 제령 제13호)을 폐지하고, 「정치에 관한 범죄처벌의 건」(1919.4.15, 제령 제7호)을 제정하여 '집단적 독립운동의 기도'에 대해 형벌을 가중하면서 탄압을 본격화한다. 또한 1925년 5월 「치안유지법(治安維持法)」을 공포

하여 식민지의 독립과 해방을 추구하는 모든 행위를 이 법의 적용대상
으로 삼았다. 그러기에 이 시기 조선 독립운동 사건 가운데 상당수가
살인, 강도, 사기 등 범죄 행위로 왜곡된다.

　　1930년대의 '전시체제기'에는 세계대공황과 함께 일제도 다른 제국주
의 국가들처럼 자국의 독점자본의 위기와 공황의 타개책을 모색하였다.
1931년 만주사변과 1937년 중일전쟁의 발발은 이러한 일본제국주의 위
기의 돌파구였다. 이에 일본제국주의는 식민지 조선을 대륙침략의 전진
기지로 활용하면서 경제적 지배정책도 병참기지화로 선회하였다. 특히
1938년 이래 국가총동원법의 시행에 따라 '가격통제령', '미곡통제령', '국
민징용령', '임금통제령', '물자통제령', '국민근로동원령' 등이 발효되면서
식민지 민중에 대한 탄압도 고도화되었다. 일제는 식민지 민중의 저항
을 억압하기 위해 '조선사상범보호관찰령', '조선사상범예방구금령'을 제
정하여 치안유지법 위반자 중 기소유예, 집행유예, 가출옥, 만기출옥한
자를 2년 동안 보호관찰하고, 더 나아가 계속 구금할 수 있는 법적 기반
을 마련하였다. 또한 '조선임시보안령' 등을 제정하여 언론, 출판, 집회,
결사 등 기본권을 제한하였다. 이러한 탄압에도 불구하고 지속적으로
증가하는 식민지인의 일상적 저항이 판결문 및 형사기록 등에서 확인된
다.

　　이 책은 일제 강점기 일반 형사사건의 기록물을 통해 당시 민초들의
일상적 삶을 엿보고 형사법 체계에 반영된 식민지 통치의 변화를 추적
한다. 이 연구를 통해 일제강점기 형사사건 기록물과 판결문 및 이와
관련된 신문조서나 당시 발행된 신문·잡지 등의 자료 활용이 용이하게
되기를 기대한다. 더불어 보다 많은 연구자들이 이 연구에 의한 기초자
료의 분석·해제와 DB를 토대로 일제시대 다양한 형사사건 자료에 자

유롭게 접근하게 되길 바란다. 나아가 일제강점기 형사법의 성립과 변천 과정에 대한 세밀한 기록이 형사법 체계의 발달사에도 기여하게 되기를 기대한다.

이 연구는 기록물을 일일이 찾아 선별하여 상호 교차 검토하고 해제한 후, 이를 교열 · 감수하는 지난한 작업공정으로 이루어졌다. 참여 교수들 모두가 최대한 객관적이고 정확한 해제를 하려고 노력하였음에도 불구하고, 다소의 주관적 요소나 오류가 발견된다면 연구팀 공동의 책임이다. 이 연구에는 연구책임자인 본인을 포함하여 여러 선생님들이 참여하였다. 특히 이 책이 나오기까지 대외교류연구원 고재석 원장님과 하원호 부원장님을 비롯하여 공동연구원인 서울대 규장각의 윤대원 선생님, 국사편찬위원회의 김득중 선생님, 형사사건기록 연구팀 구성원인 이홍락 선생님, 전명혁 선생님, 박정애 선생님과 연구행정과 책 집필까지 맡아 준 김항기 선생께 감사드린다.

2020년 2월

연구책임자 동국대학교 조성혜

## ▌ 머리말 ▐

　일제하 형사판결문 해제집 시리즈(1~10권)는 한국학중앙연구원의 토대사업의 일환으로 진행된 「일제강점기 형사사건기록의 수집·정리·해제·DB화」사업의 결과물을 단행본으로 발간한 것이다. 이 책은 그중 2년차 작업의 일부로서 1919년 제령7호 '정치에관한범죄처벌의건' 위반사건과 치안유지법 위반사건이 대부분이다.

　이 책에서 다룬 형사사건은 총 6건의 판결문이다. 첫 번째 판결문은 1920년 11월 29일 박원혁(朴元赫) 외 36인의 경성복심법원 판결문이다. 이 판결은 1919년 3·1운동 시기 '함북연통제(聯通制) 사건'에 대한 판결문으로 상해 임정이 비밀리에 함경북도를 중심으로 행정조직체계를 구축한 연통제 실시 사건에 대한 판결문이다. '함북연통제사건'의 1심판결문은 확인이 되지 않지만 1심 공판과정 내용이 당시 동아일보에 연재되었다. 이에 따르면 1919년 12월 함경북도 회령, 경성(鏡城) 등지에서 박원혁, 김인서(金麟瑞) 등 대규모 인사들이 함북 나남경찰서에 검거되어 47명이 기소되어 1920년 7월 7일 함흥지방법원 청진지청에서 예심결정이 나고 1920년 8월 7일 함흥지방법원 청진지청에서 1심 판결이 내려졌던 것이다. 경성복심법원 판결문은 이 1심 판결에 대한 항소심이었다.

　다음 판결문은 1920년 12월 7일 전협(全協) 외 35인에 대한 경성지방법원의 판결문과 이에 대한 경성복심법원의 판결문과 고등법원의 최종판결문이다. 이 판결문은 1919년 3·1운동 직후 전협(全協), 최익환(崔益

煥) 등이 중심이 되어 조직한 조선민족대동단(朝鮮民族大同團) 사건을 다루고 있다. 3·1운동 시기 전협과 최익환 등은 항일 독립을 위하여 40여 명의 동지를 규합하여 고종의 다섯째 아들인 의친왕(義親王) 이강(李堈)을 고문으로 김가진(金嘉鎭)을 총재로 추대하여 1919년 3월 말 서울에서 조선민족대동단을 비밀리에 발족시켰다. 대동단은 1919년 3·1운동 이후 국내에서 결성된 최대의 비밀결사였다. 이 판결문을 통해 대동단의 활동과 구성원들의 인적사항을 구체적으로 확인할 수 있다.

이들 판결문은 1919년 3·1운동 시기 발생한 '연통제 사건'과 '대동단 사건' 관련 판결문으로 이 사건 관련자들은 대부분 다이쇼(大正) 8년(1919년) 제령(制令) 제7호 '정치에관한범죄처벌의건' 위반으로 징역형에 처해졌다. 일제는 1919년 3·1운동이 발생하자 기존의 보안법(保安法)으로는 대규모 '소요사건'을 처리할 수가 없자 제령 제7호 '정치에관한범죄처벌의건'을 제정하였던 것이다. 이들 사건에서 또 한 가지 주목할 내용은 3·1운동 시기 수많은 독립운동 사건을 겪으면서 민족적 독립과 해방의 열망을 지닌 개인들이 1920년대 '문화정치' 시기에 사회주의운동의 영향을 받게 되었다는 점이다. '함북연통제 사건'과 '대동단 사건'으로 징역 1년 6개월 형을 받았던 이운혁(李雲赫), 권태석(權泰錫)은 1920년대 초기 '서울파' 사회주의운동에 투신하게 되었다.

다음 판결문 4개는 모두 치안유지법 위반사건으로 그중 첫 번째 판결문은 정재달(鄭在達), 이재복(李載馥) 등의 '고려공산당 준비위원회 사건'에 대한 경성지방법원의 예심종결서(1925년 7월 24일)와 1심판결문(1925년 9월 12일)이다. '고려공산당 준비위원회 사건'은 1925년 5월 조선에서 치안유지법이 시행되어 최초로 그 적용이 논의된 '사상사건'이었다.

다음 판결문은 1928년 2월 13일 고윤상(高允相, 33세) 외 94인의 판결문으로서 '1-2차 조선공산당 사건'에 대한 경성지방법원의 판결문이다. 일제강점기 조선공산당에 대한 검거는 4차례에 걸쳐 이루어졌다. 1925년 11월 신의주 사건에 따른 1차 조선공산당 사건과 1926년 6월 6 · 10만세 운동에 의한 2차 조선공산당 사건, 그리고 1928년 2월의 3차 조선공산당 사건('ML당 사건'), 1928년 7월 4차 조선공산당 사건이 그것이다. 이 판결문은 1925년 11월에 발생한 '신의주 사건'(1차 조선공산당 사건)과 1926년 6월에 발생한 '6 · 10만세운동 사건'(2차 조선공산당 사건)의 병합 사건에 대한 판결문으로 조선공산당 사건은 1911년 '105인 사건' 또는 '데라우치총독 암살미수 사건'과 1919년 3 · 1운동과 더불어 일제하 3대 사건 가운데 한 사건이었다. 이 판결문을 통해 당시 조선공산당의 활동과 치안유지법 적용의 구체적 사례를 확인할 수 있다.

다음 판결문은 1928년 2월 27일 최원택(崔元澤) 외 27인 판결문 '제1차 간도공산당 사건'에 대한 경성지방법원의 판결문이다. 간도공산당 사건은 일제가 간도에서 활동하던 사회주의운동가들을 검거한 사건으로 1927년부터 1930년까지 모두 3차에 걸쳐 일어났다. '제1차 간도공산당 사건'은 1927년 10월 경성에서 진행 중이던 조선공산당 사건 공판의 공개를 요구하는 시위를 계획하다가 일제 간도영사관 경찰서에 검거되어, 조선공산당 만주총국 책임비서 대리 겸 조직부장 최원택(崔元澤), 동만 구역국 책임비서 안기성(安基成)을 비롯하여 이주화(李周和), 김지종(金知宗) 등 29명이 징역 8년부터 1년까지의 실형을 선고받았다. 이 판결문을 통해 당시 간도공산당의 활동과 치안유지법 적용의 구체적 사례를 확인할 수 있다.

다음 판결문은 조선공산당과 관련하여 1928년 7월에 검거된 이성태(李星泰) 외 2인에 대한 치안유지법 관련 사건에 대한 1929년 2월 27일 경성지방법원의 판결문이다. 이 사건은 바로 1928년 2월 27일~28일 개최된 조선공산당 3차당대회 직후 조선공산당에 대한 검거 즉 '제4차 조선공산당 사건'의 시작을 알리는 일제의 조선공산당 검거사건이었다.

2020년 2월
전명혁

# ▌차 례 ▌

# 1

## 제령(制令) 제7호

## '정치에관한범죄처벌의건' 위반사건

## 1) 박원혁 외 36인 판결문
### (1920년 형공 제563호, 大正9年刑控第563號, 京城覆審法院)

　이 문서는 3·1운동 이후 상해임정의 연통제 추진에 따라 함경북도를 중심으로 연통제(聯通制)를 실시하려다 일제에 검거된 사건에 대한 경성복심법원의 판결문이다. 현재 경성복심법원의 2심 판결문은 존재하지만 1920년 10월 10일 함흥지방법원 청진지청에서 있었던 1심판결문이 확인되지 않는다. 그러나 1심 판결에 앞서 함흥지방법원 청진지청에서 1920년 7월 7일 예심이 결정되었고 1920년 8월 4일부터 8월 7일까지 윤태선(尹台善), 이상호(李相鎬) 등 47명에 대한 공판이 청진지청에서 열렸다. 1심 재판에는 이시바시(石橋) 재판장, 아사하라(淺原), 요시(吉), 배석판사가 참여하고 신도(新藤) 검사가 간여하였다. 당시 『동아일보』에는 다음과 같이 이 공판의 속기록이 실려 있었다.[1]

　"함경북도의 지식계급을 망라하야 조직한 함북연통제(聯通制) 사건 47인의 제1회 공판은 1920년 8월 4일 오전 아홉시부터 함흥지방법원 청진지청(咸興地方法院 淸津支廳) 제일호 법정에서 개정되었다. 정각 전에 피고 사십칠인은 간수와 순사에게 호명되어 법정으로 들어오는데 칠팔삭 동안이나 철창 아래에서 신음한 까닭으로 얼굴에는 혈색이 하나도 없이 하얗게 세였고 그 중에 백발이 성성한 노인이 있는 것은 한층 더 사람의 비희를 자아낸다. 방청인은 멀리 회령(會寧), 경성(鏡城) 등지에서 온 사람이 무려 사오백명에 달하였는데 법정이 협착하여 피고들만 간신히 들어가고 간수와 순사가 법정문

1) 『東亞日報』, 1920.8.22~8.23, 8.27~8.31, 「世人을 驚駭케한 聯通制의 公判」(一)~(七).

밖에서 경위를 엄중히 함으로 방청인은 들어갈 생각도 못하고 법정 밖에 서서 피고의 얼굴이나 볼까 하여 고개를 기웃기웃 할 뿐이다. 정각보다 조금 늦게 이시바시(石橋) 재판장, 아사하라(淺原), 요시(吉) 양 배석판사와 신도(新藤) 검사 서기 통역생이 차례로 착석하고 이시바시 재판장이 개정을 선언하니 법정 안은 죽은 듯이 고요한 중 순서를 따라서 피고의 주소 직업 연령 씨명을 조사하는데 연령과 주소에 많은 착오가 있어 문부의 정리치 못한 점이 탄로되었으며 한 시간 동안이나 조사를 마치고 신도(新藤) 검사는 일어서서 침착한 태도로 본 사건의 경과를 간단히 말한 후 경찰서 검사국 예심정 신문서 기타 증거에 의하야 범죄증거가 충분함으로써 공소를 제기하는 것이니 심리하기를 바란다 하고 앉으매 재판장은 이로부터 사실을 심리할 터인즉 일반 피고는 첫째, 이 사람의 말을 저사람이 가로 막아 대답하지 말일 둘째, 대답하는 말은 간단 명료하여 묻지 아니하는 일까지 장황 진술하지 말일 셋째, 사실은 경찰서나 검사국과 예심정에서 임의 취조한 것이니 이번 심문에 공연히 사실을 부인하여서 신문상의 수속이 많이 걸리게 하지 말일 등의 세 가지의 조건을 주의시킨 후 먼저 김인서(金麟瑞)부터 신문을 시작하였다."

김인서(金麟瑞)

문 : 간도 등지에서 조선 독립운동을 한 일이 있는가?

답 : 업소.

문 : 조선 독립운동을 하려 하였느냐?

답 : 네. 이번 사건은 조선 독립을 도모한 것이요.

문 : 조선 독립은 어떠한 의미의 독립인가?

답 : 물론 일본의 통치권을 벗어나서 조선 사람의 손으로 통치하자는 것이요.

문 : 언제부터 그런 생각이 있었나?

답 : 한일병합 당시부터이요.

문 : 어찌하여 그런 생각을 두었나?

답 : 네. 조선은 조선 사람의 조선이니까 조선 사람이 통치하여야 하겠소 보시요 일본의 통치아래 있는 우리에게는 모든 것을 빼앗기고 말았으니 무슨 행복이 있겠소. 우리는 우리의 행복스러운 생활을 위하야 독립을 요구하는 것이오.

문 : 작년 구월 상순경에 서울 사는 명제세(明濟世)에게서 상해가정부의 연통제 즉 첫째 군자금으로 기부금을 모집할 일, 둘째 군사상의 경험있는 자를 조사 통지할 일, 셋째 독립 시위운동을 행할 일, 넷째 조선인 각 관청 군대의 상황을 조사 통지할 일, 다섯째 병기 탄약에 관한 상황을 통지할 일, 여섯째 구국금(救國金)을 모집할 일, 일곱째 시위운동 때문에 피해된 상황 조사 보고할 일 등의 일을 기재한 목록견서(目錄見書) 한 장을 우편으로 받은 일이 있느냐?

답 : 네. 받은 일이 있소.

문 : 피고는 회령야소교회(會寧耶蘇敎會)에서 여러 사람을 지휘하는 권한이 있음을 이용하야 각 사람에게 그 문서를 보였는가?

답 : 아니요. 나는 서기로 있었으니 무슨 지휘의 권리가 있겠소.

문 : 언제부터 조선 독립운동을 하려 하였느냐?

답 : 이 연통제를 보고 독립 운동을 하려 하였소.

문 : 명제세는 그 전부터 알았느냐?

답 : 알지 못하는 사람이요.

문 : 알지 못하는 사람이 어찌 그같이 중요한 서류를 보내었느냐?

답 : 그것은 내게로 온 것이 아니요 교회 중으로 온 것을 내가 교회의 일을 보게 되였음으로 떼여 보앗소.

문 : 그 서류는 인쇄물인가?

답 : 아니요. 철필로 쓴 것이요.

재판장은 증거 제일호를 보이면서

문 : 이것이 그것인가?

답 : 아니요. 그것은 내용이 같은 것인데 등사한 것뿐이요.

문 : 이것을 보고 찬성하야 참가하였느냐?

답 : 다 찬성한 것이 아니라 일부분만 찬성하였소.

문 : 어떠한 것을 찬성치 아니 하였느냐?

답 : 군사상에 관한 사건은 찬성치 아니 하였소.

문 : 왜?

답 : 우리에게는 전쟁할 실력이 없을 뿐 아니라 있다 하더라도 나라를
　　빼앗기든 한일병합 때에도 전쟁을 한 것이 아니니까 나라를 찾을
　　때에도 전쟁하지 않고 찾으려 하였소.

문 : 만일 할 수 없이 전쟁 할 경우가 되면 어찌 하려느냐?

답 : 그것은 그때 가서 보아야 알 일이요.

문 : 만일 싸우게 되면 누구와 싸우려 하느냐?

답 : 물론 일본이지요?

문 : 이 서류중 적(敵)이라 함은 누구를 가리킴인가.

답 : 그것도 일본이지요?

문 : 이 연통제를 각처에 설치하려 하였는가.

답 : 그렇소.

문 : 이 서류를 받아 보고 회령 사는 이남식(李南植)의 집에서 박원혁
　　(朴元赫) 박관훈(朴寬勳)과 같이 모여서 의논하였는가.

답 : 그리하였소.

문 : 무슨 일을 의논하였는가?

답 : 실행 방침을 의논하였소.

문 : 즉 도(道)에 감독부(監督府) 군(郡)에 통감부(統監府) 면(面)에 사감

부(司監府)를 설치하자는 것이냐?

답 : 그렇소.

문 : 그리하야 회령 감독부 감독에 강준규(姜俊奎)를 추천하고 박원혁은
서기로 박관훈(朴寬勳)은 재무부원으로 임명하고 진홍진(陳鴻珍)을
회녕통감부 통감으로 추천하고 피고는 부통감이 되었는가?

답 : 그리하였소.

문 : 진홍진과 강준규는 회의석에 참여치 아니 하였는가?

답 : 네. 그 자리에 없기로 추천만 하였소.

문 : 그 후 승락을 얻기 위하야 가서 말하였나?

답 : 가서 말하였소. 강준규에게는 박원혁이가 말하기로 하고 진홍진에
게는 내가 가서 말하기로 하였으나 찾아 갔다가 만나지 못하였소.

문 : 언제쯤인가?

답 : 회의 한 후 한 달쯤 지나서 찾아 갔었소.

문 : 만나지 못하여 그만 두엇는가?

답 : 네.

문 : 강준규는 어떻게 되었느냐?

답 : 박원혁의 말에 승락치 아니하드라 하옵디다.

문 : 연통제서류의 등사를 마치여 노춘섭(盧春燮)에게 주어 이상호로 하
야금 경성(鏡城)에 그 기관을 설치하게 하였느냐?

답 : 노춘섭에게는 내가 준 것이 아니라 박원혁이가 주었소.

문 : 언제 주었는가?

답 : 내가 준 것이 아니니까 모르겠소.

문 : 그 서류를 등사할 때에로 춘섭이는 오지 아니하였느냐?

답 : 그렇소.

문 : 박원혁에게 줄 때에 노춘섭에게 전하라 하였는가?

답 : 아니요. 그저 경성(鏡城)으로 보내라 하였소.

문 : 경성(鏡城)으로 보낸 후에 그 결과가 어찌 되었는지 알았느냐?

답 : 박원혁에게서 경성(鏡城)에서도 조직한다는 말을 들었소.

문 : 어찌한다는 내용은 몰랐는가?

답 : 그 내용은 몰랐소.

문 : 상해가정부에 이 기관의 조직이 완성되었다고 통고하였는가?

답 : 완성하였다고 한 것이 아니라 방금 조직중이라고 통지하였소.

문 : 어떻게 통지하였는가?

답 : 내가 경성(鏡城) 가서 명제세(明濟世)를 만나서 전하였소.


  그 다음에는 박원혁(朴元赫)을 심문하기 시작하였다.

문 : 피고는 이전부터 조선 독립을 희망하였는가?

답 : 네. 희망하였소.

문 : 왜?

답 : 일한양국이 병합한 후 일본의 정책은 우리의 문화와 역사를 무시하
    고 무리한 동화(同化)를 강제하야 우리의 문화를 박멸하려 하니 어
    찌 독립을 열망치 아니하겠소.

문 : 독립의 의의(意義)와 그 하려하는 방법은 김인서의 말과 가튼가?

답 : 그렇소.

문 : 김인서의 말과 가치 회령이남식의 집에서 연통제에 관하야 회의한
    일이 있는가?

답 : 그리하였소.

문 : 연통제서류를 노춘섭에게 주어서 경성(鏡城) 이상호(李相鎬)에게 전
    하고 경성(鏡城)에도 그 기관을 설치하랴 하였는가?

답 : 그리하였소?

문 : 노춘섭이는 어디서 만났는가?

답 : 회령 박관훈(朴寬勳)의 집에서 만낫소.

문 : 무슨 말을 하였는가?

답 : 그 서류를 이상호, 전재일(全在一)에게 전하였소.

문 : 그 내용을 말하고 찬성을 어덧는가?

답 : 아니요. 그저 독립에 관한 서류라 하고 이상호 전재일에게 전하라
하였소.

문 : 왜 자세한 말을 아니 하였는가?

답 : 자세히 말할 필요가 업기로 그리 하였소.

문 : 각 기관을 설치할 것과 상해가정부에 통지할 것은 김인서의 말과
가튼가.

답 : 그렀소.


그 다음에는 이운혁(李雲赫)을 심문하기 시작하였다.

문 : 피고는 이상호외 일곱 사람과 작년 음력 칠월경에 송윤섭의 집에
갔던가?

답 : 네. 간일은 있었소.

문 : 어찌하야 갔던가?

문 : 송관섭이가 오라고 하기에 술이나 먹자고 하는가 생각하면서 갔소.

답 : 가서 어떻게 하였는가.

문 : 가니까 연통제 서류를 내여 놓는데 보고 반대하였소.

답 : 무슨 까닭으로?

문 : 우리가 특별히 독립을 시켜 달라고 운동을 하지 아니 하더래도 적
당한 시기가 되면 일본이 의례히 내놓을 터이지요. 보시오. 미국에
서 비율빈(比律賓)에 대하야 방금 독립을 주자고 아니합니까. 이러

한 이유로 운동할 필요가 없는 줄 알고 반대하였소. (이때에 재판
장은 그렇게 예를 외국에까지 구할 필요가 없다 하여 장황히 말을
못하게 한다.)

문 : 그같이 반대하고 곧 집으로 갔는가?

답 : 아니오 그 집 웃방에 올라가서 놀았소.

문 : 나남경찰서에서는 찬성하였다고 아니하였는가?

답 : 나남경찰서에서는 몹시 때리기로 할 수 없이 그리하였소.

문 : 피고는 군서기도 다니고 학식도 유여한대 여간 때린다고 사실 아닌
것을 진술 할리가 없는데? 또 검사국에서는 때리지 아니하는데 왜
부인치 아니하였는고?

답 : 아무리 지위가 높고 학식이 넉넉한 사람이라 하기로 약한 몸에 몹
쓸 매야 어찌 견디겠소. 그날도 다른 사람이 몹시 마자서 거의 죽
게 된 것을 보았소. 나가치 섬섬약골이 저렇케 맞으면 어찌하나 하
여 너무 무서워서 그리하였오. 또 검사국에서 그리한 것도 그때 검
사가 나남경찰서에 출장하야 취조하였는대 경관이 배석하고 있스
니 만일 경찰서에서 심문한 것을 부인하게 되면 검사가 도라간 뒤
에 또 때릴는지 알 수 있소 그리함으로 사실은 아니지마는 되는대
로 대답하였소.


"공판 제4일인 1920년 8월 7일 오전 8 : 30에 어제에 이어 계속하여 개
정하고 증거물품 10건에 대하여 일일히 심문한 후 재판장은 이로써 심
문을 종결하였다고 선언하고 피고 일동을 일어서라 하고, 신도(新藤) 검
사(檢事)는 일어서서 본 사건은 작년만세소요와 그 취지가 달라서 상해
가정부(임시정부)와 기맥을 연락하고 조직적으로 단체를 만들어서 성대
하게 조선독립을 운동하였음으로 세상의 주목을 끌게 한 바 되었도다.

특히 작년 만세소요는 내용을 아지 못하고 부화뇌동하야 참가한 사람이 많으나 이번 사건은 관공리와 학교교사 전도사와 재류금지자 등의 지식계급을 망라하야 일어난 일이니 내용을 알지 못하면서 참가하였을 리 만무하고 관공리는 관기(官紀)를 무시하고 국가의 헌법을 배반한 일은 실로 가증한 일이라 어찌 만세소요와 동일히 논란하리오. 이와같이 국가의 안녕 질서를 문란케 하야 국가의 기초를 위태케 하는 자는 속히 박멸치 아니치 못하겠도다. 이 사건을 예심에 붙이기는 증거가 불충분함이 아니라 경성 방면에까지 연락된 일이기로 사실의 내용을 더 탐지하고 동범자를 더 체포하여서 총괄하야 재판하려고 예심에 붙인 것인데 경찰서와 검사정에서는 일일히 자백한 것을 예심정에서 부인하기도 하고 특히 이번 공판에는 이삼인이 자백한 후 모다 부인하나 예심정에서도 신중히 조사하야 무죄한 자는 방송하고 증거가 충분한 자만 기소한 것이라. 현금의 감옥 제도가 불완전한 것은 면치 못할 일이지마는 경찰서에서 자백한 일을 예심 결정에서 부인하는 것은 사실이 무근함으로 그러한 것이 아니라 감옥 안에서 관계자와 공론하고 부인함이로다. 본관이 형의 양정(量定)을 하는대 대하여는 그 신분과 지위를 보아 운동은 만히 하였던지 적게 하였던지 상관치 아니하고 그 결과가 밋치는 영향의 대소에 의지하야 이와 가치 조헌을 문란한 자에게는 법률이 허락하는 한도안에서 극형을 구하노라.

본 사건은 1919년 제령 제7조 제1호에 해당한 자로 10년 이내의 형벌에 처할 자임으로 아래와 같이 구형하노라. 김인서(金麟瑞), 이상호(李相鎬), 김동식(金東湜) 징역 5년, 윤태선(尹台善) 징역 6년, 박원혁(朴元赫), 송관섭(宋瓘燮), 전재일(全在一), 정두현(鄭斗賢), 이운혁(李雲赫), 박상목(朴相穆) 징역 4년, 노춘섭(盧春燮), 임정발(林正發) 징역 3년 6월, 이규철(李揆哲), 송윤섭(宋玧燮) 징역 3년, 최붕남(崔鵬南), 이영순(李永

順) 징역 2년 6개월, 박두환(朴斗煥), 이동호(李東湖), 장천석(張天錫) 징역 2년, 이치원(李致遠), 최창악(崔昌岳), 박대욱(朴大郁), 전용락(全龍洛), 정재호(鄭在鎬) 징역 1년 6월, 윤병구(尹秉球), 석인제(石麟蹄), 최병학(崔秉學), 최형욱(崔衡郁), 이희복(李熙馥), 현창묵(玄昌黙), 강학병(姜鶴秉), 장창일(張昌逸) 징역 1년, 이용헌(李庸憲), 엄춘섭(嚴春燮), 김하경(金河經) 징역 10월, 최학남(崔鶴南), 김병규(金秉奎), 석인욱(石麟郁) 징역 8월, 엄일봉(嚴日峯), 최종일(崔宗一), 이용춘(李庸春), 엄기중(嚴基重), 이병하(李炳夏), 강상호(姜尙鎬), 이재화(李在和) 징역 7월, 이남재(李南栽) 징역 6월.

재판장은 피고에게 이익되는 말이 있거든 진술하라 하매 윤태선(尹台善)은 한일합병은 우리 민족의 의사를 무시하고 일본이 침략주의(侵略主義)로 조선을 강탈하야 횡령한 것인데, 남의 것을 강탈한 자에게 도로 찾고자 함이 무슨 죄냐고 대답하였고, 김인서(金麟瑞)는 총독의 행정에 반감을 품고 이번의 사건이 일어났으니 이번 사건은 총독의 죄라함이 가할 터인데도 도리여 총독부 제령(制令)에 의지하야 구형을 하는 검사는 반성할 필요가 있다 하였고, 김동식(金東湜)은 일본의 형법이나 총독부 제령은 우리의 의사로 된 법률이 아니니 우리가 어찌 이런 법률에 복종하리요, 그런 즉 우리는 적국의 포로(捕虜)가 된 몸이니 오 년이 아니라 오십 년이라도 복역하겠다 하였고, 최형욱(崔衡郁)은 민족자결주의에 의지하야 당당한 우리의 독립을 요구하는데 무슨 죄가 있기로 우리를 죄를 주느냐 대답하였다.

또 이운혁(李雲赫)은 검사가 경찰서에서 자백한 것을 예심정에서 부인함은 자기의 죄를 숨김이라 하나 경찰서에서 나를 심문하기는 구로다(黑田) 경부(警部)라 하는 자인데, 그자가 지금 특별 방청석에 와 있는지 모르거니와 그자가 몹시 때리기로 나는 도장을 내어주면서 네 마음대로 청취서(聽取書)를 만들라 하니 그의 말이 그러면 네 마음에 업는 일을 진술함이냐 하매 그러한 일도 있다 하였으며, 또 검사의 말에 감옥 제도가 불완전하야 공모하고 진술한다 하나 나는 송윤섭의 집에서 회의한 때에 기절한 사람인데 무슨 면목으로 나를 빼여 놓아 달라고 관계하던 여러 사람에게 하엿겠소.

최종일(崔宗一)은 당신네는 우리들을 피고 피고 하지마는 제것을 찾고자 하는 우리가 원고인가요, 남의 빼아슨 일본이 원고인가요? 금번 사건의 재판장은 영국 사람이나 미국사람은 될 수 있스나 일본 사람은 재판장이 될 수가 업다고 하매 재판장은 이러한 말은 들을 필요가 업스니 다른 피고에게 이익될 말이 있스면 하되 이러한 말은 일절하지 말나고 제지하나 피고는 일향 듯지 아니하고 "일본 형법이 데라우치(寺內)와 당국자는 처형하지 하니하느냐" "자유를 요구함은 전 인류의 욕망인대 무슨 죄가 있느냐?" "독립을 요구함은 우리의 사심으로 하는 것이 아니요. 양심이 간절히 요구하는 것인대 일본인에게는 이런 요구가 업슬가" "나는 구형하는 대로 복역하겟소 삼천리강토가 다 유치장이요 감옥인대 감형이 되여 나간다한들 무슨 자유와 행복이 있겟소" 하기도 하며 엇더한 사람은 "나는 독립을 희망만 하였는대 죄를 주니 이천만을 다-잡아다가 죄를 주어야 하겟스며 저 방청인들은 왜 불러내여 죄를 주지 안는가?" "우리에게 이가치 중죄를 주면 다시는 무서워서 독립운동을 하지 아니할줄로 짐작하지마는 우리 민족은 그러한 일을 무서워 하는 시대는 지낫소. 압제하면 압제할사록 더욱 반감을 품어 독립을 간절히 요구하오" "압집에서 뒷집 것을 탈취한 때에 압집 사람이 송사를 한다면 재판장은 엇더케 처결하겟소." 하야 여러 피고는 번가라 가면서 과격한 말을 하니 재판장과 간수 순사는 제지하나 조금도 듯지 아니하고 더욱 기운을 내이어 말하야 법정은 소연하고 일대 수라장을 이루엇다. 이에 재판장은

더 들을 말이 업다 하고 폐정을 선언하고 뛰여 드러가니 때는 오전 열
두시쯤 되엿더라."

1920년 8월 15일 오후 한시에 함흥지방법원 청진지청 제일호법정에서
이시바시(石橋) 재판장, 아사하라(淺原), 요시(吉) 양 배석판사, 신도(新
藤) 검사, 서기 통역생이 참석한 후 다음과 같이 판결을 언도하였다.

징역 5년 윤태선(尹台善), 징역 4년 이상호, 전재일, 송관섭, 김동식,
이규철, 징역 3년 김인서, 정두현, 징역 2년 반 박원혁, 최붕남, 현창묵,
임정발, 송윤섭, 박상목, 노춘섭, 징역 2년 박두환, 최형욱, 이동호, 장천
석, 박대욱, 징역 1년 반 이운혁, 윤병구, 강학병, 정재호, 징역 10월 이
영순, 징역 8월 최종일, 엄춘섭, 석인제, 김하경, 전용락, 석인욱, 징역 8월
(집행유예) 장창일, 최병학, 최학남, 박인수, 엄일봉, 최창악, 이용헌, 이
용춘, 김병규, 엄기중, 이병하, 강상호, 이재화, 이희복, 이치원, 이남재[2]

다음은 이 연통제 사건에 대한 경성복심법원의 판결문 내용이다.
1. 함경남도 덕원군 적전면 당중리 재적
   함경북도 회령군 회령면 5동 거주 사립학교 교사 박원혁(朴元赫)
   27세
2. 함경남도 정평군 광덕면 인흥리 재적
   함경북도 회령군 회령면 5동 거주 사립학교 교사 김인서(金麟瑞)
   27세
3. 함경북도 경성군 오촌면 수성동 재적

..........................................

[2] 『東亞日報』, 1920.8.22~8.23, 8.27~8.31, 「世人을 驚駭케한 聯通制의 公判」(一)~(七).

함경북도 회령군 회령면 오산동 거주 잡화상 이상호(李相鎬) 50세

4. 함경북도 경성군 오촌면 승암동 재적, 거주

　　농업 노춘섭(盧春燮) 42세

5. 함경북도 경성군 오촌면 승암동 재적, 거주

　　농업 송관섭(宋瓘燮) 38세

6. 함경북도 경성군 오촌면 용포동 재적, 거주

　　무직 전재일(全在一) 46세

7. 함경북도 경성군 오촌면 승암동 재적, 거주

　　농업 정두현(鄭斗賢) 42세

8. 함경북도 경성군 오촌면 수성동 재적, 거주

　　경성군 서기 이운혁 26세

9. 함경북도 경성군 주북면 운곡동 재적, 거주

　　농업 김동식(金東湜) 29세

10. 함경북도 경성군 오촌면 승암동 재적, 거주

　　농업 장창일(張昌逸) 25세

11. 함경북도 경성군 주을온면 송암리 재적, 거주

　　농업 최붕남(崔鵬南) 40세

12. 함경북도 경성군 주을온면 연향동 재적, 거주

　　농업 박두환(朴斗煥) 37세

13. 함경북도 경성군 주을온면 팔향동 재적, 거주

　　농업 윤병구(尹秉球) 27세

14. 함경북도 경성군 주북면 운곡동 재적, 거주

　　농업 최병학(崔秉學) 44세

15. 함경북도 경성군 주북면 영원동 재적, 거주

　　농업 최형욱(崔衡郁) 27세

16. 함경북도 경성군 주북면 영원동 재적, 거주

    농업 최학남(崔鶴南) 23세

17. 함경북도 경성군 주북면 운곡동 재적,

    함경북도 경성군 나남면 미길정 거주 잡화상 최종일(崔宗一) 32세

18. 함경북도 경성군 어랑면 봉강동 재적, 거주

    농업 이희복(李熙馥) 45세

19. 함경북도 경성군 어랑면 봉강동 재적, 거주

    농업 이치원(李致遠) 29세

20. 함경북도 경성군 나남면 생복정 재적, 거주

    잡화상 강학병(姜鶴秉) 24세

21. 함경북도 경성군 주남면 용암동 재적,

    함경북도 경성군 나남면 미길정 거주 농업 현창묵(玄昌黙) 35세

22. 함경북도 경성군 주남면 삼향동 재적, 거주

    사립학교 교사 임정발(林正發) 30세

23. 함경북도 경성군 주남면 용암동 재적, 거주

    잡화상 이동호(李東湖) 34세

24. 함경북도 경성군 주남면 용암동 재적, 거주

    농업 장천석(張天錫) 47세

25. 함경북도 경성군 주남면 용암동 재적, 거주

    농업 최창악(崔昌岳) 32세

26. 함경북도 경성군 주남면 삼향동 재적, 거주

    농업 엄춘섭(嚴春燮) 38세

27. 함경북도 경성군 주남면 용암동 재적, 거주

    사립학교 교사 박대욱(朴大郁) 28세

28. 함경북도 경성군 용성면 용향동 재적, 거주

이영순(李永順) 38세

29. 함경북도 경성군 주남면 삼향동 재적,
   함경북도 경성군 나남면 미길정 거주 농업 석인제(石麟蹄) 28세
30. 경성부 제동 재적,
   함경북도 경성군 나남면 미길정 거주 고인(雇人) 이규철(李揆哲) 27세
31. 경성부 화동 재적, 거주 윤태선(尹台善) 46세
32. 함경북도 경성군 오촌면 승암동 재적, 거주
   잡화상 김하경(金河經) 30세
33. 함경북도 경성군 주을온면 팔향동 재적, 거주
   미매매 전용락(全龍洛) 34세
34. 함경북도 경성군 오촌면 용천동 재적, 거주
   농업 정재호(鄭在鎬) 34세
35. 함경북도 경성군 오촌면 승암동 재적, 거주
   농업 송윤섭(宋玧燮) 30세
36. 함경북도 경성군 주남면 삼향동 재적
   함경북도 경성군 나남면 미길정 거주 농업 석인욱(石麟郁) 22세
37. 평안남도 성천군 금천면 대성리 재적,
   경성부 제동 거주 광업 박상목(朴相穆) 43세


위 정치에 관한 범죄 피고사건에 대해 다이쇼 9년(1920년) 10월 10일 함흥지방법원 청진지청이 언도한 판결에 대해 피고 이희복, 이치원, 최창악, 최학남, 최병학, 장창일, 이운혁, 김인서에 대한 부분에 대해 원심 검사로부터 그 나머지 각 피고 및 피고 이운혁, 김인서에 대한 부분에 대해 각 피고로부터 공소 신청이 있으므로 조선총독부 검사 히라야마 (平山正祥)의 간여로 심리 판결함이 다음과 같다.

# 주문

원판결은 이를 취소한다.

피고 윤태선을 징역 5년에, 피고 김동식 이상호 김인서 송관섭 전재일을 각 징역 4년에, 피고 정두현(鄭斗賢)을 징역 3년에, 피고 박원혁(朴元赫) 박상목 송윤섭 최붕남 현창묵 임정발을 각 징역 2년 6월에, 피고 박두환(朴斗煥) 박대욱 이규철 노춘섭 장천석 최형욱을 각 징역 2년에, 피고 이운혁을 징역 1년 6월에, 피고 정재호(鄭在鎬) 윤병구 강학병을 각 징역 1년에, 피고 이영순(李永順)을 징역 10월에, 피고 전용락(全龍洛) 최종일, 엄춘섭(嚴春燮), 석인제(石麟蹄), 석인욱 김하경 장창일 최병학 최학남 최창악을 각 징역 8월에 처한다. 피고 최종일 김하경 장창일 최병학 최학남 최창악은 각 3년간 그 형의 집행을 유예한다.

피고 이동호(李東湖) 이희복(李熙馥) 이치원(李致遠)은 각 무죄.

압수품 중 연통제 1통(령(領) 제309호-8), 본부(本部) 찬의사(贊義士) 사령 1통(同號-3), 애국금 수금위원 사령 2통(同號-4)은 이를 몰수하고 그 나머지는 각 차출인에게 환부한다.

# 이유

피고들은 모두 한일병합에 반대한 이래 조선독립의 희망을 가지고 있는 자이다.

제1. 피고 김인서는 다이쇼 8년 9월 상순경 경성(京城)에 거주하는 명제세(明濟世)라는 자로부터 상해임시정부에서 발행한 연통제(聯通制) 즉, 동(同) 정부와 연락을 통해 복국(復國)사업을 하는 것을 목적으로 하여 조선 각 도(道)에 감독부, 각 군(郡)에 총감부(總監府), 각 면(面)에 사감부(司監府)를 설치하여 독립시위운동을 계속하고, 구국금(救國金)을 모집하며 기타 여러 사항을 주관한다는 내용을 기재한 규칙서가 함경북도 회령군 예수교(耶蘇教) 회당으로 우송되어 오자 이를 받고 그곳 박관훈(朴寬勳)이란 자의 집에서 피고 박원혁 및 박관훈과 회합하여 모두 위 연통제의 취지에 찬동하고, 회령에 함경북도의 감독부를 동도(同道) 각 군(郡)에 총감부를, 각 면에 사감부를 각 설치할 것을 협의하였다 그리고 감독에 강준규(姜俊奎)라는 자를 추천하고, 피고 박원혁은 감독부 서기, 박관훈은 동 재무계가 되고 회령군 총감부에 대해서는 총감(總監)에 진홍진(陳鴻珍)이란 자를 추천하고, 피고 김인서는 그 부총감이 되어서 이 기관을 조직하였다. 피고 김인서는 그 뜻을 명제세를 통하여 상해임시정부에 보고하려고 동년 10월 하순경 경성으로 출발하여 명제세와 만나 위 보고를 의뢰하였다. 그리고 일면 피고 김인서, 박원혁은 경성군(鏡城郡)에도 위 연통제에 따른 기관을 설치하기 위해 동년 9월 중순경 박관훈의 집에서 피고 노춘섭에게 전시 연통제의 취지를 말하고 그의 동의를 얻고 피고 이상호로 하여금 경성군에 그 기관을 설치하게 하자고 하여 위 연통제의 사본 여러 통을 피고 노춘섭에게 교부하여 경성(鏡城)으로 파견하였다. 그리고 피고 노춘섭은 동년 9월 중순경 위 내용을 받고 연통제의사본 여러 통을 휴대하고 경성군 경성(鏡城)으로 와서 피고 이상호와 만나 회령에도 연통제에 따른 기관을 설치하였으니 경성에도 동일한 기관을 설치해 달라는 내용을 말하고, 위 연통제의 사본 여러 통을 피고 이상호에게 교부하였다. 그 후 동월 중순경부터 하순경까지의 기간에 경성군 오촌면 승암동 이학수(李學洙)의 집, 송병제(宋秉濟)의 집, 이도제(李道濟)의 집, 현순칠(玄淳七)의 집 등에 가서 독립운동자금 기부 권유를 하였다.

제2. 피고 이상호는 동년 9월 14일 저녁 피고 송윤섭의 위에 적힌 거주지 집(경성군 오촌면)에서 피고 전재일 김동식 정두현 이운혁 장창일 김관섭 송윤섭 등과 회합하고 일동에게 피고 노춘섭에게서 받은 연통제 사본 여러 통을 보이고, 조선독립운동에 관하여 조선과 상해임시정부가 연결을 취하기 위해 연통제에 따른 기관을 설치하자는 내용을 말하였다. 그리고 일동 이에 찬동하고 연통제에 따라 경성군에 총감부를, 그 각 면에 사감부를 설치할 것을 협의하였다. 피고 이상호는 총감에, 피고 전재일은 동 부총감에, 피고 송윤섭은 동 재무계에 각 취직하고, 이운혁이란 자를 동 서기로 추천하였다. 그리고 경성군 오촌면의 사감(司監)은 피고 정두현, 동 재무계는 피고 송관섭이 각 이를 맡고 동 서기에 홍종일(洪鍾一)이란 자를 추천하였다. 그리고 주을온면 사감에 피고 최붕남을, 용성면 사감에 피고 이영순을, 주북면 사감에 피고 최병학을 어랑면 사감에 피고 이희복을 각 추천하였다. 위 주을온면, 용성면, 주북면, 어랑면의 사감에 대해서는 피고 김동식이 후일 그 동의를 얻는 것으로 협정하였다. 이어서 피고 이상호 송관섭 전재일 정두현 등은 위 연통제에 따른 기관을 설치한 후 각지에서의 독립운동의 상황을 시찰할 필요가 있다고 하여 동년 9월 하순경 피고 송관섭의 위에 적힌 거주지(경성군 오촌면)에서 회합하여 협의하였다. 그 결과 피고 송관섭을 경성 윤재선의 집으로 파견하기로 하고 그 뜻을 피고 송윤섭 이운혁에게도 말하여 그 동의를 얻고, 각자 여비를 각출하여 동월 하순경 피고 송관섭은 경성(京城)의 윤태선의 집을 향해 출발하였다. 한편 피고 김동식은 전시 협정에 따라 동년 9월 중 피고 윤병구 박두환 및 최붕남과 회합하고, 일동 연통제의 취지를 찬동하여 그 취지에 따라 경성군 주을온면 사감부 설치를 협의하였다. 피고 최붕남은 사감, 피고 박두환은 동 재무계, 피고 윤병구는 동 서기가 되어 동 조직을 완성하였다. 그리고 그 다음날 피고 김동식의 위에 적인 거주지(경성군 주북면) 집에서 피고 최학남 최병학 최형욱 최종일 기타와 회합하고, 일동 연통제의 취지에 찬동하여 이에 따라 동군(同郡) 주북면 사감부 설치를 협의하였다. 피고 최병학은 사감, 피고 최형욱은 동 서기가 되고 원심 피고 박인수(朴仁壽)를 동 재무계에 추천하여 그 조직을 완성하였다. 피고 김동식은 동년 10월 중순경 피고 임정발의 위에 적인 거주지(경성군 주남면) 집에서 동인에게 전시 연통제에 따른 주남면 사감부 설치를 의뢰해 두었는데, 동월 하순경 피고 장천석의 위에 적힌 거주지(경성군 주남면) 집에서 피고 임정발 장천석 현창묵 최창악 기타가 회합하여 동 연통제의 취지에 찬동하고 이에 따라서 동면(同面) 용전동 및 삼향동에 각 사감부를 설치할 것을 협의하였다. 피고 장천석은 용전동 사감, 피고 최창악은 동 서기가 되고, 동 재무계에 원심 피고 이용춘(李庸春)을 추천하였다. 또 피고 엄춘섭을 삼향동 사감에 피고 박대욱을 동 서기에, 원심 피고 김병규(金秉奎)를 동 재무계에 각 추천하였다. 그 후 피고 염춘섭, 박대욱은 이를 낙하여 위 주남면 사감부 조직을 완성하였다. 그리고 당시 피고 최형욱은 피고 현창묵의 의뢰에 의해 동년 11월 상순경 주을온면 도암동 최붕한(崔鵬漢)의 집에서 위 주남면 사감부 설치를 경성(鏡城) 총감부에 보고해 달라는 내용을 피고 최붕남에게 의뢰하였다. 이어서 피고 김동식은 동년 11월 중순경 연통제 사본 1통을 휴대하고 위에 적힌 기재의 피고 이희복 이치원의 각 거택(경성군 어랑면)에 가서 동 피고들에게 동 연통제를 보이고 그 취지에 찬동하여 어랑면의 사감이 되어 달라고 권유하였다.

제3. 피고 윤태선 및 박상목은 동년 9월 하순경 경성부(京城府) 제동 취운정(翠雲停)에서 강대호(姜大浩), 박시목(朴時穆), 송범조(宋範朝)라는 자와 회합하여 조선독립을 목적으로 경성(京城)에 대한임시정부 13도 총간부(總幹部)를, 각 도에 그 지부를 설치하여 상해임시정부와 연락을 통하여 독립운동을 할 것을 협의하였다. 피고 윤태선은 총무, 강대호는 재무계, 송범조는 문서계, 박시목은 외교계가 되어 그 총간부를 조직하였다. 또 피고 윤태선은 함경북도, 피고 박시목은 평안남도에 각 그 지부 설치를 담당하였다. 그리고 피고 윤대선은 위 지부 설치의 목적으로 동년 10월 하순경 함경북도 경성으로 와서 피고 정재호의 위에 적힌 거주지(경성군 오촌면) 집에서 피고 이상호 전재일 정두현 송관섭 송윤섭 김동식 김하경 최붕남 박두환 전용락 이영순 석인욱 정재호 등과 회합하여 일동에게 조선독립은 명백하므로 애국금(愛國金)을 내고 또한 열심히 독립운동을 하자는 내용을 기재한 유고(諭告) 문서 십수 매 및 대한임시정부 13도 본부 찬의사(贊義士)로 임명한다는 내용의 사령서 15매, 동(同) 명의의 애국금 수금위원으로 임명한다는 내용의 사령서 15매를 보이고, 이번에 상해임시정부와 연결을 취하여 독립운동을 하고 동지를 모아 기부금 모집을 하기 위해 경성(京城)에 대한임시정부 13도 총간부가 조직되어 각 도에 그 지부를 설치하기로 하였고, 자신은 그 지부 설치를 위해 왔다는 뜻을 말하고 그 찬동을 구하였는데, 일동 이에 찬동하여 협의한 결과 경성(鏡城)에 함경북도 지부를 설치하기로 하였다. 피고 전재일을 지부장으로, 피고 정두현을 재무부장으로, 피고 박두환을 서무부장으로, 피고 전용락을 경무부장으로 각 추천하여 각 이들의 승낙을 얻어 위 지부 조직을 완성하였다. 그리고 피고 이상호는 동년 11월 상순경 피고 석인제의 적힌 거주지(경성군 주남면) 집에서 동인에게 현재 상해임시정부와 연결을 취하여 조선 각지에서 조선독립운동을 하고 있으니 그 동지가 되어 달라는 권유를 하고, 동 피고의 동의를 얻었다. 그리고 동월 하순경 피고 이상호, 전재일은 전시 13도 총간부 설치의 회합의 때 피고 윤태선으로부터 교부 받은 유고문(論告文) 2매, 해당 본부 찬의사 및 애국금 징금위원의 사령서 30매를 휴대하고 나남면 미길정 지약범(池若範)의 집에 가서 피고 석인제에게 독립운동을 위해 이를 동지에게 주고 기부금을 모집해 달라고 교부하였다. 그리고 피고 석인제는 위 교부 받은 유고문 및 사령서 등을 동월 하순경 나남면 미길정 남학로(南學魯)의 집에서 그 사정을 말하고 피고 이규철에게 교부하였다. 피고 이규철은 동년 12월 2일 동면 포정동 거리에서 당시 상해(上海)로 도항하여 조선독립운동을 할 목적으로 가는 도중에 있던 피고 임정발, 박대욱의 두 명과 해후하자 동인들에게 상해로 도항하여 독립운동을 하는 것보다 차라리 이 지방에 머물며 독립운동에 종사하라고 말하여 그 뜻을 바꾸게 만들었다. 그 다음날 미길정 석동섭(石東燮)의 집에서 동인들에게 이것으로 독립운동자금을 모집해 달라고 하며 위 사령서 3매를 교부하였다. 그리고 피고 임정발, 박대욱은 동월 8일경 경성군 주남면 삼향동 엄용봉(嚴龍鳳)의 집에서 피고 엄춘섭에게 조선독립을 위해 기부금을 모집하는 것이 필요하다고 말하고 위 사령서를 교부하였다.

제4. 피고 윤병구는 피고 최붕남이 「국민해혹서(國民解惑書)」라는 제목의 "현재세계의 대세는 민족자결주의에 따라 어떤 소국(小國)이라도 독립하게 되었다. 특히 조선은 미국으로부터 많은 동정을 받고 있고 또한 일본은 곳곳에 공화사상이 충만하므로 조선은 가까운 시일에 독립할 수 있다. 이때 조선인은 협력하여 일치 독립운동을 하자"는 내용을 기재한 불온문서를 가지고 있음을 알고 지인 김귀손(金貴孫)이란 자에게 조선독립사상을 환기하여 독립운동의 동지를 만들고자 동년 9월 하순경 피고 최붕남 앞 편지로 위 '국민해혹서'를 김귀손에게 설명해 달라는 뜻을 의뢰하자, 피고 최붕남은 이에 응하여 동일경 위에 적힌 거주지(경성군 주을온면) 집에서 김귀손에게 위 국민해혹서의 취지를 설명하여 암암리에 다수와 함께 조선독립운동을 하자고 권유, 선동하였다.

제5. 피고 강학병은 다이쇼 8년 9월 중순경 경성군 나남면 생구정 이만춘(李萬春) 집에서 피고 현창묵에게 "자신은 상해임시정부와 연결을 통하여 조선독립을 위해 활동하는 자이다. 지방에서도 임시정부와 연결을 취하기 위해 운동기관을 설치해야 한다"고 하며 당시 회령 야소교회당의 나대화(羅大化)가 보내 온 독립운동자금 모집에 관한 '우리들의 소식' (압수품이 아님)이라는 제목의 불온문서를 교부하여 암암리에 다수 공동으로 독립운동을 하자는 뜻을 권유하여 선동하였다.

제6. 피고 이상호, 전재일, 박원혁은 박관훈과 함께 동년 12월 상순경 회령의 박관훈 거택에서 회합하여 상해임시정부 발행의 독립신문에 따르면 다이쇼 9년 2월경 해당 임시정부에서 국회가 개최되어 조선 각 도에서 3명씩의 대의원을 출석시키기로 되어 있으니 함경북도에서는 그 대의원으로서 먼저 피고 윤태선을 파견하기로 결정하였다. 그리고 동월 중순경 동군(同郡) 장원보(張元甫)의 집에서 피고 이상호, 전재일 및 김동식 등이 회합하여 협의한 결과 그 뜻을 피고 윤태선에게 교섭하는 것을 피고 이동식이 담당하였다. 동 피고는 그 다음날 경성의 윤태선의 집을 향해 출발하였으나 도중에 체포되었다.

이상의 범죄 사실은 당 법정에서의 피고 김인서의 자신은 한일병합에 반대하며 독립을 희망한다. 다이쇼 8년 9월 상순경 상해임시정부가 발행한 연통제라 운운하는 문서가 어디에서인가 회령의 야소교 교회당으로 우송되어 와서 자선이 수취한 일이 있다. 연통제에는 독립운동을 할 것, 군사(軍事)에 지식과 경험이 있는 자를 구할 것, 구국금(救國金)을 모집할 것 및 감독부, 총감부, 사감부 등을 설치할 것 등이 적혀있었다. 감독부에는 감독 부감독 각 1명 서기 3명 재무 2명을 두고 총감부에는 총감, 부총감 각 1명, 서기 2명, 재무 1명을 두고, 사감부에는 사감 1명, 재무 1명, 서기 1명을 두는 것으로 되어 있었다. 자신은 그 주지(主旨)의 일부에 찬성하여 박원혁 박관훈 등과 협의하였다 그리고 위 연통제에 따라 함경북도에 감독부, 군에 총감부, 면에 사감부를 설치할 것을 협의하였다. 위 감독부는 회령에 설치하고 감독으로 강준규, 서기에 박원혁, 재무에 박관훈을 추천하였다. 회령군의 총감부는 회령에 두고 총감에 진홍진, 부총감에 자신이 각 추천되고, 서기와 재무는 아직 정하지 않았다. 자신은 위 송부되어 온 연통제를 45매 복사하여 박원혁에게 넘겼다. 이는 (연통제가) 우송되어 온 무렵부터 얼마 되지 않는 무렵으로 9월 초순이라는 내용의 공술,

동상(同上) 피고 박원혁의, 자신은 한일병합에 반대하며 독립을 희망하고 있다. 다이쇼 8년 9월 중 김인서가 연통제를 가지고 와서 동 연통제에 따라 기관을 설치하자고 말하고 자신과 상담하였다. 자신은 박관훈의 집에서 동인 및 김인서와 회합하여 협의한 결과 연통제에 따라 함경북도의 감독부를 회령에 두고, 회령군의 총감부를 회령에 두고 각각 역원을 추천하였다. 자신은 연통제의 사본을 노춘섭에게 건네고 그로부터는 이상호에게 건네라고 하였다. 자신은 장원보의 집에서 김인서, 이상호, 전재일 등과 회합하여 상해임시정부 발행의 독립신문에 따르면 다이쇼 9년 3월경 상해임시정부에서 개최되는 의회에 각 도에서 대표자 각 3명씩을 파견하는 것으로 되어 있으니 함경북도에서도 대표자를 뽑자고 말하고 윤태선을 파견하는 것으로 결의하였다. 윤태선과의 교섭은 일체 전재일이 인수하여 동인과 여러 번 교섭하였으나 윤태선으로부터

어떠한 대답이 없어 끝내 김동식에게 의뢰하여 동인으로 하여금 경성 윤태선의 집으로 가게 하기로 하였다. 동인이 출발하여 (경성으로 가는) 도중에 성진(城津)에서 체포되었다는 내용의 공술,

　동상(同上) 피고 노춘섭의, 자신은 한일병합에 반대하며 독립을 희망한다. 자신은 다이쇼 8년 음력 윤 7월 중순경 박원혁으로부터 연통제라는 문서를 수취하고 이를 경성의 이상호에게 넘긴 일이 있다. 자신은 이상호에게 연통제를 건네고 온 후, 다이쇼 8년 음력 윤 7월 20일경 오촌면 승암동 이학수의 집에 가서 동인에게 상해임시정부에서 조선 독립운동을 하는 데에 필요한 비용으로 충당하기 위한 기부금을 모집하여 보내달라고 하니 독립운동을 위해 기부를 해 달라고 권유하였다. 동월 29일 동면(同面) 수성동 송병제의 집에 가서 동일하게 말하고 기부금의 권유를 하고, 다시 동년 음력 8월 2일 동소(同所) 이도순의 집, 현순칠의 집에 가서 동일하게 기부금의 권유를 한 일이 있다는 내용의 공술,

　동상(同上) 피고 이상호의, 자신은 한일병합에는 반대하며 독립을 희망한다. 자신은 다이쇼 8년 음력 윤 7월 중 노춘섭에게서 연통제라는 문서를 받았는데, 동인은 박원혁으로부터 부탁을 받았다고 말하였다. 그때 박원혁의 편지에는 노춘섭으로 하여금 연통제를 보내는바, 동 연통제에 따라 경성(鏡城)에도 기관을 설치하는 것이 좋지 않겠냐는 말이 적혀 있었다. 자신은 동월 20일경 저녁 송윤섭의 집에서 동인 및 전재일, 김동식, 정두현, 이운혁, 장창일, 송관섭 등과 회합하였다 자신은 연통제의 사본 여러 통을 일동에게 보이고 이에 따라 기관을 조직하여 상해의 임시정부와 연결을 취해 각지의 상황을 통지하고, 독립시위운동을 하고 군자금을 모집하여 보내는 일을 해야 한다고 말하고 일동은 이에 찬성하였다. 그리고 경성군에 총감부를, 각 면에 사감부를 설치하는 일을 협의하고 그 자리에서 총감에는 자신, 부총감에는 전재일, 재무에는

송윤섭 또 오촌면 사감에는 정두현 재무에는 송관협, 주을온변의 사감에는 최붕남, 주북면 사감에는 최병학, 용성면 사감에는 이영순을 추천하였다.

동년 음력 8월 초경 자신은 송관섭의 집에서 동인 및 전재일, 정두현 등과 회합하여 피고 이운혁, 송윤섭의 동의를 얻어 임시정부, 경성(京城) 방면의 운동 상황을 시찰할 필요가 있다고 하여 송관섭을 경성(京城)으로 파견하기로 협의하고 각자 비용을 각출하여 먼저 여비로서 30원을 건네고, 경성으로 보낸 후부터 30원을 보내기로 한 것이 틀림없다. 송관섭은 약 1개월 정도 후에 집으로 돌아와서 운동이 왕성하다는 것과 윤태선이 와서 상세하게 이야기한다고 말하였다고 자신들에게 이야기하였다. 동년 음력 8월인가 9월경 윤태선이 경성군 오촌면의 송관섭의 집에 왔다.

그리고 자신과 만나 사람을 모아 달라고 말하여, 오촌면 용천리의 정재호 집에서 동인 및 전재일 정두현 송관협 최붕남 박두환 송윤섭 김하경 석인욱 전용락 김동식 이영순 자신 외 여러 명이 회합하였다. 윤태선은 일동에게 경성(京城)에 13도 총간부를 설치하고 각 도에 지부를 설치한다고 말하고 전재일을 지부장으로 한다고 말하였다. 그때 전재일은 윤태선으로부터 찬의사의 사령 14, 15매, 애국금수금위원의 사령 15매, 유고문 10매를 받았다. 자신은 전재일과 함께 회령으로 가서 박원혁과 만나 상담한 후 상해임시정부에서 개최되는 의회에 윤태선을 대표자로 하기로 하고, 교섭을 위해 김동식을 경성(京城)으로 보냈다. 그런데 도중에 동인이 성진에서 체포되었다는 내용의 공술,

동상(同上) 피고 전재일의, 자신은 한일병합에 반대하며 독립을 희망한다. 다이쇼 8년 음력 7월 20경 송윤섭의 집에서 연통제에 관하여 회합하였다. 그때 경성군에 총감부를, 각 면에 사감부를 설치한다는 말이 있

었고, 총감에는 이상호, 부총감에는 자신, 재무에는 송윤섭, 또 오촌면의 사감에 정두현, 동 재무에 송관섭, 주을온면의 사감에 최붕남, 주북면의 사감에 최병학, 용성면의 사감에 이영순을 추천하였다. 주을온면, 주북면의 그 다른 역원 및 주남, 어랑 2면의 사감부 설치의 일은 김동식이 담당하기로 정하였다. 동년 음력 9월 초경 경성(京城)에서 윤태선이 경성(鏡城)으로 와서 송관섭의 집에서 자신, 이상호 등과 만났다. 윤태선은 이번에 경성 13도 총간부에서 파견되어 왔으니 동지자를 모아 달라고 말하여 정재호의 집에 다수의 사람과 회합하였다. 윤태선은 이번에 경성(京城)에 13도 총간부라는 것을 만들어 독립운동을 하기로 하였고, 자신은 지부를 조직하기 위해 본부에서 파견되어 온 자라고 말하고 사령서 및 유고문 각 10매를 보이고, 이것으로 독립운동의 자금을 모집해 달라고 말하며 이를 자신에게 넘겼다. 자신은 지부장에, 정두현은 재무부장에, 박두환은 서무부장에 전용락은 경무부장에 각 추천되었다. 자신은 이상호와 함께 회령으로 가서 박관훈과 함께 회합하여 윤태선을 상해임시정부의 의회에 파견하기로 협의하였다는 내용의 공술,

　동상(同上) 피고 송윤섭의, 자신은 한일병합에 반대하며 독립을 희망한다. 다이쇼 8년(1919년) 음력 윤 7월 20일경 자신의 집에서 연통제에 관한 회합의 때 홍종일이 오촌면의 사감부 서기로 추천되었다. 그때 출석한 최붕남, 최병학, 이영순 등에 대해서는 김동식이 취직을 권유하고, 주을온면, 주북면, 용성면의 그 나머지 역원 및 주남, 어랑 2면에 대한 사감부 설치에 대해서는 동인이 담당하기로 정하였다. 동년 음력 8월 초경 이상호 송관섭 전재일 정두현 등이 송관섭의 집에서 회합하여 경성(京城) 방면의 운동 상황을 시찰할 필요가 있다고 하며 송관섭을 경성(京城)으로 파견하기로 협의하였다. 자신 및 이운혁도 찬동하고 각자 여비 등을 각출하여 송관섭을 경성(京城)으로 보냈다. 그 후 동년 음력

9월 초경 윤태선이 경성(鏡城)으로 와서 정재호의 집에서 동인 및 기타의 사람과 회합하여, 대한임시정부 13도 총간부를 경성(京城)에 설치하고 각 도에 지부를 조직하여 왕성하게 운동을 하기로 하여, 지부설치를 위해 파견되었으니 찬성해 달라고 말하였다 지부장은 전재일, 재무부장에 정두현, 서무부장에 박두환 등으로 하였다. 그리고 지부의 임무는 본부의 명령에 의해 하는 것이라고 말하였다는 내용의 공술,

동상(同上) 피고 김동식의, 자신은 한일병합에 반대하며 독립을 희망한다. 자신은 송윤섭의 집에서 이상호, 기타의 사람과 연통제에 대해 상담하였다. 그 자리에서 이상호는 연통제의 사본 45매를 보이며 각 도, 군, 면에 감독부, 총감부, 사감부를 설치하고 상해임시정부와 연결을 취해 운동을 하고 자금을 모집하는 것이라고 설명하였다. 그리고 역원을 서로 추천하였다. 그때 주을온변의 사감에는 최붕남, 용성변의 사감에는 이영순, 주북면의 사감에는 최병학 어랑면의 사감에는 이희복, 주남면의 사감에 엄정발을 각 추천하고 용성면을 제외하고 다른 4개 면의 사감부 설치에 대해서는 위 추천된 자에게 통지하여 승낙을 얻어 설치하는 것을 자신이 인수하게 되었다. 자신은 송관섭과 함께 연통제를 4매 정도 등사하여 이를 가지고 윤병구의 집에 가서 동인 및 최붕담, 박두환 등과 만나 연통제의 설명을 한 일이 있다. 송윤섭의 집에서의 만난 날에서 3일 정도 지난 날 자신의 집에서 최학남, 최병학, 최형욱 등이 각 모였고, 최형욱은 주북면의 서기가 되는 것을 승낙하였다. 그 수일 후 자신은 임정발과 만나 연통제에 대해 이야기하고 주남면의 사감부 조직을 의뢰하였다. 자신은 임정발과 헤어진 후 어랑면 봉강동 이희복의 집에 가서 연통제를 만들고 사감이 될 것을 권유하였으나 거절당하였다. 이어서 이치원의 집에 가서 동일하게 말하고 사감이 되어 달라고 부탁하였으나 결국 승낙을 받지 못하였기 때문에 어랑면의 사감부는

설치를 하지 못하였다. 자신은 12월 18, 19일경 성진(城津)에서 관헌에 체포되었는데 이는 자신이 경성(京城)의 윤태선에게 의회 개최에 대해 함경북도의 대표자가 될 것을 권유하기 위해 상경하는 도중으로, 위 권유를 하러 가게된 것은 전재일에게 부탁을 받았기 때문이라는 내용의 공술,

피고 송관섭의, 자신은 한일병합에 반대하며 독립을 희망한다. 자신은 다이쇼 8년 음력 윤 7월 20일경 송윤섭의 집에서 8명이 회합하여 연통제라는 것을 상담하고 그 자리에서 역원을 추천하였다. 용성면의 사감에 추천된 이영순은 후일 승낙을 한 모양이다. 자신은 경성(京城)에서의 독립운동 및 임시정부의 상황을 시찰하기 위해 경성(京城)에 갔다. 경성에서 윤태선과 면회하여 독립운동의 일을 물은 것이 음력 8월 초순경으로 동인은 가까운 시일에 경성(鏡城)으로 갈 것이니 돌아가 있으라고 말하였다. 윤태선은 경성(鏡城)에 와서 정재호의 집에서 십수 명이 회합하여 대한임시정부 13도 총간부를 경성(京城)에 설치하였는데 그 지부 설치를 위해 왔다고 말하였다 그 목적 등을 말하고 일동 찬성하여 지부 설치의 협의를 하였다. 전재일은 지부장이 되는 것을 승낙하였다는 내용의 공술,

동상 피고 박상목의, 자신은 다이쇼 8년 음력 윤 7월 중, 강대호와 만난 일이 있고, 경성(京城) 취운정에 간 적이 있다는 내용의 공술,

동상 피고 윤태선의, 자신은 한일병합에 반대하며 독립을 희망한다. 자신은 대한임시정부 13도 총간부의 함경북도 지부 설치를 담당하였다. 자신이 함경북도 가기 전에 송관섭이 자신의 집에 왔고, 동인은 독립운동의 상황에 대해 자신에 물었다. 자신은 동인에게 후일 경성(鏡城)에 갈 것이니 돌아가 있으라고 말하였다. 그 후 음력 9월 초순경 자신은 경성군 오촌면 송관섭의 집으로 갔는데, 동면(同面)의 정재호 집에서 십수

명의 사람과 회합한 자리에서 지부 설치에 관하여 이야기를 하였다. 그 결과 전재일이 지부장이 되었다. 그때 전재일에게 유고문(諭告文), 사령서 등을 교부하였다. 그것은 13도 총간부를 원조하는 사람이 있으면 건네 달라고 말하고 교부하였다. 위 총간부는 상해임시정부와 연결을 취하여 함께 독립운동을 함을 목적으로 하는 것이라는 내용의 공술,

동상 피고 최붕남의, 자신은 한일병합에 반대하며 독립을 희망한다. 다이쇼 8년 음력 9월 10일경 이상호, 전재일의 통지에 의해 정재호의 집으로 가서 십수 명과 회합하여 윤태선으로부터 13도 총간부의 이야기를 듣고 역원을 추천한 일이 있다. 자신은 동월 18일경 최붕한의 집에서 최형욱으로부터 주남변의 용전동, 삼향동의 두 사감부원의 성명을 기재한 문서를 받았다. 자신은 음력 8월 22일 윤병구로부터 편지가 와서 김귀손이라는 자에게 '국민해혹서'라는 인쇄물을 설명해 달라는 의뢰를 받았다는 내용의 공술,

동상 피고 정재호의, 자신은 다이쇼 8년 음력 9월 초경 전재일의 의뢰에 의해 자신의 집을 대여하고 다수의 사람이 모였다. 그리고 대한임시정부 13도 총간부를 경성(京城)에 설치하고 그 지부를 각 도에 설치한다고 말하여 일동이 이에 찬성하고 지부를 설치하고 또한 역원을 추천한 일이 있다는 내용의 공술,

동상 피고 장창일의, 자신은 한일병합에 반대하며 독립을 희망한다. 자신은 다이쇼 8년 9월경 송윤섭의 집에서 8명과 회합하여 이상호가 설명한 연통제에 의해 경성군에 총감부를 설치하고 총감에 이상호, 부총감에 전재일, 재무에 송윤섭, 서기에 이운혁을 추천하였다. 그때 이상호는 연통제를 보이고 이는 기관을 설치하여 상해임시정부와 연결을 취해 독립운동을 함께 하는 것이 목적이라고 말하였고, 자신은 찬성하였다는 내용의 공술,

동상 피고 이운혁의, 자신은 한일병합에 반대하며 독립을 희망한다. 다이쇼 8년 음력 윤 7월 20일경 송윤섭의 집에서 8명이 회합하고 그 자리에서 이상호는 연통제라는 것에 대해 이야기를 하였다는 내용의 공술,

　동상 피고 정두현의, 자신은 한일병합에 반대하며 독립을 희망한다. 자신은 다이쇼 8년 음력 윤 7월경 송윤섭의 집에서 8명의 회합하여 연통제의 취지에 따라 총감부, 사감부 설치에 대해 상담하였다. 경성(京城)에서 윤태선이 와서 정재호의 집에서 십수 명의 사람이 회합하여 대한임시정부 13도의 지부 설치에 대해 상담하였다. 그 목적은 기부금의 모집을 하는 것, 본부 및 상해임시정부와 연결, 통신을 하여 독립운동을 하는 것이다. 그 지부장은 전재일이라는 내용의 공술,

　동상 피고 박두환의, 자신은 한일병합에 반대하며 독립을 희망한다. 다이쇼 8년 음력 9월 초경 경성(京城)에서 윤태선이 와서 정재호의 집에서 십수 명이 회합하여 대한임시정부 13도의 지부 설치를 협의하였다는 내용의 공술,

　동상 피고 이영순의, 자신은 한일병합에 반대하며 독립을 희망한다. 자신은 다이쇼 8년 음력 9월경 정재호의 집에서 십수 명이 회합하여 대한임시정부 13도의 지부 설치에 대해 상담하였다. 지부 설치의 목적은 기부금을 모집하고, 상해임시정부와 연결을 취해 시위운동을 하는 것이고 자선도 그 상의에 가담하여 찬성하였다. 자신은 송관섭의 권유에 의해 연통제에 의해 설치된 용성면의 사감이 되는 것을 승낙하였다는 내용의 공술,

　동상 피고 석인욱의, 자신은 한일병합에 반대하며 독립을 희망한다. 자신은 다이쇼 8년 음력 9월 경 송윤섭에게 권유를 받아 정재호의 집에 갔었고, 전재일이 대한임시정부 13도 지부장이 되었다는 내용의 공술,

동상 피고 윤병구의, 자신은 한일병합에 반대하며 독립을 희망한다. 다이쇼 8년 음력 9월경 김동식이 자신의 집에 왔고, 최붕남, 박두환은 그 자리에 있었다. 그때 김동식은 연통제를 보이고 설명을 하고, 주을온 면의 사감에 최붕남, 재무에 박두환, 기타에 윤병구를 추천하였다고 말하였다. 자신은 동년 음력 8월 22일경 최붕남에게 편지를 써서 김귀손에게 '국민해혹서'라고 하는 조선독립론을 적은 인쇄물을 설명해 달라고 편지를 보냈다 이는 전날 자신이 최붕남의 집에 갔을 때 우편이 왔었고 이를 개봉하였더니 '국민해혹서'임을 알았다. 이로부터 그 책이 최붕남의 집에 있음을 알고 있었다는 내용의 공술,

동상 전용락의, 자신은 한일병합에 반대하며 독립을 희망한다. 자신은 다이쇼 8년 음력 9월 초경 정재호의 집에서 십수 명과 회합하여 경성(京城)에서 온 윤태선이 대한임시정부 13도 지부 설치를 위해 설명하였다. 그리고 일동 찬성하여 지부를 설치하고 역원을 선정하여 전재일이 지부장이 되었다는 내용의 공술,

동상 피고 김하경의, 자신은 한일병합에 반대하며 독립을 희망한다. 자신은 다이쇼 8년 음력 9월 초경 이상호에 의해 정재호의 집에 갔는데 그때 경성(京城)에서 온 윤태선 등 십수 명이 회합하였다. 윤태선은 대한임시정부 13도 지부 설치에 대해 설명하고 일동 찬성하여 역원을 추천하였다는 내용의 공술,

동상 피고 최병학의, 자신은 한일병합에 반대하며 독립을 희망한다. 다이쇼 8년 음력 윤 7월 말인가 8월 초경 김동식의 집에 7, 8명의 사람이 회합하여 주북변의 사감부 설치에 대해 상담하고, 사감에 자신을 추천한 일이 있다는 내용의 공술,

동상 피고 최형욱의, 자신은 한일병합에 반대하며 독립을 희망한다. 다이쇼 8년 음력 윤 7월 하순경 김동식의 집에서 회합하여 연통제의 일

에 대해 협의하였다. 그 자리에서 자신은 역원에 추천되었다. 김동식은 상해임시정부와 연결을 취해 자금을 모집하고 독립운동을 함께 하기 위한 기관을 설치하자는 내용을 설명하였다. 자신이 현창묵으로부터 주남면 삼향동 및 용전동의 두 사감부 조직 보고서를 김동식에게 넘겨달라는 부탁을 받은 것이 대개 음력 9월 초경으로 그 후 이를 최붕한의 집에서 최붕남에게 넘겼다는 내용의 공술,

동상 피고 최학남의, 자신은 한일병합에 반대하며 독립을 희망한다. 자신은 다이쇼 8년 음력 윤 7월 하순경 김동식의 집에서 여러 명의 사람과 회합하였다. 그 자리에서 김동식은 연통제에 대해 설명을 하고 주북면에도 기관을 설치하는 일을 상담하고 일동 찬성하였다. 그리고 사감에 최병학, 재무에 박인수, 서기에 최형욱을 각 추천하였다. 연통제는 상해임시정부와 연결을 취해 자금을 모집하고 독립운동을 하기 위해 기관을 설치하는 것이라는 내용의 공술,

동상 피고 최종일의, 자신은 일한병함에 반대하며 독립을 희망한다. 자신은 김동식의 집에서 여러 명과 회합하였고, 그 자리에서 역원을 추천한 일이 있다는 내용의 공술,

통상 피고 석인제의, 자신은 일한병함에 반대하며 독립을 희망한다. 다이쇼 8년 11월 20일경 나남면 미길정 지약범의 집에서 전재일은 자신에게 서면을 건넨 일이 있다는 내용의 공술,

동상 피고 이규철의, 자신은 한일병합에 반대하며 독립을 희망한다. 자신은 다이쇼 8년 11월 20일 나남변 미길정 남학로의 집에서 석인제로부터 사령서 및 유고문을 받았다. 그 서면은 지약범의 집에서 전재일, 이상호가 석인제에게 넘긴 것이다. 그 후 1개월 정도 후 자신은 임정발 박대욱과 동인들이 청진에서 나남으로 오는 도중 만나 되돌아가서 석동섭의 집에서 숙박하고 다음날 아침 박대욱에게 '학교에서 근무하는 편

이 좋지 않겠느냐고 말하고 사령서를 꺼내 3매를 건넸다. 동인은 다른 곳으로 가지 않겠다고 하였다는 내용의 공술,

동상 피고 임정발의, 자신은 한일병합에 반대하며 독립을 희망한다. 자신은 김동식으로부터 연통제를 보고 주남면의 사감부 조직을 부탁받았다. 자신은 동년 10월 25, 26일경 현창묵과 함께 장천석의 집에 갔다. 그 집에서 현창묵 장천석 최창악 이용헌(李庸憲) 엄기중(嚴基重) 등과 회합하여 협의한 결과 용천동의 사감에는 장천석, 재무에 이용춘, 서기에 최창악을 각 추천하였다. 그리고 그때 삼향동 사감의 역원을 선거하였다. 자신은 12월 3일 박대욱, 석인제, 이규철과 함께 나남면 생약정의 석동섭의 집에서 숙박하고 이규철로부터 애국금 수금원 사령 2매, 찬의사 사령 1매를 받았다. 이는 독립운동에 대해 자금을 모집하기 위한 것이라고 알고 있다. 자신은 엄춘섭에게 위 사령서를 건네고 또 동인에게 삼향동 사감이 되어 달라고 권유하였다. 사감은 연통제에 따라 설치된 것이라고 알고 있다는 내용의 공술,

동상 피고 박대욱의, 자신은 한일병합에 반대하며 독립을 희망한다. 자신은 다이쇼 8년 음력 10월경 임정발, 석인제와 함께 나남면 생약정 석동섭의 집에서 숙박하였고 그때 이규철과 만났다. 그 다음날 아침 이규철이 임정발에게 사령서를 건네는 것을 보았다. 위 사령서 1매에 임정발이 염춘섭의 이름을 써 넣었고, 다른 2매와 함께 동인에게 교부하였다는 내용의 공술,

동상 피고 엄춘섭의, 자신은 한일병합에 반대하며 독립을 희망한다. 자신은 임정발로부터 삼향동 사감에 되어 달라는 말을 들었다 음력 9월 10일경 자신의 집에서 이야기하였다. 자신은 임정발에게서 찬의사 및 애국금 수금위원의 사령서 3매를 받았다는 내용의 공술,

동상 피고 장천석의, 자신은 한일병합에 반대하며 독립을 희망한다.

자신은 현창묵으로부터 독립운동의 기관 설치의 이야기를 들었다. 10월 30일 자신의 집에서 현창묵 최창악 엄기중 이용헌 임정발 등과 회합하였다. 그때 연통제에 따라 주남면 삼향동, 용전동에 사감부를 설치하기로 하였다. 용전동의 사감에는 자신, 재무에는 이용춘, 서기에는 최창악, 또한 삼향동의 사감에는 염춘섭, 재무에는 김병규, 서기에는 박대욱을 각 추천하였다는 내용의 공술,

동상 피고 현창묵의, 자신은 한일병합에 반대하며 독립을 희망한다. 자신은 10월 30일경 장천석의 집에서 여러 명의 사람과 회합하였다. 총감부 각 면의 사감부의 역원의 이름을 적어 둔 것이 있었는데 이를 김동식에게 보내기로 하고, 자신이 보내는 일을 하기로 하였으나 심부름꾼이 없었기 때문에 최형욱과 만났을 때 김동식에게 건네 달라고 부탁하였다는 내용의 공술,

동상 피고 최창악의, 자신은 한일병합에 반대하며 독립을 희망한다. 자신은 다이쇼 8년 음력 9월경 장천석의 집에서 여러 명과 회합하였다. 현창묵은 연통제에 따라 각 면에 사감부를 설치한다고 하니 주남면에도 사감부를 조직해야 한다고 말하였다는 내용의 공술,

동상 피고 강학병의, 자신은 한일병합에 반대하며 독립을 희망한다. 자신은 나남의 이만춘의 집에서 현창묵과 만났을 때 간도에서의 독립운동과 상해임시정부의 일을 이야기한 적이 있다는 내용의 공술,

동상 피고 이희복, 이치원의, 다이쇼 8년 11월 중순경 이동식이 각자의 집에 와서 연통제를 보이고 어랑면의 사감이 되어 달라고 권유한 일이 있다는 내용의 공술,

동상 피고 엄춘섭의, 압수된 령 제209호 - 3, 4는 자신이 임정발에게서 받은 것이라는 내용의 공술,

동상 피고 임정발의 위 압수품은 자신이 엄춘섭에게 넘긴 것이라는

내용의 공술,

　동상 피고 박대욱의 위 압수품은 이규철에게서 받은 것이라는 내용의 공술,

　동상 피고 이규철의 위는 석인제에게서 받아 임정발에게 넘긴 것이라는 내용의 공술,

　동상 피고 석인제의 위는 전재일에게서 받아 이규철에게 넘긴 것이라는 내용의 공술,

　동상 피고 전재일의 위는 윤태선에게서 받아 석인제에게 넘긴 것이라는 내용의 공술,

　동상 피고 윤태선의 위는 자신이 전재일에게 넘긴 것이라는 내용의 공술,

　동상 피고 김동식의 압수 領 제309호-8은 연통제를 베낀 것으로 자신이 이치원에게 넘긴 것이라는 내용의 공술,

　동상 피고 이치원의 위는 자신이 김동식에게서 받아 정문원에게 넘긴 것이라는 내용의 공술,

　예심판사의 피고인 김인서 제1회 신문조서 중, 다이쇼 8년 9월 초순경 상해임시정부에서 경성(京城) 제동 함경여관 명제세의 손을 거쳐 회령 야소교회당으로 연통제가 송부되어 왔다. 자신이 이를 받고 그 취지에 찬동하여 박원혁과 상담하였다. 위 연통제는 기관을 설치하여 독립시위운동의 운동비에 사용하기 위한 애국금을 모집하는 것이고, 시위운동의 방법은 군중으로 행렬을 만들어 독립만세를 부르면서 시가를 열을 지어 행진하는 것이 필요한데 독립의 선전을 하는 것이다. 박원혁은 연통제가 온 수일 후 회령의 이남식(李南植) 집에서 상담하고 다시 박관훈의 집에서 상담하고 회령에 함경북도 감독부를 각 군의 소재지에 총감부를 설치하기로 하였다.

자신은 다이쇼 8년 10월 23일경 경성에서 명제세와 만나 동인에게 임시정부에 갈 때 회령의 사정을 보고하여 함경북도 감독부 설립의 인가를 처리해 달라고 의뢰하였다. 장원보 집에서 박원혁, 이상호 전재일 등이 대의원을 임시정부로 파견하는 것을 결의하였다. 대의원에는 윤태선을 파견하기로 한 것은 후일 들었다는 내용의 공술기재,

동상 피고인 박원혁 제1회 신문조서 중, 자신은 박정훈(朴定勳, 박관훈과 동일인임을 인정함)의 집에서 동인 및 김인서와 만나 연통제에 의해 함경북도의 감독부를 회령에, 총감부, 사감부를 회령에 설치하고 또 경성군(鏡城郡)은 엄춘섭으로 하여금 연통제를 쓴 서면을 소지하게 하여 이상호에게 교부하였다. 자신은 회령의 장원보 집에서 전재일, 이상호에게 독립신문에 다이쇼 9년 2월경에 임시정부에서 국회를 열릴 것이고, 각 도에서 대의원을 선출하여 보낸다는 것을 말하였더니 전재일은 경성(京城)에 있는 윤태선을 보내는 것이 좋겠고 또 그 교섭은 동인이 담당하겠다고 말하였다는 내용의 공술기재,

동상 피고인 이상호 제1회 신문조서 중, 다이쇼 8년 음력 윤 7월 엄춘섭이 회령에서 연통제라는 규칙서를 가지고 와서 회령에서는 함경북도의 감독부, 회령군의 총감부를 설치하였다고 말하였다. 자신은 송윤섭의 집에 다수의 사람을 모아 경성(鏡城)에 총감부를 설치하고 각 면에 사감부를 설치할 것을 결정하였다. 총감에는 자신, 부총감에 전재일, 오촌면에는 정두현, 주을온면에는 최붕남, 용성면에는 이영순, 주북면에는 최병학, 어랑면에는 이희복이 각 사감으로 추천되었다. 이 중 최붕남, 이영순, 최병학, 이희복은 출석하지 않았지만 김동식이 이들의 승낙을 구하겠다고 말하였다. 그 후 최붕남은 김동식의 권유에 의해, 이영순은 송관섭의 권유에 의해 각 승낙하였고, 최병학은 승낙한 것으로 생각된다. 다이쇼 8년 음력 윤 7월 20일경 송관섭이 경성(京城)에 간 일이 있

다. 이는 상해임시정부 및 경성(京城) 등의 연결을 도모하기 위해 그 상황을 시찰하러 간 것이다. 자신은 전재일과 함께 다이쇼 8년 음력 10월 6일경 회령에 가서 박원혁 박관훈과 만나 상해임시정부에 윤태선을 대의원으로 보낼 것을 결의하고 그 뜻을 동인에게 통지하였으나 답장이 없고 또한 오지 않았기 때문에 김동식을 윤태선의 집으로 보냈는데 도중에 동인이 성진에서 체포되었다는 내용의 공술기재,

　동상 피고인 송관섭 제1회 신문조서 중 다이쇼 8년 음력 6, 7월경 송윤섭의 집에서 이상호, 기타 여러 명과 만나 연통제라는 것에 대해 상담하였다. 자신은 조선 각지의 독립운동을 탐지하기 위해 이상호 전재일의 권유에 의해 경성(京城)으로 출발하여 윤태선과 만났는데, 동인은 독립운동의 상황은 표면적으로는 평온하나 이면에서는 더욱 음악(陰惡)해지고 있다고 말하였다. 자신은 동인이 후에 경성(鏡城)으로 온다고 말하여 그대로 경성(鏡城)으로 돌아왔다. 윤태선이 경성(鏡城)에 온 것은 경성(京城)에 본부가 있는 조선 13도 총간부의 지부를 경성(鏡城)에 설치하기 위함으로, 동 총간부의 목적은 금전을 모집하는 것과 본부와 지부는 연결하는 통신을 담당하는 것이다. 그 통신은 조선 내외의 조선독립운동에 관한 상황의 통신이다. 위 지부설치를 위해 9월 10일경 용천동 정재호 집에서 다수가 회합하였다는 내용의 공술기재,

　동상 피고인 김동식 제1회 신문조서 중, 다이쇼 8년 음력 윤 7월 20일경 이상호의 말에 따라 송윤섭의 집에서 다수와 함께 연통제에 대해 협의하였다. 그때 추천된 면 사감 중 최붕남, 임정발은 승낙하였다. 주북면에 갔을 때 7, 8명이 모였고, 자신이 연통제의 취지를 설명하고 회합자는 최병학을 사감으로, 최형욱을 서기로 박인수를 재무로 결정하였고, 최병학, 최형욱은 승낙하였다. 연통제의 기관 또는 총간부의 지부는 모두 조선 내외에서의 독립운동의 상황을 통지하는 것 및 기부금 모집

을 하는 것이라는 내용의 공술기재,

동상 피고인 윤태선 제1회 신문조서 중, 자신은 조선 13도 총간부를
경성(京城)에 설치하고 각 도에 지부를 설치하여 상해임시정부와 연결
을 하려고 하였다. 총간부의 조직자는 박상목, 강택진(姜澤鎭, 강대호로
인정함), 송종전(宋鍾銓, 송범조로 인정함), 박시목 및 자신의 5명이다.
자신은 다이쇼 8년 음력 9월 1일 경성(鏡城)으로 가서 정재호의 집에서
다수의 사람과 회합하여 위 경성 지부에 대해 상담하였다. 위 총간부
및 지부는 조선독립운동을 하기 위한 것으로 장래 상해임시정부와 연결
하여 그 운동을 할 계획이었다. 자신은 전재일에게 찬의사의 사령 15매,
애국금 수금위원의 사령 15매, 유고문 10매 정도를 교부하였다. 위 사령
은 강택진, 송종도(宋鍾度)이 가지고 온 것이라는 내용의 공술기재,

동상 피고인 전재일 제1회 신문조서 중 다이쇼 8년 음력 윤 7월 20일
경 오촌면 승암동 송윤섭의 집에서 다수가 회합하여 연통제에 의해 경
성(鏡城)에 총감부를, 각 변에 사감부를 설치할 것을 협의하고, 역원을
추천하였다. 동년 음력 9월 초순경 경성(京城)에서 윤태선이 와서 경성
(京城)에 대한임시정부 총간부를 설치하고 각 도에 그 지부를 설치하려
고 하는데 경성(鏡城)에도 그 지부를 설치하자고 말하여 중의(衆議)가
일치하여 경성(鏡城)에 지부를 설치하기로 하였다. 동년 음력 10월 10일
경 회령 박관훈의 집에서 박원혁과 만났고, 다이쇼 9년 2월경 상해임정
부에서 국회를 소집하고 조선 내 각도에서 각 3명씩을 대의사로 선출하
고 있다고 하는데 본도(本道)에서의 적당한 인물을 추천해 달라고 하였
는데 자신은 윤태선을 추천하였다. 자신은 박원혁에게서 부탁을 받고
윤태선에게 통지하였으나 아무런 답변이 없어서 김동식을 윤태선과 면
회하도록 경성(京城)으로 가게 하였는데 도중에 성전에서 체포되었다.
위 파견에 대해서는 이상호, 박원혁, 박관훈, 자신 4명이 자리한 가운데

결정하였다는 내용이 공술기재,

　동상 피고인 정두현 제1회 신문조서 중, 자신은 조선의 독립을 희망한다. 다이쇼 8년 7월 중 송윤섭의 집에서 전재일 이상호 기타의 사람이 함께 협의하고 연통제에 의한 기관을 설치하기로 하였다. 자신은 오촌면의 사감에 추천되었다. 동년 9월 중으로 생각되는데 윤태선이 정재호의 집에 와서 우리들 여러 명을 모아 중의(衆議) 일치로 경성(鏡城)에 대한임시정부 13도 총간부의 지부를 설치하기로 하고, 역원을 추천하였다는 내용이 공술기재,

　동상 피고인 현창묵 제1회 신문조서 중, 자신은 다이쇼 8년 음력 7월 나남면 이만춘의 집에서 강학병과 만나 동인으로부터 상해에 임시정부가 있으며 경성에 독립운동이 왕성하게 계속하고 있음을 들었다는 내용의 공술기재,

　동상 피고인 최창악 제1회 신문조서 중, 다이쇼 8년 음력 9월 중 장천석의 집에서 동인, 현창묵, 임정발, 엄기중, 이용헌, 자신의 6명이 회합하였다. 그 자리에서 현창묵은 연통제에 의해 각 면에 사감부를 설치하니 주남변에도 사감부를 설치한다 하고, 장천석을 사감, 자신을 서기, 이용춘을 재무로 정하였다. 자신 및 장천석은 이를 승낙하였다는 내용의 공술기재,

　동상 피고인 최형욱 제1회 신문조서 중, 자신은 주북면 사감부 서기로 선임되었다. 이는 다이쇼 8년 음력 윤 7월 하순경 김동식의 집에서 최병학에게 권유를 받아 승낙한 것이다 연통제의 기관은 상해의 임시정부와 연결하여 조선 내외에서의 독립 상황을 통지하고 또한 독립운동비를 모집하는 것을 목적으로 설치된 것이라는 내용의 공술기재,

　동상 피고인 최학남 제1회 신문조서 중, 다이쇼 8년 음력 9월 중(양력 9월 중의 잘못으로 인정함) 김동식의 집에서 자신 외 여러 명과 회합하

여 연통제에 따른 기관 설치의 협의를 하였다. 최병학이 사감, 최형욱이 서기, 박인수가 재무로 선정되고, 출석하지 않은 최병학, 최형욱은 승낙하였다는 내용의 공술기재,

동상 피고인 최종일 제1회 신문조서 중, 다이쇼 8년 음력 윤 7월 하순경 자신은 김동식의 집에서 최병학, 기타와 만나 연통제에 따라 주북면에 사감부를 설치할 것을 협의하고 역원을 선정하였다는 내용의 공술기재,

동상 피고인 이규철 제1회 신문조서 중, 다이쇼 8년 11월 나남면 미길정 남학로의 집에서 석인제에게서 총감부 운운(총간부의 오기로 인정함)의 기재가 있는 인쇄물을 받아서 맡아 두고 있었다. 그 인쇄물은 당시 나남면 미길정 지(池) 아무개 집에서 전재일, 이상호가 석인제에게 맡긴 것의 일부이다. 전재일이 넘긴 수는 사령서 30매 정도이고, 유고문 2매 정도이다. 사령서와 애국금, 찬의사 등이 기재가 있는 것은 기부금 모집에 필요한 것이라 생각된다. 당시 박대욱, 엄정발 등은 상해에 간다고 말하였는데, 자신은 이들을 제지하였으나 듣지 않았기 때문에 동인의 발을 멈추게 하기 위해 이곳에도 마땅한 일이 있으니 이에 따라 운동하는 것이 좋지 않겠느냐고 하며 위 사령서를 동인들에게 건넸는데, 동인들은 이를 받고 상해로 가는 것을 그만두었다는 내용의 공술기재,

동상 피고인 임정발 제1회 신문조서 중, 다이쇼 8년 김동식이 연통제를 가지고 와서 자신에게 맡기고 사감부를 조직해 달라고 말하였는데, 자신은 이를 승낙하였다. 그 후 동년 10월 26, 27일경 자신은 장천석의 집에서 다른 여러 명과 회합하여 사감부의 역원을 추천하였고, 출석자 전부 이에 찬성하였다는 내용의 공술기재,

동상 피고인 장창일 제1회 신문조서 중, 다이쇼 8년 9월 송윤성의 집에서 연통제에 대해 다수와 함께 협의한 일이 있다는 내용의 공술기재,

동상 피고인 박두환 제1회 신문조서 중, 자신은 연통제에 따라 조직된 주을온면의 재무로 추천된 일이 있다. 또한 13도 총간부 지부의 재무로 추천된 일이 있다는 내용의 공술기재,

동상 피고인 이영순 제1회 신문조서 중, 다이쇼 8년 음력 9월 중 정재호의 집에서 다수와 함께 조선 13도 총간부 지부 설치를 협의하였다는 내용의 공술기재,

검사의 피고인 노춘섭 제1회 신문조서 중, 다이쇼 8년 음력 윤 7월 중 순경 회령의 야소교회당에 갔을 때 박관훈의 집에서 박원혁이 연통제를 꺼내 보이며 이에 따라 임시정부와 연결을 취하기 위해 감독부, 총감부, 사감부의 역원을 둘 것과 기부금 모집의 일이 적혀 있는데 이상호에게 넘겨 달라고 하며 건네주었다. 자신은 이름을 이상호에게 건넸다는 내용의 공술기재,

동상 피고인 송관섭 제1회 신문조서 중, 자신은 오촌면의 재무로 추천되어 승낙하였다. 자신은 이상호로부터 부탁받아 이영순의 집에 가서 용성면의 사감이 될 것을 권유하고 승낙을 얻었다는 내용의 공술기재,

동상 피고인 임정발 제1회 신문조서 중, 장천석의 집에서 삼향동의 사감부를 조직할 때 엄춘섭을 사감으로, 박대욱을 서기로, 김병규를 재무로 결정하였다. 2일 후 자신은 엄춘섭의 집에 가서 그 뜻을 말하고 승낙을 얻고, 박대욱은 그 자리에서 승낙을 구하였다는 내용의 공술기재,

동상 피고인 이운혁 제1회 신문조서 중, 자신은 송관섭을 경성(京城)으로 파견할 비용의 일부를 부담하는 것을 승낙하였다는 내용의 공술기재,

동상 피고인 석인제 제1회 신문조서 중 다이쇼 8년 11월경 이상호가 자신의 집에 와서 상해임시정부와 연결을 취해 독립운동을 하기 위해 각지에서 활동하는 동지가 되어 일해 달라고 말하여, 이를 찬성하였다

는 내용의 공술기재,

　사법경찰관의 피고인 노춘섭 제1회 신문조서 중, 다이쇼 8년 음력 윤 7월 중 회령 야소교회당에서 박관훈이 자리에 있었는데, 박원혁이 '조선은 확실하게 독립이 가능하다. 상해에 임시정부가 만들어졌으니 임시정부와 조선 내지와 연결을 취하기 위해 도에 감독부, 군에 총감부, 면에 사감부를 조직함이 필요하다.'고 말하여 자신은 찬성하였다. 그때 박원혁은 반지(半紙) 4, 5매 정도에 복사지로 쓴 것을 꺼내며, 이것은 위에서 말한 연결을 취할 기관인 연통제라고 말하고 이를 이상호에게 가지고 가서 동인과 상담하고 사감부 총감부를 조직해 달라고 말하였다. 이에 이상호에게 가지고 가서 그 취지를 말하고 기관을 조직하였다는 내용의 공술기재,

　동상 피고인 김동식 제3회 신문조서 중, 자신은 윤병구의 집에 가서 박두환, 윤병구, 최붕남과 만났다. 자신이 연통제를 설명하고 주을온면 사감부장은 최붕남으로 결정하고, 그 동의를 얻었다. 재무원에 박두환, 서기에 윤병구가 되었고 동의를 얻었다. 그 다음날 자신의 집에서 최학남, 최병학, 최형욱 등 8명이 회합하여 주북면 사감부의 재무에 박용수(朴龍洙), 서기에 최형욱으로 결정하였다. 그 후 자신은 임정발에게 연통제를 말하고 주남면 사감 조직을 의뢰하였다. 그 후 어랑면 봉강동 이희복의 집에 가서 연통제의 이야기를 하고 이어서 동소 이치원의 집에 가서 그 이야기를 하여 어랑면 사감 조직의 일을 의뢰하였다. 그리고 자신은 다이쇼 8년 음력 10월 14일경 돈을 빌리기 위해 간도 용정촌 거주 친형에게 갔으나 돈을 빌리지 못하고 고향으로 돌아오는 길에 동월 24, 25일경 회령에서 이상호, 전재일 두 명과 만났다. 이상호, 전재일은 회령의 조선인 여관 장원보의 집에서 숙박하고 있었는데, 자신도 그곳에서 숙박하였다 그날 저녁 전재일이 말하기를 '이번에 조선 13도에

서 상해임시정부에 위원을 파견하기로 되어 있는데, 본도에서는 윤태선을 대표자로서 파견할 생각으로 편지를 썼는데 답변이 없다. 자네가 경성(京城)에 가서 윤태선과 만나 말을 전해 달라.'고 하여 자신은 승낙하였다. 다음날 기차로 청진으로 출발하여 다음날 저녁 배로 성진으로 갔는데 성진경찰서 순사에게 체포되었다는 내용의 공술기재,

동상 피고인 박상목 신문조서 중, 다이쇼 8년 음력 윤 7월 중 자신은 파고다 공원에서 강대호와 만났다. 그 후 1주일 후 동인은 자신의 숙박지에 와서 현재 각지에서 조선독립을 위해 왕성하게 활동하고 있어 자선들도 기관을 조직하여 상해임시정부를 원조하려 한다고 말하여 자신은 동의하였다. 동월 말 또는 8월 1일경 강대호의 편지를 가지고 심부름꾼과 함께 취운정에 갔는데 그곳에 강대호, 송범조, 박시목이 있었고, 바로 윤태선이 와서 만났다. 강대호는 박시목, 송범조 및 자신에게 조선독립운동을 위해 대한임시정부 13도 총간부나 각 도에 상담 기관을 설치하고, 이 취지를 선전하여 행동을 일치해야 한다고 말하고, 자신이 평안남도, 윤태선이 함경북도를 담당하고, 윤태선은 총간부의 총무가 되어 달라고 부탁하였는데 잠자코 있는 가운데 승낙한 모양이었다. 기타의 역할은 강대호는 재무계, 송범조는 문서계, 박시목은 외교계를 담당하였다. 그 후 윤태선은 함경북도에서 돌아와 도(道) 지부를 조직하였다고 말하였다는 내용의 공술기재,

동상 피고인 전재일 제1회 신문조서 중, 자신은 다이쇼 8년 음력 7월 20일경 이상호와 함께 회령 서문 내 박관훈의 집에 가서 동인 및 박원혁과 만나 자신은 박원혁, 박관훈에게 이후 독립운동에 관한 통신이 있으면 알려 달라고 의뢰하고 집으로 돌아왔다. 그런데 그 후 이상호가 회령에서 독립운동에 관한 서면이 왔다고 보여주는 것을 보았더니, 명칭은 연통제라고 하고, 반지(半紙) 같은 괘지(罫紙)에 복사지로 쓴 것으

로 그 내용은 연통제라는 것은 조선독립운동에 관하여 각 지방의 연결을 취하는 것을 목적으로 하여 이를 이루기 위해 도에 감독부, 군에 총감부, 각 변에 사감부를 조직하고, 사감부는 총감부에, 총감부는 감독부에, 감독부는 상해임시정부에 그 상황을 보고하는 것으로 되어 있었다. 보고사항은 조선 내지 각지의 독립운동의 상황이었다. 자신은 이상호와 상담하여 송관섭으로 하여금 동지자를 송윤섭의 집으로 모이게 하여 각 역원을 추천하고, 그중 주을온면, 주남면, 주북면, 어랑면의 4개 면의 분은 김동식에게 조직하게 하였다. 그리고 자신은 이상호, 정두현, 송윤섭, 송관섭과 상담한 후 각지 독립운동 상황 시찰의 목적으로 송관섭을 경성(京城)으로 파견하기로 정하고 여비를 주어 보냈다. 동년 음력 9월 초경 윤태선이 송관섭의 집에 와서 자신, 송관섭, 이상호 3명이 면회하였는데, 윤태선은 경성(京城)의 13도 총간부에서 파견되었는데 독립운동의 동지를 모아 달라고 말하여 자신은 이상호로 하여금 통지하여 정재호의 집에 다수를 모았다. 윤태선은 일동에게 이번에 경성에 13도 총간부를 만들어 독립운동을 하기로 하였는데, 이 지방에 지부를 조직하기 위해 본부에서 파견되어 왔으며, 사령 및 유고문을 보이고 지부 조직의 찬성을 요구하자 일동 이에 찬성하고 그 자리에서 지부를 조직하였다. 그리고 위 사령 및 유고문은, 찬의사에게 임명한다 운운의 사령 15매, 애국금 수금원 15매, 유고문 즉, 조선독립은 분명하니 애국금을 자진하여 내도록 하고, 또한 열심히 독립운동을 해 달라는 의미의 문서 10부로 자신이 이를 받아 20일 정도 소지하고 있었는데, 음력 10월 1일 이상호와 함께 회령 방변의 독립운동상황을 보기 위해 회령으로 가는 도중 나남면 미길정 남학로의 집에 들러서 알고 지내던 이규철, 석인제 두 사람과 만나서 석인제에게 맡겼다는 내용이 공술기재,

동상 피고 이운혁 제1회 신문조서 중, 다이쇼 8년 음력 7월 20일경으

로 생각되는데 송관섭으로부터 와달라는 말이 있어 동일 오후 7시경 송윤섭의 집에 갔는데 그 집에는 주인 송윤섭, 기타 다수가 있었고, 자신과 함께 도합 8명이었다. 그 자리에서 이상호가 연통제라 칭하는 서면을 꺼내 조선독립운동에 관하여 조선 내지와 상해임시정부의 연결을 취하기 위한 기관을 조직하여 독립운동을 할 것이 기재되어 있는데, 경성(鏡城)에도 경성군으로 위 기관을 조직하려고 생각하고 있으니 찬성해달라고 말하고 연통제를 보였는데 일동 이를 본 후 찬성하고 역원을 추천하였다. 연통제의 목적은 구국금(救國金)을 모집하는 것, 시위운동을 하는 것, 군사상의 경험이 있는 자, 기타를 조사하여 보고할 것 등이 있다는 내용의 공술기재,

동상 피고인 정재호 신문조서 중, 다이쇼 8년 음력 9월 3일 전재일의 부탁에 의해 자신의 집을 대여하여 윤태선을 비롯하여 다른 십수 명과 함께 조선독립의 협의를 하고 자신도 찬성하였다. 그 자리에서 윤태선은 '경성(京城)에 총간부를 설치하고 각 도에 지부를 설치하여 독립운동을 하려 하는데 본도에도 지부를 설치하여 운동해야 한다. 자신은 본부의 명에 의해 지부 설치를 위해 왔다.'고 말하고 모두 찬성하였다는 내용의 공술기재,

동상 피고인 장창일 제1회 신문조서 중 이상호는 연통제에 따라 경성군에 총감부, 오촌면에 사감부를 조직하자고 말하였는데, 자신을 비롯하여 일동이 이에 찬동하였다는 내용의 공술기재,

동상 피고인 이영순 제1회 신문조서 중, 자신은 송관섭에게 권유를 받아 용성면의 사감부장이 되어 사감부를 조직하는 것을 승낙하였다. 그리고 동인에게서 사감부는 연통제에 의해 조직된 것으로 사감부장은 재무 및 서기를 선정하고, 재무는 군자금을 모집하여 이를 총감부에 보내고 총감부는 감독부로, 감독부에서 임시정부로 송부하고, 서기는 위

의 순서로 지방 상황을 보고하는 것으로 들었다는 내용이 공술기재,

동상 피고인 박두환 제1회 신문조서 중, 다이쇼 8년 음력 8월경으로 생각되는데 윤병구의 집에서 동인, 자신, 최봉남, 김동식 4명이 있었는데, 김동식이 연통제라고 하는 규칙에 따라 각 변에 사감부를 설치하기로 하였는데, 주을온면 사감부에는 사감에 최봉남, 재무에 자신, 서기에 윤병구로 하자고 말하여 자신들 3명은 이를 승낙하였다는 내용의 공술기재,

동상 피고인 장천석 제1회 신문조서 중 다이쇼 8년 10월 중 현창묵과 만났는데, 동인은 독립운동의 연결기관에 대해 말하였다. 동월 30일 자신의 집에 모이기로 하고 현창묵, 최창악에게 통지해 달라고 하였는데 그날 저녁 위 두 명은 자신의 집에 왔다. 현창묵은 그때 임정발을 불러왔고, 모인 자는 최창악, 임정발, 현창묵과 엄기중, 이용헌이었다. 회합의 결과 용전동에 사감부를 설치하고 자신이 사감부장, 최창악이 서기, 이용춘이 재무로 (추천되고), 삼향동에도 조직하기로 하여 엄춘섭이 사감부장, 서기는 박대욱, 재무는 김 아무개가 추천되었다는 내용의 공술기재,

동상 피고인 박대욱 제1회 신문조서 중 자신은 임정발에게서 자신이 삼향동의 사감부의 서기로 선정되었다는 것을 듣고 승낙하였다. 자신은 음력 10월 9일(11월 30일) 임정발, 석인욱과 함께 출발하여 12월 3일 저녁 나남면 생약정 석동섭의 집에서 숙박하고 이규철이라는 자와 만났다. 다음날 아침 이규철은 자신 및 임정발에게 자신은 원래 간도의 결사대 참모장이 되어 독립운동을 할 생각이었다고 말하였고, 동인은 임정발에게 사령 3매를 건네고 기부금을 모집하라고 말하였다. 위 사령은 임정발이 가지고 돌아와 학교 사무실에서 찬의사라고 하는 곳에 엄춘섭의 이름을 적어 넣고 다른 2매와 함께 엄용봉의 집에서 엄춘섭에게 자

선과 함께 가지고 가서 넘겼다는 내용의 공술기재,

동상 피고인 임정발 제2회 신문조서 중, 자신은 박대욱과 석인욱의 3명이 출발하여 12월 3일 저녁 나남면 생약정 석동섭의 집에서 1박하고 이규철이라는 자와 만났다. 다음날 아침 동인으로부터 불온 문서 3매를 받았다. 동월 8일 삼향동 사감부 부장 엄춘섭에게 교부하고 자금모집에 필요하다고 말하였다는 내용의 공술기재,

동상 피고인 석인욱 제1회 신문조서 중, 다이쇼 8년 송윤섭과 용천동의 집에 가서 주인을 비롯하여 경성(京城)에서 온 윤태선, 기타 다수의 사람과 함께 집회한 자리에서 유고문을 보았는데, 조선은 4천 년의 역사가 있는데 일본과 병합되어 이제는 없어져, 미국을 비롯하여 세계 열국이 모두 동정하여 독립에 전력해 달라고 하니 조선 국민은 극력 독립운동을 해야만 한다는 내용이 기재되어 있었다. 윤태선은 위와 동일한 것을 말하고 독립을 위해 경성에 13도 총간부가 있고 각도에 지부가 있어 왕성하게 독립운동을 하고 있고 본도에 지부 설치를 위해 파견되어 왔다고 말하였다. 그리고 일동 이에 찬성하고 역원을 결정하였다. 음력 10월 10일경 자신은 임정발, 박대욱과 나남면에 갔는데, 도중에 위 두 사람은 상해로 가서 독립운동을 할 목적이라 말하였다. 자신은 이규철에게 의뢰하여 동인에 의해 머물게 했다는 내용의 공술기재,

동상 피고인 최형욱 제1회 신문조서 중, 자신은 현창묵으로부터 주남면 삼향동 및 용전동의 사감부 조직의 보고서를 김동식에게 건넬 것을 의뢰받았다. 그런데 이동식은 항상 부재하였기 때문에 건네 줄 수가 없어 7일 정도 소지하고 있었다. 다이쇼 8년 음력 9월 18일 주을온면 도암동 최붕한의 집에서 최붕남에게 건네며 경성(鏡城)의 총간부에게 넘겨 달라고 의뢰하였다는 내용의 공술기재,

동상 피고인 윤병구 제1회 신문조서 중, 자신의 집에서 최붕남, 기타

와 회합하여 주을온면 사감부장에 최붕남을 추선(推選)하고 동인의 동의를 얻었다 재무원은 박두환, 서기는 자신이 하기로 하고 승낙하였다는 내용의 공술기재,

동상 동 피고 제2회 신문조서 중 다이쇼 8년 음력 8월 22일경 최붕남 앞의 편지를 김귀손에게 부탁하여 보냈다. 위 편지의 취지는 김귀손에게 '국민해혹서'라는 조선독립론이 적힌 것을 설명해 달라고 의뢰한 것이다. 이는 자신이 바쁘기 때문에 사감부 서기의 책무에 지장이 올 것이 두려워 김귀손으로 하여금 대무(代務) 또는 보조하게 할 생각으로 먼저 독립사상의 주입을 할 목적으로 한 것이라는 내용의 공술기재,

동상 피고인 강학병 제1회 신문조서 중, 자신은 현창묵에게 독립운동에 관한 기관조직을 권유하였다. 자신은 나남면의 한국태(韓國泰)로부터 독립운동에 관한 불온 문서인 '우리들의 소식' 및 '지방의 소식'이라는 인쇄물 3매를 받아 와서 현창묵에게 보이고 열심히 활동하여 조선독립운동을 하자고 선동하였다는 내용의 공술기재,

예심판사의 피고인 강학병 제1회 신문조서 중 자신이 다이쇼 8년 7월 30일경 회령으로 가서 나대화와 만나 받아 온 '우리들이 소식'이라는 문서는 상해임시정부로부터 금원을 모집하여 보내라는 기재가 있는 것이라는 내용의 공술기재,

사법경찰관의 피고인 최붕남 제2회 신문조서 중, 자신은 다이쇼 8년 음력 9월 18일경 최붕한의 집에서 최형욱이란 자에게서 주남면 용전동, 삼향동의 사감부원의 성명을 기재한 문서를 받은 일이 있다는 내용의 공술기재,

동상 피고인 이규철 제2회 신문조서 중, 나남면 미길정 남학로의 집에서 석인제는 자신에게 '자신은 김재일로부터 사령서를 받고 기부금을 모집하라는 말을 들었는데, 만약 이 일이 경찰에게 알려지면 큰일'이라

고 말하고 상담을 하였다는 내용의 공술기재,

동상 피고인 이운혁 제2회 신문조서 중, 다이쇼 8년 날짜는 잊어버렸는데, 정두현이 자신에게 '독립운동을 하는데 다른 방면의 상황을 알 필요가 있으니 송관섭을 경성(京城)으로 보내 경성지방에서의 독립운동의 상황을 시찰하는 것이 좋지 않겠느냐'고 상담하였다. 자신도 그러는 것이 좋겠다고 말하고 찬성하였다. 그 비용은 전부 70여 원이 필요하다고 하여 정두현, 송윤섭, 송관섭, 이상호, 전재일과 자신이 부담하는 것으로 하자고 정두현이 말하였다는 내용의 공술기재,

압수된 領 제309호-3본부 찬의사 사령 1통, 동호(同號)-4 애국금 수금위원 사령 2통, 동호(同號)-8 임시연통제 1통의 현재에 비추어 이를 인정한다.

### 해 제

이 판결문은 국가기록원에 소장되어 있는 형사판결원본으로 문서번호는 CJA0000093-0006로 박원혁 등 37명에 대한 다이쇼 8년(1919년) 제령 7호 '정치에관한범죄처벌의건' 위반사건에 대한 경성복심법원 형사부의 판결문이다. 이 사건에 대한 경성복심법원 판결은 재판장 아라이 유카타(新井 胖)를 비롯하여 와타나베 슌(渡邊 純), 스기우라 다케오(杉浦武雄) 등 3인의 판사가 참여하였다.

이 사건은 1919년 3·1운동 이후 상해임정에서 추진한 연통제에 따라 함경북도를 중심으로 한 연통제 실시사건이다. 1919년 12월 함경북도 나남경찰서는 1919년 12월 함북 회령과 경성(鏡城) 등지에서 대규모 인사들을 검거하고 7~8개월 동안 혹독한 취조를 한 후 이들 중 김인서(金麟瑞), 박원혁(朴元赫) 등 47명을 기소하였다.

'나남사건' 또는 '함북연통제 사건'으로 불리는 이 사건은 1920년 7월 7일 함흥지방법원 청진지청에서 예심결정이 나고 1920년 8월 4일부터 8월 7일까지 청진지청에서 1심 공판이 열렸다. 1심공판에서 신도(新藤) 검사는 이들이 관기(官紀)를 무시하고 국가의 헌법을 배반하는 등 '조헌(朝憲)을 문란한 자'라 하여 1919년 제령 제7조 제1호에 따라 이 사건의 주모자로 김인서, 이상호(李相鎬), 김동식(金東湜)은 징역 5년, 윤태선(尹台善)은 징역 6년, 박원혁, 송관섭(宋瓘燮), 전재일(全在一), 정두현(鄭斗賢), 이운혁(李雲赫), 박상목(朴相穆) 등에게 징역 4년을 구형하였다.[3]

이와 같은 함흥지방법원 청진지청의 1심판결에 대하여 다이쇼 9년(1920년) 10월 10일 이희복, 이치원, 최창악, 최학남, 최병학, 장창일, 이운혁, 김인서 등 8인에 대해서는 원심 검사로부터 그 나머지 각 피고 및 피고 이운혁, 김인서에 대한 부분에 대해 각 피고로부터 공소 신청이 있으므로 조선총독부 검사 히라야마 마사요시(平山正祥)의 간여로 1920년 11월 29일 경성복심법원에서 다음과 같이 판결하였다.

윤태선 징역 5년, 김동식, 이상호, 김인서, 송관섭, 전재일 징역 4년, 정두현 징역 3년, 박원혁, 박상목, 송윤섭, 최붕남, 현창묵, 임정발 징역 2년 6월, 박두환, 박대욱, 이규철, 노춘섭, 장천석, 최형욱 징역 2년, 이운혁 징역 1년 6월, 정재호, 윤병구, 강학병, 징역 1년, 이영순 징역 10월, 전용락, 최종일, 엄춘섭, 석인제, 석인욱, 김하경, 장창일, 최병학, 최학남, 최창악 징역 8월에 처한다. 피고 최종일, 김하경, 장창일, 최병학, 최학남, 최창악은 각 3년간 그 형의 집행을 유예한다. 피고 이동호, 이희복, 이치원은 각 무죄를 선고하였다.

......................................................................

[3] 『東亞日報』, 1920.8.22~8.23, 8.27~8.31, 「世人을 驚駭케한 聯通制의 公判」(一)~(七).

그 이유는 피고들이 모두 한일병합에 반대하고 조선독립의 희망을 가지고 있는 자라는 것 때문이었다. 먼저 김인서는 1919년 9월 상순 경성(京城)에 거주하는 명제세(明濟世)로부터 상해임정에서 발행한 연통제(聯通制) 즉, 상해임정과 기맥(氣脈)을 통해 복국(復國)사업을 하는 것을 목적으로 하여 조선 각 도(道)에 감독부(監督府), 각 군(郡)에 총감부(總監府), 각 면에 사감부(司監府)를 설치하여 독립시위운동을 계속하고, 구국금(救國金)을 모집하며 기타 각종 사항을 주관한다는 내용을 기재한 규칙서가 함경북도 회령군 회령 야소교(예수교) 회당으로 우송되어 오자 이를 받고 그곳 박관훈(朴寬勳)이란 자의 집에서 피고 박원혁 및 박관훈과 회합하여 모두 위 연통제의 취지에 찬동하고, 회령에 함경북도의 감독부를 동도(同道) 각 군(郡)에 총감부를 각 면(面)에 사감부를 설치할 것을 협의하였다. 그리고 감독에 강준규(姜俊奎)라는 자를 추천하고 피고 박원혁은 감독부 서기, 박관훈은 재무계가 되었다. 또 김인서는 이를 명제세를 통하여 상해임정에 보고하려고 동년 10월 하순 경성으로 출발하여 명제세와 만나 위 보고를 의뢰하였다.

또 윤태선 및 박상목은 동년 9월 하순경 경성부(京城府) 제동 취운정(翠雲停)에서 강대호(姜大浩), 박시목(朴時穆), 송범조(宋範朝)라는 자와 회합하여 조선독립을 목적으로 경성(京城)에 대한임시정부 13도 총간부를, 각 도에 그 지부를 설치하여 상해임시정부와 연락을 통하여 독립운동을 할 것을 협의하였다. 피고 윤태선은 총무, 강대호는 재무계, 송범조는 문서계, 박시목은 외교계가 되어 그 총간부(總幹部)를 조직하였다. 윤병구는 피고 최붕남이 '국민해혹서(國民解惑書)'라는 제목의 '현재 세계의 대세는 민족자결주의에 따라 어떤 소국(小國)이라도 독립하게 되었다. 특히 조선은 미국으로부터 많은 동정을 받고 있고 또한 일본은 곳곳에 공화사상이 충만하므로 조선은 가까운 시일에 독립할 수 있다.

이때 조선인은 협력하여 일치 독립운동을 하자'는 내용을 기재한 불온
문서를 가지고 있음을 알고 지인 김귀손(金貴孫)이란 자에게 조선독립
사상을 환기하여 독립운동의 동지를 만들고자 동년 9월 하순경 피고 최
붕남 앞 편지로 위 '국민해혹서'를 김귀손에게 설명해 달라는 뜻을 의뢰
하자, 피고 최붕남은 이에 응하여 동일경 위에 적힌 거주지(경성군 주을
온면) 집에서 김귀손에게 위 국민해혹서의 취지를 설명하여 암암리에
다수와 함께 조선독립운동을 하자고 권유, 선동하였다.

이상의 범죄 사실은 당 법정에서의 피고 김인서 자신은 한일병합에
반대하며 독립을 희망한다. 다이쇼 8년 9월 상순경 상해임시정부가 발
행한 연통제 운운하는 문서가 어디에서인가 회령의 야소교 교회당으로
우송되어 와서 자신이 수취한 일이 있다. 연통제에는 독립운동을 할 것,
군사(軍事)상 지식과 경험이 있는 자를 구할 것, 구국금(救國金)을 모집
할 것 및 감독부, 총감부, 사감부 등을 설치할 것 등이 적혀있었다. 감독
부에는 감독, 부감독 각 1명, 서기 3명, 재무 2명을 두고 총감부에는 총
감, 부총감 각 1명, 서기 2명, 재무 1명을 두고, 사감부에는 사감 1명, 재
무 1명, 서기 1명을 두는 것으로 되어 있었다. 김인서 자신은 그 주지(主
旨)의 일부에 찬성하여 박원혁, 박관훈 등과 협의하였다. 그리고 위 연
통제에 따라 함경북도에 감독부, 군에 총감부, 면에 사감부를 설치할 것
을 협의하였다. 위 감독부는 회령에 설치하고 감독으로 강준규(姜俊奎),
서기에 박원혁, 재무에 박관훈을 추천하였다. 회령군의 총감부는 회령
에 두고 총감에 진홍진(陳鴻珍), 부총감에 자신이 각 추천되고, 서기와
재무는 미정으로 자신은 위 송부되어 온 연통제를 45매 등사하여 박원
혁에게 건네주었고, 이는 위 우송되어 온 무렵부터 그다지 되지 않은 무
렵으로 9월 초경이라는 뜻의 공술 등이 있었다.

이상의 내용에 대하여 1920년 11월 29일 경성복심법원은 김인서, 박

원혁 등의 소위에 대해 다이쇼 8년(1919년) 제령 제7호 '정치범 처벌령' 제1조 제1항 본문 후단4)을 적용하였고, 윤병구 등은 제1조 제2항5)을 또 이상호, 전재일 등은 형법 제55조6)를 적용하였다. 또 최종일 등은 정상에 따라 형법 제25조를 적용하여 3년간 위 형의 집행을 유예하였다.

이 내용을 구체적으로 살펴보면 다음과 같다.

피고 김인서, 박원혁, 노춘섭의 제1의 소위, 피고 이상호, 전재일, 김동식, 정두현, 송윤섭, 이운혁, 장창일, 송관섭, 윤병구, 박두환, 최붕남, 최학남, 최병학, 최형욱, 최종일, 장천석, 현창묵, 최창악, 엄정발, 엄춘성, 박대욱의 제2의 소위, 피고 윤태선, 박상목, 이상호, 전재일, 정두현, 송관섭, 송윤섭, 김동식, 김하경, 최붕남, 박두환, 전용락, 이영순, 석인욱, 정재호, 석인제, 이규철, 임정발, 박대욱의 제3의 소위, 피고 이상호, 전재일, 박원혁, 김동혁의 제6의 소위는 각 다이쇼 8년 제령 제7호, 정치범 처벌령 제1조 제1항 본문 후단에 해당한다. 피고 윤병구, 최붕남의 제4의 소위, 피고 강학병의 제5의 소위는 각 동령 제1조 제2항 제1항에 해당하고, 피고 박원혁, 이상호, 전재일, 김동식, 정두현, 송윤섭, 송관섭, 윤병구, 박두환, 최붕남, 임정발, 박대욱은 연속의 소위이므로 각 형법 제55조에 의해 1죄로서 처단한다. 이상 각 피고 모두 소정 형 중 징역형을 선택하여 그 범위 내에서 피고 윤태선을 징역 5년에, 피고 김동식, 이상호, 김인서, 송관섭, 전재일을 각 징역 4년에, 피고 정두현을 징

---

4) 다이쇼 8년(1919년) 제령 제7호 '정치범죄 처벌에 관한 건'의 해당 부분은 다음과 같다. "제1조 ①정치의 변혁을 목적으로 하여 다수공동으로 안녕 질서를 방해하거나 방해하고자 하는 자는 10년 이하의 징역 또는 금고에 처한다."
5) 제1조 2항은 다음과 같다. "②전항의 행위를 하게 할 목적으로 선동한 자의 죄도 전항과 같다."
6) 明治 40년(1907년) 4월 24일 법률 제45호로 제정된 형법 제55조는 "연속한 수개의 행위로 동일의 죄명에 촉한 때는 일죄로 하여 차를 처단함"으로 되어 있다.

역 3년에, 피고 박원혁, 박상묵, 송윤섭, 최붕남, 현창묵, 임정발을 각 징역 2년 6월에, 피고 박두환, 박대욱, 이규철, 노춘섭, 장천석, 최형욱을 각 징역 2년에, 피고 이운혁을 징역 1년 6월에, 피고 정재호, 윤병구, 강학병을 각 징역 1년에, 피고 이영순을 징역 10월에, 피고 전용락, 최종일, 엄춘섭, 석인제, 석인욱, 김하경, 장창일, 최병학, 최학남, 최창악을 각 징역 8월에 처한다. 그리고 피고 최종일, 엄춘섭, 석인제, 석인욱, 김하경, 장창일, 최병학, 최학남, 최창악은 정상(情狀)에 따라 각 형법 제25조[7]를 적용하여 3년간 위 형의 집행을 유예한다. 압수품 중 령(領) 제309호-3, 4 및 8은 피고들 이외의 사람에게 속하지 않는 범죄행위에 사용된 것이므로 동법 제19조 제1항 제2호 제2항[8]에 따르고, 그 나머지는 몰수에 관계되지 않으므로 형사소송법 제202조[9]에 의해 각 처분한다. 피고 이동호, 이희복, 이치원의 전시 연통제에 따른 경성군(鏡城郡) 주남면, 어랑면의 사감부 설치 행위에 가담하였다는 공소사실은 모두 인정할 증거가 충분하지 않으므로 각 동법 제258조 제1항[10] 제236조 제224조에 의해 무죄 언도를 한다.

......................................................

7) 형법 제25조 "형사소송법 제237조, 제241조, 제264조 및 제276조의 규정은 차를 적용치 아니함." 즉 형사소송법 제237조 "중죄사건에 대하여는 개정 전 재판장 또는 수명판사는 재판소 서기의 입회에 의하여 일응 피고인을 신문하고 또 변호인을 선임한 여부를 물음이 가함" 형사소송법 제241조 "재판소에서 경죄로 하여 수리한 사건을 중죄로 하는 때는 그 사건을 예심판사에게 송부하는 결정을 함이 가함. 검사의 청구 있는 때도 역시 동일"하다고 되어 있다.

8) 형법 제19조 "좌에 기재한 物은 차를 몰수함을 득함. 1. 범죄행위를 조성한 物 2. 범죄행위에 供하고 또는 供하고저 한 物 3. 범죄행위에서 生하고 또는 차에 인하여 得한 物. 沒收는 그 物이 범인 이외의 者에게 屬치 아니한 때에 한함."

9) 형법 제202조 "사람을 敎唆 또는 傍助하여 자살케 하고 또는 피살자의 촉탁을 수하고 또는 그 승낙을 득하여 차를 殺한자는 6월 이상 7년 이하의 징역 또는 금고에 처함."

10) 형법 제258조 "공무소의 用에 供하는 문서를 毁棄한 자는 3월 이상 7년 이하의 징역에 처함."

그런즉 원판결은 領 제309호-9 포고문 3매, 동호(同號)-10 독립신문 3매, 동호(同號)-11 '우리의 소식' 1통을 몰수한 잘못이 있고, 또한 피고 김인서를 징역 3년에, 피고 이규철을 징역 4년에 처한 것은 한 명은 과형이 가벼운 잘못이 있고, 한 명은 무거운 잘못이 있다. 또한 피고 최종일, 김하경에 대하여 형의 집행유예 정상(情狀)이 있음을 간과하고 또 피고 이동호에 대하여 전시 증거가 불충분한 공소사실을 증거가 충분하다고 하여 유죄의 언도를 한 잘못 등이 있으므로 각 피고 및 원심검사의 공소는 이유 있다. 이에 동법 제231조 제2항[11])에 따라 주문과 같이 판결한다.

임정 내무총장 안창호는 1919년 7월 10일 국무원령 제1호로 연통제(聯通制)를 공포하였다. 연통제는 비밀 행정조직으로 전국을 13도 12부 215군으로 나누어 서울에는 13도 총감부를 설치하고 각 도에는 감독부(監督府), 각 부(府)와 군에는 총감부(總監府), 각 면에는 사감부(司監府)를 설치하기로 했다. 즉 임시정부 내무부 아래에 감독부-총감부-사감부라는 3부를 두었다. 정확한 현황은 알 수 없지만 함경남북도, 평안도에서는 면 단위까지 연통제가 실시되었다.[12]

연통제는 1919년 9월 임정의 평안남도 특파원 유기준(劉基峻)이 평양 기성의원에서 체포되면서 알려지기 시작했다. 유기준은 취조를 받던 도중 도주했지만 연통제 관련 서류들을 빼앗기면서 단서가 드러났다. 연통제에 경악한 일제는 이를 뿌리 뽑기 위해 수사망을 총가동해 함경북도와 평안북도의 연통제 조직을 찾아냈다. 총독부는 임시정부의 비밀행

........................................

11) 형법 제231조 "사실을 摘示아니하여도 공연히 사람을 모욕한 자는 구류 또는 과료에 처함."
12) 김희곤, 『한국독립운동의 역사 : 제23권 대한민국임시정부 I-상해시기』, 독립기념관 한국독립운동사연구소, 2008 참조.

정 조직이 국내에 실시되고 있다는 사실을 알고 경악했다. 반면 임정 수립 사실을 알게 된 국내 한인들은 총독부 지배를 공개적으로 거부했다.[13)

이 사건의 1심 판결문은 존재하지 않지만 앞서 살펴본 바와 같이 1920년 8월 22일~8월 31일 자『동아일보』에 이 사건의 공판 내용이 상세히 보도되어 있다. 『동아일보』(1920.8.22)는 '세인(世人)을 경해(驚駭)케 한 연통제(聯通制)의 공판'이란 제목의 기사에서 "온 세상 사람의 이목을 놀라게 하고 더욱 당국자의 간담을 서늘하게 했다"고 보도했다.[14)

당시 박은식도 한국독립운동지혈사(韓國獨立運動之血史)에서 다음과 같이 이 사건에 대해 서술하였다. "오늘 법정에서 우리들을 가리켜 '피고'라고 했다. 법리에 의해 말하자면, 자기 것을 찾으려하는 자를 원고(原告)라고 하지 않는다면 다른 사람의 것을 강탈한 자를 원고라고 해야 하느냐? 이 안건의 재판관으로 영국인이나 미국인은 될 수 있어도 일본인이 재판관으로 되는 것은 불가능하다. 자유를 요구하는 것은 전 인류 공통의 욕망이다. 우리가 자유를 요구하는 것이 무슨 죄란 말인가? 우리가 독립을 요구함은 결코 사심에서 나온 것이 아니라 양심의 간절한 염원이다. 일본인만 유독 이런 요구가 없으랴! 삼천리 강토가 모두 유치장이며 감옥이다. 설사 우리가 감형되어 출옥하더라도 자유를 잃은 죄인임은 마찬가지이다. 우리가 독립을 희망했다고 죄를 준다면 2천만 겨레 중 어느 누가 죄인이 아니랴! 저 방청하는 자들도 죄인이 될 것이다. 이제 우리들에게 무거운 죄를 가하여 우리 한인이 두려워서 다

13) 이덕일, 「국내 행정망 상해 임시정부, 비밀조직 '연통제'로 조선총독부에 맞서다」, 『근대를 말하다』, 역사의 아침, 2012 참조.
14) 『동아일보』, 1920.8.22. 이는 샌프란시스코에서 발행하던『신한민보』9월 23일 자에도 거의 그대로 실렸다.

시는 감히 독립운동을 못할 것이라고 말하고 있는데, 이런 정책이 더욱 한국인들에게 반감을 주어 결사적으로 독립을 요구하게 되리라는 것을 어찌 혼자만 알지 못하는가? 갑(甲) 집안의 물건을 을(乙) 집안이 탈취하였다고 갑이 소송을 제기하였다면 재판관은 어떻게 판결을 하겠는가?"[15]

박은식의 한국독립운동지혈사(韓國獨立運動之血史)에서 언급된 '연통제 사건'은 다음과 같다. "임시정부에서 연통제를 반포하였다. 그 대강을 보면, 도에는 독판(督判), 군에는 감독, 면에는 사감(司監) 등을 설치하여 임시지방행정기관으로 삼고, (임시)정부와 연락하여 일본인 통치의 굴레에서 벗어나 우리 자주의 기초를 세우려고 하였다. 그리고 각 항의 조례가 명시되었다.[16] 이 또한 커다란 정치상의 분투였다. 그러나 그들의 사나운 위세와 폭력은 갈수록 더욱 심하여 모든 사람들이 전전긍긍하고 무서워 떨면서 어기지 못하였다. 그러니 이런 제도의 실행이 어찌 어렵지 않겠는가. 그런데 금년[1920] 8월에 연통제를 공판한다는 발표가 있었다. 곧 함경북도 경성에서 발생한 것으로, 그 맥락은 경기도와 평안도 각지에 통해 있었고, 그 조직은 관리·학생·전도사 등 지식계급으로 구성되었으니, 경솔한 망동과는 다른 것이었다. 그러므로 세인들의 이목을 놀라게 했고 일본 당국의 간담을 서늘하게 할만했다. 그

---

15) 박은식, 김도형 역, 『한국독립운동지혈사(韓國獨立運動之血史)』, 소명출판, 2012.
16) 1919년 7월 국무원령 제1호로 공포되면서 시작되었는데, 그 목적은 "국민 사이 기맥을 상통하고 복국(復國)사업의 완성을 기하여 내외의 활동을 일치"시키는데 있었고, ① 정부에서 발행하는 법령과 기타 공문 전포에 관한 사항, ② 독립시위운동 계속 진행에 관한 사항, ③ 장차 외지에서 동원하여 전쟁을 개시할 때의 군인, 군속의 징모, 군수품의 징발 수송에 관한 사항, ④ 구국금 백 원 이상을 거출할 구국재정단원 모집에 관한 사항, ⑤ 구국금과 기타 정부에 상납할 금전의 수합과 납부에 관한 사항, ⑥ 장차 정부에서 공채를 발행할 때의 공채 발매에 관한 사항, ⑦ 통신에 관한 사항, ⑧ 기타 상부로부터의 임시 명령에 관한 사항 등이었다. 조직으로 도에 감독부, 군에 총감부, 면에 사감부 등으로 되어 있었다.

공판은 7회에 걸쳐 진행되었으며, 심문을 받고 징역에 처해진 사람이 47명이나 되었다."[17]

경성복심법원의 판결에 따르면 이 사건은 1919년 제령 제7호 제1조를 위반혐의로 처벌했다. 「정치에관한범죄처벌의건」 [시행 1919.4.15] [조선총독부제령 제7호, 1919.4.15, 제정]의 전문은 다음과 같다. "제1조 ①정치의 변혁을 목적으로 하여 다수공동으로 안녕 질서를 방해하거나 방해하고자 하는 자는 10년 이하의 징역 또는 금고에 처한다. 다만 형법 제2편 제2장의 규정에 해당하는 때에는 이 영을 적용하지 아니한다. ②전항의 행위를 하게 할 목적으로 선동한 자의 죄도 전항과 같다. 제2조 전조의 죄를 범한 자가 발각 전에 자수한 때에는 형을 경감하거나 면제한다. 제3조 이 영은 제국 외에서 제1조의 죄를 범한 제국신민에게도 적용한다."

상해 임시정부가 비밀리에 국내 행정조직망을 만들었다는 사실은 충격이었다. 기사는 "칠팔 삭 동안이나 철창 아래에서 신음한 까닭으로 얼굴에는 혈색이 하나도 없이 하얗게 세었고 그중에 백발이 성성한 노인이 있는 것이 한층 더 사람의 비애를 자아낸다"고 전했다. 회령 출신의 68세 노인 강준규(姜俊奎)를 지칭한 것이었다.

일본 육군성에서 하라 다카시(原敬) 내각 총리대신에게 보낸 '연통제 조직의 독립기관 검거의 건'에는 함경북도 총감독이 강준규이고, 부감독이 김인서, 서기 박원혁이라고 보고하고 있다. 당시 동아일보와 위의 경성복심법원 판결문에 따르면 47명 중 중형인 징역 5년을 선고받은 윤태선(尹台善)은 서울 가회동 취운정(翠雲亭)에서 강대호(姜大鎬: 개성), 박상목(朴相穆: 평안도), 송범조(宋範朝: 경상도), 강택진, 박시묵 등과

17) 박은식, 김도형 역, 『한국독립운동지혈사(韓國獨立運動之血史)』, 소명출판, 2012.

만나 서울에 연통제 13도 총감부를 설치하고 각도에 지부를 설치하기로 합의했다. 13도 총감부 산하에 총무・노동・재무・경무・편집・교통・교섭의 7부를 설치하고 곽병도 등을 특파원으로 파견해 자금도 모집했다.

윤태선은 함북연통제 사건 공판에서 '13도 총감부는 상해임시정부와 대립하는 관청인가?'라는 판사의 질문에 '명령과 지휘를 받는 하급관청'이라고 답해서 상해 임정 산하 조직이란 사실을 밝히고 있다. 1919년 8월 4일 함흥지법 청진지청(淸津支廳)에서 열린 공판은 이 당시 독립운동계의 모습을 생생하게 보여준다. 각지에서 400여 명의 방청인이 몰렸지만 일제는 법정이 협소하다면서 이들을 막고 피고들만 입장시켰다. 재판장 이시바시(石橋), 배석판사 아사하라(淺原), 검사 신도(新藤)는 모두 일본인이었다.

김인서는 임정의 경원선연변(京元線沿邊: 서울~원산) 특파원 명제세(明濟世)를 통해 임정의 지령문인 목록견서(目錄見書)를 받았다. 목록견서는 '군자금 모집, 군사 경험 있는 자를 조사 통지할 일, 독립 시위운동을 행할 일, 각 관청과 군대에 있는 조선인의 상황을 조사 통지할 일, 병기・탄약에 관한 상황을 통지할 일, 구국금(救國金)을 모집할 일, 시위운동으로 피해 받은 상황을 조사 보고할 일' 등으로 임정이 연통제를 통해 실시하려던 사업이 열거되어 있다. 임정은 즉각 독립전쟁을 일으키자는 쪽과 외교독립론 쪽으로 나뉘어 있었지만 이 지령은 독립전쟁에 초점을 맞추고 있었음을 보여준다.

함경도 경성 총감 이상호(李相鎬)의 진술에 따르면 경성은 오촌・주을온・주북・나남・용성・어랑면 등 면 단위까지 조직망이 갖추어져 있었다. 일제는 공무원들까지 연통제에 가담했다는 사실에 큰 충격을 받았는데, 함북 연통제 사건의 특징은 모든 피고가 독립에 대한 열망을 공개적으로 천명하고 있다는 점이다. 김인서는 "이번 사건은 조선 독립을 도모한 것"이라면서 서류의 적(敵)은 일본을 뜻한다고 말했다. 이상호는 "걸핏하면 우리 조선인이 안녕질서를 문란케 한다고 하지만 실상 일본인이 우리의 안녕질서를 문란케 하기 때문에 우리는 안녕질서를 위하여 독립하려 한다"고 답했다.

경찰 조사과정에서 고문이 행해졌으며 검찰도 이를 묵인했다는 사실도 폭로되었다. 군(郡)서기였던 이운혁(李雲赫)은 "나남경찰서에서 몹시 얻어맞아 허위자백을 했다. … 그날 다른 사람이 몹시 맞아 죽게 된 것을 보았다"고 진술했고, 김동식(金東湜)은 "검사가 나남경찰서에서 경찰관과 동석해 심문했다"고 검찰이 경찰의 고문을 묵인했다고 진술했다. 박원혁은 상해 임시정부의 상황을 "독립신문(獨立新聞)을 보고 알았다"고 답해서 연통제를 통해 임정에서 발행한 독립신문이 배포되었다는 사실도 말해주고 있다.[18]

이운혁(李雲赫)은 함북 경성군(鏡城郡) 오촌면(梧村面) 수성(壽星) 출신으로 고향에서 보통학교 및 함일실업학교(咸一實業學校)를 졸업했다. 보통문관시험에 합격하여 함북도청, 경성군청에서 근무했다. 1919년 11월 함북 경성(鏡城) 등에서 박원혁(朴元赫), 김인서(金麟瑞) 등 함경북도 지식인들이 조직한 함북 연통제(聯通制) 사건에 연루되어 함북 나남경찰서에 체포되었다. 이 사건으로 7~8개월 동안 일본경찰의 혹독한 취조를 받고 이운혁을 비롯하여 47명이 기소되었다. 1920년 7월 7일 함흥지방법원 청진지청에서 예심이 결정되어 1920년 8월 4일부터 1심 공판이 진행되어 1920년 8월 15일 함흥지방법원 청진지청에서 1년 6개월 형을 받았다. 1920년 10월 10일 이운혁 등은 이에 항고하였으나 1920년 11월 29일

<hr>

18) 『東亞日報』, 1920.8.22~8.23, 8.27~8.31, 「世人을 驚駭케한 聯通制의 公判」(一)~(七); 이덕일, 「국내 행정망 상해 임시정부, 비밀조직 '연통제'로 조선총독부에 맞서다」, 『근대를 말하다』, 역사의 아침, 2012 참조.

경성복심법원에서 1년 6개월 형이 확정되었다.

이운혁은 출옥 후『동아일보』경성지국을 운영하고 잡지『신건설(新建設)』의 주간으로 활동하다가 1922년 10월 20일 서울파 '공산주의그룹'의 13개도 오르그 가운데 함경북도 오르그에 임명되었다. 1923년 2월 20일 서울파 '공산주의그룹'의 비밀조직 고려공산동맹 창립대회에서 김사국, 이영 등 17명의 중앙위원 가운데 1인으로 선출되었다. 1923년 3월 전조선청년당대회에 경성청년회(鏡城靑年會) 대표로 참석했다. 1923년 10월 함북청년단연합회 집행위원으로 선정되어 함북청년단대회를 개최하여 교육문제, 산업문제, 위생문제, 풍속습관문제, 청년단발전에 관한 것 등 결의하고 실행하기 위해 노력하였다. 또 1924년 4월 21일 조선청년총동맹 창립 때 25명의 중앙집행위원 중 1인으로 선출되었다.[19]

간도에서 무장단체인 결사단지대(決死斷指隊)를 조직했던 이규철(李揆哲)은 당시 재판에 대해 매우 강경한 태도로 임하여 조선인의 기개를 보여주었다.

재판장(이시바시, 石橋) : 간도에서 조선독립운동을 한 일이 잇는가?

이규철 : 잇소.

재판장 : 언제까지 간도에서 독립운동을 하얏던가?

이규철 : 작년 팔월까지이오.

재판장 : 그 때문에 재류금지를 당하얏던가?

이규철 : 그럿소.

재판장 : 엇더케 운동을 하얏는가?

이규철 : 간도에서 운동한 일은 간도영사관에서 조사를 당한 일이니 이곳 재판소에서 물을 필요가 업소.

--------

19) 전명혁,『1920년대 한국사회주의운동연구』, 선인, 2006, 138~153쪽.

재판장 : 필요가 잇스니 말하라.

이규철 : 지나간 일이 되여서 다 이젓소.

재판장 : 간도에서 한 일을 말하라?

이규철 : 오래인 일이 되야 잊어버리엇소.

재판장 : 결사단지대(決死斷指隊)를 조직하야 조선독립을 운동하고 피고가
  그때의 참모장(參謀長)이라지?

이규철 : 그때에 참가한 일은 있으나 참모장이 된 일은 업소.

재판장 : 결사단지대에 참가하야 손가락을 잘낫다 하니 그 손가락을 보이라?

이규철 : (한즉 주먹을 단단히 쥐이면서) 볼 필요가 업소. 정, 보겟거든 이리
  내려와 보오.

(하면서 보이지 아니하니 재판장은 정정(廷丁)에게 명하야 그 손가락을 내여
들나 하거니 간수와 순사는 '왜 아니보이느냐'고 하면서 피고의 곁으로 모여
들어서 법정 안은 살기가 가득하고 아까부터 신경이 긴장하얏던 피고 일동
과 문밖에 선 방청인의 신경은 더욱 긴장하야 처참한 살기가 더욱 법정 안에
가득하얏다. 재판장은 다시 손을 내어 들라 호령하매 피고도 주위의 형세가
그른 줄 알고 할 수 업시 무명지손가락을 끈은 왼편 손을 내어 들어 보이엇
다.)[20]


6년을 구형받은 윤태선은 "강탈한 나라를 도로 찾고자 함이 무슨 죄
냐"고 항의했고, 김인서는 "총독의 행정에 반감을 품고 이번 사건이 일
어났으니 이번 사건은 총독의 죄"라면서 검사를 꾸짖었다. 5년형을 받
은 김동식은 "우리는 적국의 포로가 된 몸이니 5년이 아니라 50년이라
도 복역하겠다"고 맞섰고, 최종일(崔宗一)이 "당신네는 우리를 피고, 피
고 하는데, 제 것을 되찾고자 하는 우리가 원고인가 남의 것을 빼앗은
일본이 원고인가? … 일본인은 재판장이 될 수가 없다"고 따지자 당황

----

20) 『東亞日報』, 1920.8.22~8.23, 8.27~8.31, 「世人을 驚駭케한 聯通制의 公判」(一)~(七).

한 이시바시는 "이런 말은 들을 필요가 없다"고 제지했다. 그러나 최종일은 "일본 형법이 데라우치(寺內)와 당국자는 처형하지 않느냐?"고 절규했다.

원고와 피고가 뒤바뀐 재판이었다. "삼천리 강토가 다 유치장이요 감옥인데 나간들 무슨 자유와 행복이 있겠느냐?"라고 말하는 사람, "앞집에서 뒷집 것을 탈취해서 앞집 사람이 송사를 한다면 재판장은 어떻게 처결하겠는가?"라고 따져묻는 사람도 있었다. 기사는 "재판장과 간수, 순사가 제지해도 듣지 않아서 법정은 소연하고 일대 수라장을 이루었다"라고 쓰고 있다. 이시바시는 "더 들을 필요가 없다"면서 폐정을 선언하고 도망치듯이 뛰어 들어가야 했다.

함북 연통제 사건뿐만 아니라 평북 중화군(中和郡) 출신의 목사 강시봉(姜時鳳) 등 8명이 징역 5년에서 2년까지를 선고받은 평북 연통제 사건도 마찬가지였다. 평북 영변(寧邊) 출신의 선규환(宣奎煥)은 연통제 사건으로 1927년까지 무려 8년의 옥고를 치러야 했다. 일제는 연통제를 뿌리 뽑지 않으면 국내 통치기반이 뿌리에서부터 흔들린다고 생각했다. 조선총독부에 맞서 '정부'라는 이름을 내건 조직이 있다는 자체가 일제로서는 큰 위협이었다.[21]

당시 상해임시정부의 연통제 규정은 다음과 같다.[22]

國務院令 第一號 大韓民國元年七月十日
改正 敎令 第二號 大韓民國元年十二月一日

21) 이덕일, 「국내 행정망 상해 임시정부, 비밀조직 '연통제'로 조선총독부에 맞서다」, 『근대를 말하다』, 역사의 아침, 2012 참조.
22) 「假政府組織과 不逞鮮人의 行動(秘)」, 국사편찬위원회 편, 『한국독립운동사자료』 2 (임정편)Ⅱ, 1971 참조.

臨時地方聯通制

第一條 地方에 左의 道를 둔다

　　京畿道忠淸北道忠淸南道 全羅北道全羅南道慶尙北道慶尙南道平安南道

　　平安北道江原道咸鏡南道咸鏡北道

　　道의 位置及 管轄區域은 內務總長이 이를 定한다

第二條 各道에 左의 職員을 둔다

　　督辦 一人

　　參事 四人

　　掌書 若干人

　　警監 二人

　　技手 若干人

　　通譯 若干人

第三條 督辦은 內務總長에 隷屬하며 各部의 主務에 關하여는 各 總長의 指

　　揮監督을 받아서 法令을 執行하고 管內의 行政事務를 管理하며 所屬 官

　　吏를 指揮監督한다

第四條 督辦은 管內의 行政事務에 關하여 職權 또는 委任의 範圍內에서 道

　　令을 發함을 得한다

　　道令을 發하였을 時는 遲滯없이 主務總長에게 其 旨를 報告할 것

第五條 督辦은 府長 又는 郡監의 命令 又는 處分이 法規에 違背하던가 公益

　　을 害하던가 又는 職權을 越하였다고 認할 時는 其 命令 又는 處分을

　　取消 又는 停止함을 得한다

第六條 督辦이 事故 있을 時는 內務司長인 參事가 其 職務를 代理한다

第七條 各道에 秘書室 內務司 財務司 交通司及 警務司를 둔다

　　秘書室及 各司의 事務分掌規程은 內務總長이 이를 定한다

第八條 司長은 道參事로서 此에 充한다

　　司長은 督辦의 命을 承하여 司務를 掌理하며 部下官吏를 指揮監督한다

第九條 掌書는 擔任事務에 從事한다

第十條 警監은 警察及 衛生事務에 從事한다

第十一條 技手는 技術에 從事한다

第十二條 通譯은 通辯及 飜譯에 從事한다

第十三條 道에 府及 郡을 置한다

　　府及 郡의 名稱 位置 管轄區域及 處務規程은 內務總長이 此를 定한다

第十四條 各府郡에 左의 職員을 置한다

　　府長 又는 郡監 一人

　　參事 一人

　　掌書 若干人

　　警監 一人

第十五條 府長 又는 郡監은 督辦의 指揮監督을 承하여 法令을 執行하고 管
　　內 行政事務를 掌理하며 部下의 官吏를 指揮監督한다

　　府長 又는 郡監이 事故 있을 時는 府郡參事가 其 職務를 代理한다

第十六條 府郡參事는 府長 又는 郡監의 命을 承하여 府郡事務를 掌하며 部
　　下官吏를 指揮監督한다

第十七條 掌書는 擔任事務에 從事한다

第十八條 警監은 警察及 衛生事務에 從事한다

第十九條 各府郡의 須要에 依하여 技手及 通譯을 置함을 得한다

第二十條 道及 府 郡에 通信員及 警護員 若干人을 置한다

第二十一條 通信員及 警護에 關한 規程은 內務總長이 此를 定한다

第二十二條 各道及 各府郡에 參議를 置함을 得한다

　　參議는 每道에 七人 每郡에 五人으로 한다

　　參議는 道 府 郡管轄區域內에 居住하는 學識名望 있는 者로서 內務總長
　　이 此를 任命한다

第二十三條 道及 府 郡의 參議는 督辦 府長 又는 郡監의 諮問에 應하며 又는
　　臨時命令한 事務에 服한다

第二十四條 各郡에 面을 置한다

　　面의 名稱及 區域은 內務總長이 此를 定한다

第二十五條 面에 面監을 置한다

第二十六條 面監은 郡監의 指揮監督을 承하여 面內의 行政事務를 補助執行
　　한다

第二十七條 面에 助事 若干人을 置한다

第二十八條 助事는 郡監이 이를 命한다

第二十九條 助事는 面監의 指揮監督을 承하여 擔任事務에 從事한다

第三十條 面에 協議員을 置함을 得한다

協議員은 每面에 三人으로 한다

第三十一條 協議員은 面內에 居住하는 信望 있는 者로서 督辦이 이를 命한다

第三十二條 協議負은 面監의 諮問에 應한다

第三十三條 道 府 郡參議及 協議員은 名譽職으로 한다

第三十四條 道 府 郡參議及 協議員에는 內務總長이 定하는 바에 依하여 職
　　務執行에 要하는 費用을 給與함을 得한다


附則

本令은 大韓民國元年十二月五日부터 此를 施行한다

2) 전협 외 35인 판결문(1920년 공형 제1003호·제1003호,
　　　大正9年公刑第1003號·第1013號, 京城地方法院)
　　송세호 외 8인 판결문(1920년 형공 제35호·40호,
　　　大正10年刑控第35號·40號, 京城覆審法院)
　　윤종석 외 2인 판결문(1920년 형상 제68호,
　　　大正10年刑上第68號, 高等法院)

　　첫 번째 문서는 전협(全協, 45세) 외 35인에 대한 다이쇼 8년(1919년) 제령 제7호 '정치에관한범죄처벌의건' 위반 및 출판법 · 보안법 위반, 사기사건에 대한 1920년 12월 7일 경성지방법원의 판결문이다.[23] 그 내용은 다음과 같다.

　　다음의 피고 등에 대한 정치범처벌령 위반, 출판법 위반, 보안법 위반 및 사기 등 피고사건(大正9年公刑第1003號 · 第1013號) 및 민강(閔橿)에 대한 보안법 위반 피고사건(大正8年公刑第1154號)에 대해 조선총독부 검사 사카이 죠오사부로(境長三郞)의 간여 및 병합 심리를 마치고 피고 송세호 궐석한 채 판결함. 이 사건 관련 피고인과 1심 형량은 다음과 같다.

　　전협(경성부, 45세, 무직) : 징역 8년, 최익환(충남 홍성, 30세, 농업) : 징역 6년, 권태석(경북 금천, 26세, 무직) : 징역 1년 6개월, 이건호(충남 부여, 36세, 무직) : 징역 3년, 권헌복(충북 보은, 32세, 무직) : 징역 2년, 박형남(경북 문경, 34세, 무직) : 징역 2년, 윤용주(충남 아산, 37세, 농

---

[23] 이 판결문의 1심 판결문은 원 판결문을 기초로 신복룡 교수의 『대동단실기』에 수록된 것을 참조하였다(신복룡, 『대동단실기』, 선인, 2003 참조).

업) : 징역 3년, 윤종석(경기도 강화, 25세, 세브란스연합의학전문학교 3년생) : 징역 3년, 민강(경성, 37세, 약종상) : 징역 1년 6개월, 전필순(경기도 용인, 27세, 장로파 예수교 조사(助事)) : 징역 1년, 송세호(경북 경산, 21세, 도리사(桃李寺) 승려) : 징역 3년, 정남용(강원도 고성, 25세, 무직) : 징역 5년, 이을규(충남 논산, 27, 곡물상) : 징역 2년, 이재호(경성, 43세, 직물업) : 징역 4년, 동창률(경성, 53세, 무직) : 징역 3년, 양정(경성, 56세, 무직) : 징역 2년, 한기동(평양, 23세, 무역상) : 징역 3년, 안교일(경성, 33세, 이화학당부속 용두리 여학교 교사) : 징역 1년 6개월(1년 6개월), 정희종(경성, 49세, 배재학교 교사) : 징역 1년 6개월, 전대진(경성, 26세, 양말직공) : 징역 8개월, 정규식(경기도 양주, 29세, 곡물상) : 징역 2년, 이신애(원산, 30세, 남감리파 예수교 전도사) : 징역 3년, 박원식(충남 홍성, 30세, 포목상) : 징역 1년 6개월, 박용주(경성, 31세, 구두직공) : 징역 6개월, 김종진(경성, 18세, 숙명여학교 생도) : 징역 6개월 집행유예 2년, 박정선(경성, 47세, 무직) : 징역 1년, 김상설(경성, 69세, 무직) : 징역 1년, 김익하(경성, 72세, 무직) : 징역 8개월 집행유예 2년, 이종춘(경성, 64세, 무직) : 징역 8개월 집행유예 2년, 이정(경기도 양주, 46세, 서당 교사) : 징역 1년, 장현식(전북 김제, 25세, 농업) : 징역 1년, 이능우(경성, 36세, 무직) : 징역 8개월, 김영철(경북 영일, 23세, 경성의학전문학교2년생) : 징역 6개월 집행유예 2년, 조종환(경기도 강화, 33세, 무직) : 징역 1년, 유경근(경기도 강화, 44세, 광업) : 징역 3년, 노준(전남 영광, 27세, 농업) : 무죄.

피고 김익하, 이종춘, 김영철, 김종진에 대해 각 2년간 그 형의 집행을 유예한다. 피고 양정에 대한 소송 사실 중 전협 등과 함께 이강[24]을

---

[24] 이강(李堈, 1877~1955)은 고종의 다섯째 아들로 어머니는 귀인 장씨이다. 1897년 대

유인하고 또 이강 및 정운복 두 명을 협박하고 북문 외의 독립 가옥에 감금했다는 점 및 피고 노준(魯駿)은 무죄.

## 이유

제1. 다이쇼 8년(1919년) 3월 1일 손병희 등 33인이 조선독립선언서를 발표하여 조선민족은 일본제국의 압제에서 벗어나기 위하여 최후의 1인, 최후의 일각까지 노력하자는 내용을 선동한 이래 이를 성원하는 시위운동이 곳곳에서 끊이지 않자 이에 편승하여 피고 최익환(崔益煥), 전협(全協)은 조선의 독립을 목적으로 하는 단체를 조직하여 다중을 규합하여 크게 활동하기로 하고 동월(同月) 말경 경성부(京城府) 봉익동(鳳翼洞) 62번지 전협의 집에서 "1. 조선을 제국의 통치하에서 벗어나게 하여 독립국을 형성시킬 것 2. 세계 영원의 평화를 확보할 것 3. 사회주의를 철저히 실행할 것"의 3대 강령을 제창하고 대동단(大同團)이라 칭하며 널리 단원과 자금을 모집하고 비밀 출판물 등을 반포하여 해(該) 사상을 고취시켜 이로써 조선에서의 현 정치의 변혁을 일으켜 전시(前示) 목적을 달성하기로 논의하고 동년(同年) 4월 중 남작(男爵) 김가진(金嘉鎭)에게 이 계획을 밝히고 그의 찬동을 얻어 동인(同人)을 대동단의 총재로 추대한 후 피고 최익환은 피고 권태석(權泰錫)에게 그 취지와 목적을 설명하고 자금의 제공을 요구하자 피고 권태석은 이에 찬동하여 인쇄기와 인쇄용지 구입비, 기타의 잡비에 전후 몇 차례 600원을 지불

---

한제국이 창건되면서 의왕에 책보되었고 1899년 미국에 유학하면서 그해 의친왕에 봉해졌다. 1905년 미국 로노크 대학을 마치고 귀국하여 대한제국 육군 부장이 되었다. 1906년 대한적십자사 총재에 취임하였고 상해 대한민국임시정부의 요인들과 연락하는 등 독립운동에 관여하였다.

하고, 이로 인해 다이쇼 8년 영(領) 제690호의 2 내지 13, 16, 17, 19, 20, 26, 28, 31 내지 34 등의 활자, 인쇄기, 인쇄용 재료 등을 구매하고 당해 관청의 허가를 받지 않고,

1-1. 동년(同年) 4월 피고 최익환, 전협은 공모하여 인쇄, 반포를 목적으로

(1) 「선언서」라는 제목으로 대동단의 취지와 목적을 내걸고 손병희 등 33인의 조선독립선언문에 입각하여 끝까지 조선독립을 기하고 총독정치의 철폐를 요구하며 만약 일본이 독립을 승인하지 않고 병력 등으로 우리들을 압박하려 하면 우리들은 일본에 대해 혈전 (血戰)을 할 것임을 선언한다는 내용을 기술한 것

(2) 기관방략(機關方略)이라는 제목으로 위의 대동단의 활동기관의 구성 및 활동방법 등을 정하여 조선독립의 목적을 수행한다는 문 자를 기술한 것

(3) 진정서(陳情書)라는 제목으로 일한 병합의 불법성을 일일이 반박 하고 조선독립이 공인되기를 바란다는 내용을 기술하고 미국과 파리강화회의에 발송할 것이라는 내용을 부기(附記)한 것,

(4) 포고(布告)라는 제목으로 모두에 먼저 중화민국 대표 강기요(康寄 遙) 외 330인이 조선독립의 승인을 파리강화회의에 청원함에 따라 조선민족은 이들의 동정에 대해 영원히 감사해야 하며 더욱 분려 (奮勵)할 것이라는 내용을 기록하고 본문에 위 '청원서'라고 칭한 것의 내용인 즉 일한 병합은 특히 만주, 몽고, 지나, 본국[일본]까지 위험을 초래할 우려가 있으므로 조선의 독립을 승인해 달라는 내용의 기사를 등 재한 것을 차례로 저작하고 同府[경성부] 주교정(舟橋町) 125번지

피고 최익환의 차댁(借宅)[셋집]에서 다이쇼 8년 영(領) 제690호의 17의 등사판을 사용하여 1)은 약 70매(同號의 22), 2)는 약 40통(同號의 23), (3)은 약 20통(同號의 24), 4)는 약 50통(同號의 25)을 피고 최익환의 집에서 순차로 이를 인쇄하고

1-2. 동년 5월 중 피고 최익환은 전협과 공모하여 인쇄, 반포를 목적으로

(1) '등교 학생 제군'이라는 제목으로 '조선인 학생들은 감연(敢然)히 동맹하여 조국의 희생하며 독립운동을 위해 노력하여 결코 굴종하지 않는다는 내용을 기술한 것

(2) '선언'이라는 제목으로 위의 선언서와 동일한 취지를 기술한 것

(3) '관망청담(觀望淸談)의 諸氏에게 경고한다'는 제목으로 '한일병합 전후의 제국의 대한정책을 무방(誣謗)하고 일반 조선인은 분기옥쇄(舊起玉碎)할 것' 등을 선동하는 문구를 기술 한 것

(4) '일본국민에게 고함'이라는 제목으로 일본국민은 속히 조선독립을 승인할 것 등을 적은 인쇄물을 저작하여 피고 최익환은 권태석과 공모하여 경성부 종로5정목 189번지 양제은(楊濟殷)의 집에서 1)은 동호(同號)의 16의 모필용 등사판을 사용하여 약 60통(동호의 21), 2)는 동호의 2 내지 6, 9, 10 등의 활판을 사용하여 약 2,000매(동호의 27), 3) (4)는 동호의 17의 철필용 등사판을 사용하고 (3)은 약 1,000여 매(동호의 29), (4)는 약 400통을 순차로 인쇄하고 기회를 보아 이를 반포하여 안녕 질서를 방해하려는 때 동년 5월 23일 피고 최익환, 권태석 두 사람은 일이 발각되어 먼저 체포되었다.

제2. 피고 전협은 위의 최익환의 체포를 전후로 하여 소기(所期)의 목

적을 달성하려면 귀족, 진신(縉紳)[신사], 종교가, 상공단, 청년, 부인 등의 각 계급을 망라한 일대 단체를 만들어 널리 동지를 규합하고 또 자금을 모집하여 공족(公族), 귀족(貴族) 등을 상해 방면으로 꾀어 내 조선 독립운동의 기세를 드높이는 것이 상책이라고 생각하고,

2-1. 동년 4월부터 10월경까지 남작 김가진(金嘉鎭)을 대동단의 총재로 할 것과 동인의 아들 김의한(金義漢), 그의 사촌동생 김용환(金用煥)과 김봉양(金鳳陽), 유림(儒林)의 유력자인 곽종석(郭鍾錫), 이기현(李基鉉), 구 보부상(褓負商) 두목인 피고 양정(楊楨), 기타 피고 정남용(鄭南用), 한기동(韓基東), 윤용주(尹龍周), 이재호(李在浩), 장현식(張鉉軾) 및 임응철(林應喆), 김재구(金在九), 강경진(姜景鎭)에게 위의 대동단의 취지와 목적을 설명하고 동지로 하여 전기 자와 함께 모두 이를 쾌히 승낙하여 대동단원이 되었다. 위 피고 등은 아래와 같이 활동하게 되었고 특히 피고 양정은 상공단의 총대(總代)로서 구 보부상을 규합하여 대동단을 위하여 인쇄물의 배포 등을 담당하는 것으로 하고,

2-2. 피고 정남용은 동년 4월 중 전부터 알고 있던 최익환과 만나 그로부터 대동단의 취지와 목적을 들은 다음 최익환 체포 후 바로 피고 전협과 그의 우소(寓所)인 경성부 봉익동에서 만나 전항과 같이 동인으로부터 설명을 듣고 대동단에 가입하여 최익환의 후임으로 출판행위를 담임할 것을 서약하였고 한편 동년 6월, 7월에서 10월경까지 피고 권헌복(權憲復), 박형남(朴馨南), 이건호(李建鎬), 송세호(宋世浩), 나창헌(羅昌憲) 등을 권유하여 이들을 대동단원이 되게 했다.

2-3. 피고 이건호는 동년 6월 피고 장현식을 데리고 경성으로 와서 피

고 박형남의 소개로 관수교 부근 아무개의 집에서 피고 전협, 정남용 등과 만나 조선독립운동의 경과를 듣고 이어서 동행한 피고 장현식을 소개하자 피고 전협은 대동단의 방침 등을 제시하며 크게 분기하여 조선독립을 이룩하자고 하였으며 대동단 사상 등을 선전하기 위하여 비밀출판을 해야 하나 자금이 부족하다고 하면서 협조를 부탁하자 피고 장현식은 이를 쾌히 승낙하고 기부할 것을 약속하고 귀향하여 동월 하순 거주지에서 3,000원을 피고 이건호에게 교부하였고 동 피고는 동월부터 7월 사이에 전후 3회에 걸쳐 경성부 입정정 피고 전협의 집에서 동인에게 교부하였다.

2-4. 피고 윤용주는 동년 9월 중 전협의 권유로 대동단에 가입하고 경성에 가서 전라남도(全羅南道) 정읍군 임응철(林應喆), 김재구(金在九), 강경진 등에게 위와 같은 대동단의 계획을 고하고 경성부 황금정 4정목 244번지 전복규(全福奎)의 집과 경성부 종로5정목 이규문(李圭文)의 집에서 피고 전협과 만났다. 피고 전협과 윤용주는 독립운동의 유망함과 대동단의 취지와 목적을 설명하면서 동지와 자금모집에 진력하라고 권유하며 「신임장」이라는 것을 교부하였고 동인들은 전라도에 돌아와서 분주히 활동하다 동월 말경 김재구, 강경진은 이범수(李範壽), 형갑수(邢甲秀)를 데리고 경성으로 갔고 피고 윤용주는 김재구로부터 독립운동자금으로 강경진이 출금한 200원, 형갑수가 출금한 100원을 이규문의 집에서 받아 이를 위의 전복규 집에서 피고 전협에게 교부했다.

2-5. 피고 정남용은 전협과 공모한 후 동년 7월 중 당국의 허가 없이 전국적으로 배포하기 위하여 「대동신보(大同新報)」라는 제목으로 위의 선언서와 기관방략, 기타 조선독립을 고취하고 선동하는 내용을 기사로

제작하여 이를 인쇄하기 위하여 피고 전협은 장현식이 제공한 자금 중 1,500원을 김가진으로부터 인출하여 피고 정남용에게 교부하였고, 피고 정남용은 이 자금으로 인쇄기 용지 등을 구입하고 이미 동지(同志)가 된 피고 이건호의 첩의 집 경성부 황금정 5가 142번지의 방에서 이를 사용하여 동월 하순경까지 약 10,000매를 인쇄하여 동년 10월 말까지 자신 혹은 타인으로 하여금 경성부 내에 배포하고 또는 지방으로 보내어 배포하게 했다. 피고 권헌복은 위와 같이 정남용의 권유로 대동단에 가입하였고 피고 이건호의 집에 있을 때 정남용으로부터 의식(衣食)을 제공받으며 잡역에 종사하였으며 동년 8월 초순 피고 정남용으로부터 위의 『대동신보』의 배포를 명(命) 받고 동부 창덕궁에서 관수교에 이르는 빈가에 신문 약 50매를 가가호호(家家戶戶)에 투입, 배포하였다.

피고 동창률(董昌律)은 동년 8월 피고 정남용으로부터 함경도 방면에 『대동신보』를 배포하라는 명을 받고 이것을 수십 부를 가지고 함경남도 단천군(端川郡) 파도면 은호리 김병권(金秉權)의 집에 가서 동인에게 동지(同紙) 5매를 주며 동지가 될 것을 권유하였고 이후 그에게 70매를 교부하며 이원 방면에 배포할 것을 부탁하고 경성으로 돌아왔다.

2-6. 동년 8월 중 피고 전협, 정남용은 김가진 등과 협의하여 경성부 체부동 김가진의 집에서 당해 관헌의 허가 없이 인쇄, 배포를 목적으로 전기(前記) 대동단의 3대 강령을 내걸고 그 조직 활동의 세목을 정한 '대동단규칙'(다이쇼 8년 領 제1210호의 2, 10, 20)을 만들었으며 김가진의 아들 김의한 등은 등사판을 이용하여 수십 부를 인쇄하였고, 동월 중 정남용은 동지를 모집할 목적으로 부산 방면에 배포할 것을 피고 박형남에게 명령하였다. 피고 박형남은 권헌복과 마찬가지로 정남용의 권유로 단원이 되어 이건호의 집에서 거처하면서 정남용으로부터 의식을 제

공받으며 잡역을 하고 있으면서 명에 따라 '대동단'의 규칙 (다이쇼 8년 領 제1210호의 2, 10, 20)을 술작(述作)했는데 김가진의 아들 김의한 등은 등사판을 사용하여 수십 부를 인쇄하고 그달 중 피고 정남용은 동지모집의 목적으로 부산 방면에 배포할 것을 피고 박형남에게 명령하고, 피고 박형남은 권헌복과 같이 정남용에게 권유 받고 단원이 되고, 이건호 집에 있었고 정남용에게 의식(衣食)을 급여 받고 잡역에 종사하고 있었는데 위와 같은 명령을 받고 대동단 규칙 몇 부를 가지고 부산부로 가서 구상서(具尙瑞)라는 자에게 이를 교부하였다.

2-7. 동년 10월 중 상해임시정부(上海假政府) 특파원이라며 이종욱(李鍾郁)이라는 자가 경성에 와서 아래와 같이 피고 송세호(宋世浩), 윤종석(尹鍾奭), 나창헌(羅昌憲) 등과 소위 연통제(聯通制)라는 것의 실행에 분주하였고, 다른 한편으로는 경성에서의 각종 조선독립운동을 목적으로 하는 비밀단체와 협동하여 10월 31일 천장절(天長節)을 기하여 상해 방면에서 송부해 온 박은식(朴殷植) 외 수십 명의 명의로 된 '제2회 독립선언서'를 반포하고 일대 시위운동을 하려는 계획을 세우고 대동단 총재 김가진 등의 찬동을 한 후 김가진으로부터 피고 전협, 정남용 등과 모의하고 동 피고는 그 취지에 찬동했으나 해(該) 선언서가 조선에 사는 각 계급을 망라한 대표자들로 하지 않으면 그 효과가 없다고 하여 다시 사람을 선정하여 위의 대표를 확정하고 이를 인쇄하여 배포, 선동하자고 하였다. 따라서 나창헌 등이 주동이 되어 인선을 하고, 피고 양정(楊楨), 한기재(韓基在), 이신애(李信愛) 등의 승낙을 받아 선언서 인쇄 준비 등을 정리하면서 해 기일에 맞추기가 어려워 연기하였다.

2-8. 앞서 피고 전협, 정남용, 김가진 등이 의논한 결과 이강(李剛) 공

(公)을 상해로 몰래 모시고 가서 그를 수령으로 하고 동인과 김가진 등의 명의로 '제2회 조선독립선언'을 하기 위해서는 내외의 인심을 격동시켜 예상의 효과를 만족하게 거두기 위하여 우선 대동단의 본부를 상해로 옮기는 것이 안전하다고 판단하여 동년 10월 상순 총재 김가진과 그의 아들 김의한은 이종욱과 함께 변장하고 상해로 탈출하였다. 이어서 피고 전협, 정남용, 이재호, 한기동, 동창률 등은 나창헌, 김중옥 등과 공모하여 공족(公族) 이강 공에게 통영(統營) 부근에 있는 카시이 겐타로(香稚源太郎)가 임차한 어기권(漁基權)을 빙자하여 유괴하고 그 후에는 권의(權宜)[임시 편의]의 수단을 이용하여 제국 밖인 상해로 이송하려고 기도하여 피고 이재호는 경성부 삼각정 91번지 정운복(鄭雲復)을 매개로 이강에게 해 어장 임차신청을 했으나 이강으로부터 그것은 사무관의 승인을 받지 못하면 불가능하다는 내용의 거절을 당했다.

이에 피고 전협 등은 즉시 임대차는 별개의 문제로 하고 이강과 직접 면접을 하기로 하고 이강 공이 카시이(香稚)와의 계약기간이 만료된 후 피고들에게 임차하겠다는 내용을 구두로 설명하면 만족하겠다 하며 차제에 30,000원을 이강에게 대여하고 또 정운복에게는 수수료로 15,000원을 줄 것처럼 감언 하여 정운복을 기만하였다. 이에 정운복은 수차례 서면 또는 면담으로 이강에게 교섭한 결과 이강은 전주(錢主)로 사칭하는 한석동(韓錫東)과 피고 전협 등과 면접할 때 즉석에서 금 30,000원을 빌릴 수 있을 것으로 오신(誤信)하고 전주(錢主)와 회견할 뜻을 보이자 정운복은 피고 이재호를 중개로 하여 피고 전협에게 그 뜻을 통지하였다. 피고 등은 다이쇼 8년 11월 9일 밤 미리 밀의의 장소로서 임차하여 둔 경성부 공평동 3번지 집에서 회견할 것을 통고하고 현금 수수의 의사로서 이강이 위의 장소에 오면 예정대로 임시 편의 수단으로 상해 도항을 권유하기로 하고 위의 각 피고 일동은 동 장소에 은밀히 넘어 들어왔다.

피고 한기동은 중문에서 피고 동창률은 집밖에서 각각 망을 보고 있었는데 밤 8시경 정운복은 이강 공의 집 抱車夫[인력거꾼] 김삼복(金三福)을 데리고 도착하였다. 이것은 김삼복을 보내면서 이강을 맞이하는 것이 위와 같이 진실로 현금 30,000원을 받을 수 있을 것으로 착오에 빠져 있는 이강은 몰래 자기 집 뒷문으로 탈출하여 인사동 별댁에 잠시 들렀다가 김삼복으로 하여금 위험유무를 탐지한 상태에서 그날 밤 12시경 그 가옥에 도착하여 피고 전협 등이 이강을 영접하여 들임으로써 유괴의 목적을 수행하였다.

피고 전협은 전주(錢主) 한석동(韓錫東)이라 칭하고 피고 이재호와 함께 이강에게 주식(酒食)을 권하고 이어서 정운복을 별실로 초청하여 피고 전협은 정운복에게 이제 곧 이강 공과 함께 상해로 출발하여 상해 임시정부에 몸을 맡길 것을 설명하자, 김중옥(金中玉)은 단총(다이쇼 8년 領 제1387호의 1)을 휴대하고 방으로 들어왔고 이어 나창헌, 피고 정남용, 한기동, 동창률 등이 침입하여 이강에게 신체에 위해를 가할 것처럼 협박을 하였다. 또한 정운복이라 칭하며 이강이 있는 실내에 들어와서 위와 같이 상해로 갈 것을 권유를 하고 있을 때 위의 김중옥 등은 권총을 들이대며 위와 같이 위협을 가한 결과 무기력한 이강과 정운복은 그 요구에 따를 수밖에 없었다.

이에 따라 피고 전협은 이강과 함께 인력거를 타고 북문으로 먼저 향하고 정남용, 한기동 등은 정운복의 양손을 포박하고 피고 이재호는 오늘밤은 하는 수 없이 숨어 지내야 한다고 위로하고 인력거에 태워 나창헌 등이 데리고 북문 밖으로 납치하였다. 피고 정남용은 김삼복을 감시하면서 위의 동소에 도착하여 미리 준비해 둔 경기도 고양군 은평면 구기리 73번지 산중 독립가옥으로 데리고 가서 이강을 다음날 10일 오전

5시경까지, 정운복을 동월 12일 오후 4시경까지 방에 유폐하고 피고 등은 서로 감시하여 그들의 자유를 구속하였다.

한편 피고 정남용으로부터 미리 이와 같은 계획하에 이강을 유괴하여 국외로 탈출케 한다는 사실을 전해들은 피고 이을규(李乙奎)는 안동현(安東縣)까지 이강에게 붙어서 정남용 등과 함께 이송할 것을 인수하고 피고 송세호는 피고 전협 등으로부터 위와 같은 계획 등을 듣고 남대문역 방면의 경계유무를 탐색하고 그 역에서 승차하여 수색역에서 내려 이강에게 붙어 안동현에 도착하여 수미(首尾)를 조심하며 이강을 상해로 향해 떠나게 한 다음, 경성으로 돌아와 동지에게 복명할 것을 담당하였다. 동월 10일 밤 예정대로 동 피고[송세회]는 남대문 역에서 봉천행 열차에 탑승하였고 피고 이을규는 정남용 등과 함께 동일 밤 11시경 수색역에서 이강의 신변에 붙어서 봉천행 열차에 탑승하여 위 피고 송세호와 만났다. 도중 송세호는 평양에서 하차하여 관헌의 경계를 탐색하여 다음 열차를 타고 안동현에 도착하기로 하고 평양역에서 하차하였다. 피고 정남용 이을규는 이강을 감시하면서 다음날 11일 오전 11시경 국경 밖인 안동현에 도착하여 동(同) 역에 하차했으나 경찰관에게 발각되어 이강은 보호되었고 피고 정남용은 체포되었고 피고 이을규는 그곳에서 도주하였다.

2-9. 피고 전협, 정남용, 양정, 한기동은 김가진, 나창헌 등과 협의하여 동년 10월 중 이강을 수령으로 하여 "3월 1일 독립을 선언하고 4월 10일 정부를 건설하려 했으나 완미(頑迷)한 일본은 시세의 추이를 돌아보지 않고 쓸데없는 시랑(豺狼)의 만성(蠻性)으로써 이를 억압하여 대낮에 대중을 총으로 쏘고 성읍 촌락을 불태운다면 이는 인류의 양심으로 참을 수 없는 것이다. 우리 민족의 단충열혈(丹忠熱血)은 결코 이 비정

리적(非正理的)인 압박에 위축되는 것이 아니라 더욱더 정의 인도로써 용왕(勇往) 매진할 뿐이다. 만일 일본이 끝까지 회과(悔過)하지 않는다면 우리 민족은 3월 1일 공약에 따라 최후의 1인까지 최대의 성의와 최대의 노력으로서 혈전을 불사할 것을 성명한다"는 기사를 실은 '제2회 독립선언서'에 대표자로서 이름을 열거하고 당해 관헌의 허가 없이 인쇄, 반포하여 일대 시위운동을 함으로써 일반 조선인의 독립사상을 격려 통일하여 조선독립을 실현시킬 것을 기획하였다.

피고 이신애(李信愛)는 동년 8월경 이래 피고 한기동, 나창헌 등으로부터 대동단의 취지와 목적을 듣고 동인 등의 소개로 피고 전협과 회견하고, 동년 10월에 이르러 위와 같은 독립선언의 기획을 듣고 부인 대표자가 될 것을 승낙하였다. 또 동 피고는 동월 중 피고 박정선(朴貞善), 한일호(韓逸浩)에게 부인 대표가 될 것을 권유하였고, 노인대표자가 될 것을 피고 김상열(金商說), 이종춘(李種春), 김익하(金益夏), 이겸용(李謙容)에게 설명하였다.

피고 전협은 동월경 피고 이정(李政)에게 동 대표자가 될 것을 권유하였고 피고 정규식(鄭奎植)은 동월 나창헌에게 위의 사항을 설명하자, 이로써 피고 박정선 김상열 이종춘 김익하 정규식 이정 등은 모두 이에 쾌히 승낙하고 선언서 문장 등 일체를 간부에게 일임하고 그 명의인[서명인] 즉 선언서 술작재작성재로서 연서하게 하였다.

나창헌 등이 인쇄에 착수 중 피고 전협, 정남용, 양정, 한기동 등이 차례차례 검거됨으로써 나창헌은 피고 이신애, 정규식, 박원식(朴源植), 안교일(安敎一), 정희종(鄭喜鍾) 등과 협력하여 동년 11월 20일경 등사판을 이용하여 피고 정희종의 집과 기타 장소에서 위의 선언서 수백 매(다이쇼 8년 領 제1387호의 12호 證)를 인쇄하고 마침내 동월 27일 오후 5시를 기하여 경성부 내에 이를 반포함과 동시에 일대 시위운동을 거행하기로 하였다. 그 실행방법으로 자동차 3대를 빌려 (1) 1대는 남대문통 조선은행 앞 (2) 1대는 동대문 내 한일은행 지점 앞 (3) 1대는 정동 배재학당 앞에 파견하고 (1)에는 피고 정규식이 다른 공모자 3명과 함께 차를 타고 해(該) 선언서를 살포하면서 하세가와쵸(長谷川町)를 경유하여 광화문통으로 나와 비각 앞에서 선동연설을 하고 조선독립만세를 고창(高唱)하며 보신각(普信閣) 부근에 도착할 것 (2)는 피고 이신애, 박정선 등이 탑승하고 도중에 선언서를 살포하고 만세를 고창하며 보신각 부근에 도착할 것 (3)에는 피고 이정과 다른 동지 등이 탑승하여 장소를 출발하여 똑같이 독립만세를 부르며 보신각에 도착하기로 하였다.

또한 선언서에 대표자인 피고 김상열 등 노인은 동일 같은 시간에 장춘관(長春館)에 모여 술과 식사를 한 후 조용히 기다리기로 하는 한편 나창헌 등은 동월 25일경 위 인쇄한 독립선언서 약 50매와 상해 방면에서 송부한 활판 선언서 약 50매(다이쇼 8년 領 제1387호의 13)를 피고 안교일(安敎一)에게 교부하고 동인은 강정희(姜正熙)라는 자의 소개로 피고 정희종의 집으로 보내 민가에 배포하도록 부탁하였다.

피고 정희종은 다음날 26일 밤 이를 경성부 효제동 202번지 피고 전대진(全大振)의 집으로 가지고 가서 27일의 시위운동기획을 알리고 오늘밤 중에 이를 배포할 것을 부탁하였다. 피고 전대진은 이를 승낙하고 수취한 약 30매를 피고 박용주(朴龍柱)에게 이와 같은 사실을 알리고 배포를 부탁하였고 서로 공모하여 같은 날 밤 종로 5, 6정목(丁目)의 각 민가에 선언서를 투입 배포하고 다음날 27일 오후 5시경 위의 각 피고는 예정된 장소에 도착하였으나 피고 김상열, 김익하, 이종춘은 경찰관헌에 발각되어 할 수 없이 돌아갔고, 피고 이정, 정규식은 자동차로 왔으나 다른 동지들이 참여치 않아 그곳에 서있는 동안 체포되었고 정규식은 헛되이 되돌아왔다. 또한 피고 이신애, 박정선 등도 자동차로 왔으나 헛되이 돌아갔다. 동일 밤 피고 이신애, 정규식, 박원식 및 나창헌 등은 피고 김종진의 임시 거처인 경성부 원동 162번지 김정하의 집에서 회합하고 당일의 실패에 분개하여 밤을 새면서 숙의(熟議)하였다. 그 결과 다시 28일 오후 4시 30분을 기하여 경성부 안국동 경찰관 주재소 앞 광장에서 시위운동을 거행할 것을 약속했다.

다음날 28일 아침 피고 이신애는 피고 박정선 집에 찾아가 동 계획을 밝히고 이에 참가할 것을 요구하였다. 동일 오후 피고 이신애, 정규식, 박원식 등은 동소(同所)에서 압수된 태극기(다이쇼 8년 영 제1387호의 10) 및 대한독립만세라고 쓴 깃발(동호의 11) 각 한 폭을 제작하였다. 동일 오후 4시 30분경 이신애, 박정선, 정규식, 박원식 등은 순서대로 위의 광장에 모였고 또 이 계획을 들어 알게 된 피고 김종진 역시 이 운동의 일원이 되기 위하여 그곳에 참집하고 통행인이 빈번한 동소에서 피고 이신애, 정규식은 전기 깃발을 흔들며 앞서서 조선독립만세를 고창하고 피고 박정선 등은 이를 따라 부르기 시작한 순간 피고 박원식을 제외하고 그곳에서 모두 체포되었다. 이로써 모두 안녕 질서를 방해하거나 방해하려고 한 자이다.

제3. 피고 송세호는 동년 3월 중 이종욱의 명령에 따라 상해에서의 조선독립운동 상황을 시찰하였고 동년 10월 중 경성에서 이종욱과 만나 동인으로부터 조선독립운동의 목적을 달성하기 위하여 상해임시정부와 조선 내의 각종 비밀단체와 연락하며 또한 경성에 본부, 지방에 지부를 설치하여 상호 기맥(氣脈)을 통하고 상해에서 송치되는 불온문서의 접수와 배포의 임무를 담당하고 그 임무를 수행하기 위하여 연통제를 시행해야 하나 이에 앞서 경성에 연통제 본부를 설치할 필요가 있다고 하자 이에 찬동하였다. 동월 여러 차례 경성부 연건동 이종욱의 임시 거처에서 이종욱 나창헌 및 피고 송세호 윤종석 전필순(全弼淳) 등과 협의한 결과 위의 피고들도 이에 찬동하여 활동할 것을 서약하였다.

피고 전필순은 본부에서 회계 사무를 담당하고 피고 송세호 윤종석 나창헌 등은 각도 감찰부의 임무를 관장하기로 하였고, 이어서 피고 윤종석은 이종욱으로부터 상해 방면에서 독립운동을 위해 내방하는 동지의 접촉과 문서 접수를 할 장소의 설치와 기관선정을 부탁 받고 동월 중 경성부 화천정(和泉町) 5번지 피고 민강(閔橿)의 집에 들어가 그 취지를 알리고 연락기관으로 할 것을 권유함에 피고 민강은 이를 승낙하고 상해방면에서의 내방자가 암호를 사용하여 오면 동지로 인정하고 이를 피고 윤종석에게 통보할 것과 불온문서는 자기의 영업용 하물의 취급 장소인 경성부 남대문통 5정목 7번지 공성(共成) 운송점 이라는 남창우(南昌祐)의 집 박춘식(朴春植) 앞으로 보낼 것과 동 점에 유치(留置), 통보할 것을 협정하여 둔 바 동월 30일 안동현 방면에서 박만식(朴萬植)이라 칭하는 자가 와서 소정의 암호를 사용하자 피고 민강은 이를 피고 윤종석에게 통보하였다. 동인들은 다음날 아침 면접하고 동일 거행 예정인 시위운동에 대하여 협의하기에 이르렀다.

이에 앞서 피고 민강은 김사국(金思國)[25] 한남수(韓南洙) 안상덕(安商悳) 등이 3월 1일 이래 조선 각지에서 빈발(頻發)한 독립운동이 하등의 연락도 없고 소기의 효과를 거둔 바가 없음을 개탄하고 '국민대회'라는 것을 조직하여 각개의 독립운동단체를 통일, 결합하고 각 도의 대표

----

[25] 김사국(1892~1926). 충남 연산 출신으로 보성학교 수학, 한성중학 졸업하고 교사생활을 하다가 3·1운동 시기인 1919년 4월 23일 한성정부 수립을 위한 조선국민대회를 준비하다가 '국민대회 사건'으로 투옥되어 1년 6개월 형을 살고 석방, 이후 1921년 1월 서울청년회 결성, 조선청년회연합회 집행위원, 서울파 사회주의운동의 전위조직인 고려공산동맹 창립하는 등 사회주의운동을 통한 독립운동을 하다가 폐결핵으로 요절했다(전명혁, 『1920년대 한국사회주의운동연구』, 선인, 2006, 457쪽).

자를 경성부 서린동 봉춘관에 집합케 하는 동시에 다중을 규합하여 시위운동을 할 계획을 수립하고 이 비용을 각출하기 위하여 동년 4월 19일경 김사국의 임시 숙소인 경성부 통의동 김회수(金晦秀)의 집에서 동인(同人), 안상덕 등과 회합하였을 때 참집(參集)하고 천도교 대표자 안상덕, 기독교 대표자 현석칠(玄錫七)에게 각 6백 원을 제공하는 것으로 하였다. 그 수수(授受)는 피고 민강이 약종상을 경영하여 금전 출납 및 손님의 내용과 빈번하여 오히려 비밀 누설을 방지하기에 충분하여 동 피고의 손을 거치는 것으로 하고 피고 민강은 이를 쾌락(快諾)하였다. 결과 다음날 20일 안상덕은 금 5백 원을 피고 민강의 집에서 지참하고 동 피고는 이를 수취 보관하고 있다가 그날 밤 찾아온 김사국에게 이를 교부한 사실이 발각되어 검거되어, 동년 8월 중 보석으로 출감하였으나 위의 범행이 있으므로 계속되는 범의를 보인자이다.

제4. 피고 유경근(劉景根)은 동년 5월 중 전부터 알던 김진상(金鎭相)이라는 자와 경성부 종로 보신각 앞에서 해후하여 동인으로부터 상해임시정부 군무총장 이동휘(李東輝)[26]가 노령(러시아) 포렴사덕(浦鹽斯德)[블라디보스토크] 신한촌(新韓村)에서 군을 양성하고 있는데 이는 조선 독립에 있어서 내외에 기세를 떨치고 또 독립을 달성하는 날에는 모국정부(母國政府)의 친병으로 되기 때문에 조선 내에서 청년을 모집하여 신의주(新義州) 영정(榮町) 김성일(金成鎰) 등의 손을 거쳐 만주를 통과

---

[26] 이동휘(李東輝, 1873~1935) 함남 단천 출신으로 1899년 한성무관학교를 졸업하고 한성근위대와 궁성수비대에서 근무했다. 1905년 강화진위대장을 역임했고 1907년 군대해산령 이후 강화진위대를 중심으로 의병봉기를 밀의하다 체포되어 유배되었다가 석방되기도 하였다. 1911년 '105인 사건'에 연루되어 유배되었다가 탈출하여 연길현 용정 명동촌으로 망명하였다. 이후 연해주에 건너가 한인사회당을 만들고 1919년 3·1운동 이후 상해임정 국무총리에 부임하였다.

하여 노령으로 파견할 것을 권유하자 그 취지에 찬동하고 이를 승낙하였다. 그 이후 피고 조종환(趙鍾桓) 등에게 위의 계획을 밝히고 조력(助力)을 구하자 피고 조종환은 이를 승낙하였고 동년 6월 중 노준(魯駿), 위계후(魏啓厚), 고경진(高景鎮) 등에게 유경근의 기획을 알리고 군사가 될 것을 권유하였다. 위계후, 고경진 등은 조규상(曺圭象) 외 4인을 권유하였고 이들은 피고 조종환의 소개로 경성부 관훈동 조선여관 등에서 피고 유경근과 회견하였다. 동 피고는 위의 사람들에게 '신의주 김성일(金成鎰) 앞'이라는 암호를 기재한 소개장(다이쇼 8년 領 제931호의 4)을 주고 동년 7월 초순 남대문 역에서 신의주로 차례로 출발 주선함으로써 안녕질서를 해하고자 한 자이다.

제5. 피고 이능우(李能雨)는 다이쇼 8년 4월 중 피고 최익환 등과 협의하여 상해로 가서 소위 '임시정부'에 몸을 바쳐 독립운동에 참여하기로 하였다. 이를 위하여 여비 조달에 부심 중 경성부 옥인동 이익호(李翼鎬)로부터 손영택(孫永澤)이라는 자가 홍순형(洪淳馨) 소유인 충청남도 연기군 소재 토지의 사음(舍音)을 희망하고 있음을 알고 피고가 주선하여 그 목적을 이룰 수 있다고 말하고 동월 24일 위 이익호의 집에서 손영택의 대리인인 김승기(金升基)에 대하여 홍순형 부자와는 하등의 친교가 없으므로 그 주선이 성공할지 불분명함에도 불구하고 피고는 홍순형과 그의 아들 홍봉표(洪鳳杓)와는 친근한 사이이기 때문에 꼭 성공하리라 기만하고 주선료 600원을 요구하고, 그 다음날 25일 앞의 장소에서 김승기의 손을 거쳐 손영택으로부터 주선료 명목으로 금 300원을 수취하여 편취(騙取)의 목적을 달성하였다.

제6. 피고 김영철(金永喆)은 범의를 계속하여 다이쇼 8년 3월 1일과 동월 5일 경성부 파고다 공원 부근 또는 남대문역 부근에서 조선독립을 목적으로 하는 시위운동에 참가하여 군중과 함께 조선독립만세를 고창하여 치안을 방해하였다.

피고 전협은 명치 45년(1912년) 7월 20일 경성 지방법원에서 사문서위조 행사, 사기취재(取財)죄로 인해 징역 3년에 처해져 그 형의 집행 중 다이쇼 3년 5월 칙령 제104호에 의해 징역 2년 4월 16일로 변경되고, 피고 최익환은 명치 42년(1909년) 10월 27일 경성공소원에서 도계재산죄(盜係財産罪)로 징역 7년에 처하여 그 형을 집행 중, 다이쇼 3년 5월 칙령 제104호에 의해 징역 5년 8월 30일로 변경되고, 피고 이재호는 다이쇼 4년 8월 25일 대구 지방법원에서 외국화폐위조사기죄로 인해 징역 3년에 처해져 그해 중 은사(恩赦)에 의해 징역 2년 3월로 감경되고 모두 그 집행을 받고 종료한 후 각 판시의 범행이 있던 자이다.

이상의 사실 중 판시 제1에 대해서는

1. 당 법정에서 피고 최익환의 권태석에 관한 부분을 제외한 그 외 판시에 상응하는 취지의 사실의 자백,

1. 위와 같은 피고 전협의 권태석에 관한 부분 및 인쇄물의 반포의 목적에 관한 점을 제외한 그 밖의 판시에 적응하는 취지의 사실의 공술,

1. 피고 최익환에 대한 예심 제2회 신문조서 중, 3월 1일의 손병희 등의 선언서는 봉익동 162번지 전협 집에서 동거 중 전협과 함께 한 번 봤는데, 그 후 시중(市中)의 사람이 열심히 운동을 하고 피고 등도 조선을 위해서 힘써야겠다는 생각이 일어나 3월 중 전협과 대담하고 피고로부터 대동단 조직의 일을 발의하고 전협은 이에 찬동하고 판시의 3대 강령을 제시하고 그 실행으로써 단원의 모집 및 집회가 불가능하니 출판에 의하여 해(該) 주의를 선전하고 단원이 교대로 최후의 1인에 이르기

까지 일본 정부 및 총독부에 주의를 진술하고 그 주장을 관철하려고 협의하고 외부의 일 즉 단원 모집 등의 일은 전협이 담당하는 것으로 하고, 피고는 내부의 일, 즉 출판물을 담당했는데 피고도 권태석, 이능우, 김사국, 김영철에 대해 권유한 적이 있다.

피고 권태석에 대해서는 4월 중 파고다 공원에서 만나 그 무렵의 피고의 주소인 종로 4정목 양제은(楊濟殷)의 집으로 데리고 와서 설득하고 자금을 내게 하고 또 출판을 돕게 했다. 즉 4월 25, 26일경 위 양(楊)의 집에서 독립운동으로서의 출판물 인쇄, 기계 구입비 300원을 출금케 하여 이를 전협(全協)에게 교부하고 전협은 한자, 한글을 서로 섞어서 3만 개 정도의 활자와 잉크, 수압(手押) 인쇄기 등을 사오고 그 외 권태석과 제(諸) 비용 100원 정도를 피고에게 제공하고 그 외 200원을 동인이 이 운동을 위해 소비하고 합계 600원 정도의 출자를 했다. 압수 21호의 문서는 5월 13일경 피고가 원지에 쓴 것을 권태석이 인쇄하고 동 27호의 선언서는 5월 20일경 양(楊)의 집에서 피고와 권태석이 인쇄하고 동 29호, 동 30호의 문서도 똑같다는 내용의 공술기재,

1. 사법경찰관의 피고 권태석에 대한 신문조서 중 3월 1일의 소요 후 시국에 감화하여 자신도 이 운동을 하려고 생각하고 최익환에게 이야기하고 서로 독립운동에 대해 행동을 함께 하기로 하고 동인의 임시 숙소인 종로 5정목 양(楊)의 집에서 4월 20일부터 동거하게 되고 동인으로부터 인쇄물을 만들고 그것을 널리 국민에게 배포하는데 일을 해달라는 말을 듣고 인쇄기 용지 등의 비용으로 600원 정도를 출금하고 또 여러 종류의 문서를 등사 또는 인쇄했다는 내용의 공술기재,

1. 피고 전협에 대한 제2회 예심 신문조서 중, 압수 22호의 선언서는 인쇄한 후 일반 조선인에게 배포할 생각이었고, 同 23호의 기관방략은 단(團)의 취지, 목적을 분명히 하여 단원에게 보이고 또 새롭게 단원을

모을 때에 보여 동지를 규합하기 위함이었고, 同 24호의 진정서는 미국 대통령 및 강화 회의에 제출하는 한편 단원을 모집할 때 보이기 위한 것이고, 同 25호의 포고는 일반에게 배포하기 위해 만들고, 同 27호의 선언서도 똑같았다는 내용의 공술기재,

1. 판시 동 취지의 문구를 기재한 다이쇼 8년 領 제690호의 22 '선언서' 70매, 同号의 23 '기관방략' 10통, 동호의 24 '진정서' 5통, 동호의 25호 '포고' 6통, 동호의 21 '등교하는 학생제군' 60통, 동호의 27 '선언서' 2천 매, 동호의 29 '관망하는 청담 제군' 1,200매, 동호의 30 '일본국민에게 고함' 800매 현재,

1. 동호의 2 내지 6 활자, 동호의 11, 16, 17의 인쇄기, 동호의 9, 10, 12, 13, 19, 31, 32, 33, 54, 및 동호의 7, 8의 인쇄용 부속품, 동호의 26, 28, 36, 37의 용지류의 현재를 종합하여 이를 인정한다.


판시 제2의 사실에 대해서는,

1. 당 법정에서 피고 전협의 2-1의 양정, 이건호, 윤용주, 이재호, 한기동을 권유하여 동지로 했다는 점 및 2-8의 이강 유괴 등에 관한 점을 제외한 그 외 판시에 응당하는 취지의 사실의 공술, 특히 2-6의 '대동단 규칙'은 다이쇼 8년 8월 중 체부동 김가진 집에서 동인, 피고, 정남용이 협의한 후 제정, 술작(述作)했는데 누군가가 그해 8월 중 및 9월의 두 번에 걸쳐 인쇄했다는 내용의 공술,

1. 위와 같은 피고 정남용의 2-2의 동지 권유의 점, 2-6의 대동단 규칙 저작한 점, 2-8의 이강 유괴 등에 관한 점, 2-9의 제2회 선언서에 관한 점을 제외한 판시에 응당하는 취지의 사실의 자백,

1. 위와 같이 피고 이신애가 한기동에게 권유 받았다는 점 및 선언서 인쇄에 관한 점을 제외한 판시에 적합하는 취지의 사실의 자백,

1. 위와 같이 피고 정규식의 출판법 위반 행사를 제외한 판시에 적합한 취지의 사실의 자백,

1. 위와 같이 피고 박정선의 전부 판시에 부합하는 사실의 자인(自認),

1. 피고 전협에 대한 제4회 예심조서 중, 피고 윤용주와는 다이쇼 8년 음력 8월 초 무렵 종로 5정목의 이규문 집에서 회견하고 대동단의 취지, 목적을 설명했는데, 동인은 단원에 가입하고 그 후 강경진으로부터 보내 왔다는 금 500원을 윤용주로부터 입수했다. 피고 양정에 대해서는 음력 6월경 입정정(笠井町)의 빌린 집에서 대동단의 취지, 목적을 설명하고 찬성하게 하여 동인은 단에 가입했다. 동인에게는 옛날 보부상을 한 적이 있었는데 위 상공단을 조직하는 금 3천6백 원은 김용환이 가지고 상해로 갔기 때문에 결론짓지 못했는데, 양정에게는 대동단의 일을 하기 위해 이미 동인이 거주하는 예지동의 가옥을 그 무렵 6백 원을 주고 매입하게 했다는 내용의 공술기재,

1. 위와 같은 제5회 예심조서 중, 음력 6월 무렵의 어느 날 밤 관수동의 어느 집에서 정남용, 박형남과 만났는데, 박은 이건호라 하는 자가 대동단에 가입하겠다는 내용으로 추천하고 그 다음 날 밤 재차 그 집에서 정남용, 박형남, 이건호와 만났는데 이건호는 대동단의 취지에는 대찬성으로 전라도의 장(張)을 추천하고 그날 밤인지 그 다음 날 밤, 그곳으로 위 장(張)을 데리고 와서 만나고 마침내 장은 금 3천 원을 출자하게 되었다. 위의 장현식(張鉉軾)과는 8월 중 피고 양정 집에서도 이건호와 동행해 와서 만난 적이 있다는 내용의 공술기재,

1. 사법 경찰관의 피고 전협에 대한 제1회 조서 중 (8)의 협박, 감금을 제외한 판시 제2의 8에 응당하는 취지의 자백 및 위 이강을 유출한 동지는 피고 이재호, 정필성(정남용), 한기동, 나창헌, 김중옥, 동창률이고 기타 송세호(宋世鎬, 宋世浩), 이을규인데 북문 밖 구기리의 집은 양정

이 미리 준비해 온 것이고 그 집에 있던 최성호는 양정의 첩의 동생이라는 내용의 공술기재,

1. 검사의 피고 전협에 대한 제2회 신문조서 중, 11월 9일 이강을 유출한 공평동의 가옥은 빈집이 아니고 피고 등 동지의 모임 장소이기 때문에 최 아무개에게 집을 지키게 해 둔 것이다. 그곳으로 이강을 유인하여 상해로 데리고 가려고 했던 것은 임시정부는 특별히 김가진, 이강 등을 중심으로 한 조선독립운동 기관을 설치하고 조선 내에서 조선인의 독립 사상을 고취함으로써 조선의 독립을 도모할 작정이었다는 내용의 공술기재,

1. 피고 전협에 대한 제3회 예심조서 중, 10월 31일을 기하여 실시하는 시위운동은 전부터 이종욱 등이 계획한 것이고 피고는 반대했는데 김가진 부자가 그 협의회에 출석했다고 하여 찬성하라고 말하므로 어쩔 수 없이 이를 받아들였는데 그때 배포한다는 선언서는 상해 사람뿐이기 때문에 발표하지 않고, 이 선언은 조선 내의 사람 만에게 하라고 나창헌 등에게 말을 들은 적이 있다. 그 후 제2회의 선언서에 대표자가 되는 연명은 김가진으로부터 제시 받은 적이 있다. 이 선언서를 만드는 것은 전혀 상담을 받지 않은 것이 아니다. 위의 취지로 선언하는 것에는 동의한 것이라는 내용의 공술기재,

1. 동 제7회 예심조서 중, 김가진이 제2회의 독립선언을 발표하고 또 시위운동을 할 것을 설명을 듣고 피고도 이에 찬동하고 이강을 상해로 데리고 간 후 실행하는 의견으로 이것을 정남용에게 설명했는데 동인도 같은 의견이라고 말했다는 내용의 공술기재,

1. 피고 정남용에 대한 제2회 예심조서 중, 권헌복과는 때때로 파고다 공원에서 만나 독립운동의 일을 설명하고 박형남에 대해서는 대동단의 취지, 목적을 설명하고 가입을 권하여 동인은 이에 진력하겠다는 내용

을 서약하고 위의 두 명은 대동신보를 배포할 때에 쓸 생각으로 이건호에게 위 두 명의 숙박료를 피고가 부담한다고 말하고 숙박하게 해놓았는데 박형남에게는 그 후 대동단 규칙 몇 통을 건네고 부산의 구상서에게 전하게 했다. 그것은 동지를 모집하기 위해서 이고 동창률에게도 그 달 무렵 대동신보 수십 장을 건네고 함남 단천 지방에 배포하고 동시에 자금을 모집하라고 말을 해 준 적이 있다. 이건호에 대해서는 대동단의 취지, 목적을 이야기하고 원조해 달라고 말하고 또한 대동신보를 인쇄하는데 사람이 오지 않도록 조처해 달라고 하니 이는 이를 승낙했기 때문에 그 집에서 인쇄했다는 내용의 공술기재,

1. 동 제4회 예심조서 중, 나창헌과는 이전부터 아는 사이인데 8월 무렵 동인이 보석 출옥 중에 만나고 그 후 이건호 집으로 피고를 찾아 왔을 때 대동단의 취지, 목적을 설명하고 대동신보를 보였는데 동인은 찬성하고 피고가 소개하여 대동단에 가입했다는 내용의 공술기재,

1. 사법 경찰관의 동 피고에 대한 제2회 신문조서 중, 9일 밤 이강을 데리고 간 날의 저녁 이재호 집에서 전협, 한기동, 한중옥, 피고 등이 저녁 식사 중 전협이 일동에게 전부터 의논한 대로 오늘 밤 이강 공을 꾀어낼 것이니 모두 공평동의 집으로 모이라고 말하고 위 자 모두 이재호, 동창률, 나창헌 등이 모였고 전협이 이재호 집에서 만든 마분지 상하에 10원 지폐를 붙인 것과 100원 지폐를 붙인 것 등을 이강에게 보였는데 피스톨을 가지고 있던 자는 김중옥이었다는 내용의 공술기재,

1. 사법 경찰관의 피고 권헌복에 대한 제1회 조서 중, 피고는 다이쇼 8년 7월경 파고다 공원에서 정필성과 알게 되었는데 동인으로부터 조선의 망국(亡國)과 흥복(興復)이라는 것을 듣고 이에 동화되어 그 부하가 되고 8월에 들어 정과 피고가 이건호의 첩 집에서 하숙하고 피고도 대동단에 가입하여 9월 2일에 대동신보를 배포했다는 내용의 공술기재,

1. 검사의 동 피고에 대한 제2회 신문조서 중, 신(神)과 같이 생각하고 있는 정필성으로부터 독립운동에 관한 인쇄물이니 배포하라는 말을 듣고 약 50매를 받고 관수동 부근 민가에 배포했다는 내용의 공술기재,

1. 동 피고가 당 법정에서 정남용으로부터 대동신보를 받고 창덕궁 앞부터 관수동 부근까지의 민가에 배포했다는 내용의 공술기재,

1. 사법 경찰관의 피고 박형남 조서 중, 다이쇼 8년 9월 2일 이건호 집에서 정필성과 알고 동인으로부터 대동단의 일을 설명 듣고 피고도 가입하여 그달 13일경 동인에게 명령 받고 대동단 규칙을 부산의 구상서에게 건네기 위해 그곳으로 갔다는 내용의 공술기재,

1. 사법 경찰관의 피고 이건호에 대한 신문조서 중, 권헌복의 소개로 정필성과 알게 되고 정으로부터 대동단 가입을 권유 받고 그 취지에 찬동하여 가맹했다는 내용의 공술기재,

1. 동(전라북도 제3부 근무) 이건호에 대한 청취서 중, 다이쇼 8년 음력 5월 중 장현식과 함께 상경했는데 간동(諫洞) 김종희(金鍾姬) 집에서 박형남과 만났는데, 동인은 독립 문제를 설명하고 이 운동의 재력가로 대동단의 우이(牛耳)[주도권]를 쥐고 있는 자를 만나라고 말하여 모두 떠났는데 장현식을 만나고 동인도 가겠다고 하여 3명이 동행하여 관수동의 아무개 집에서 박형남의 소개로 전협을 만났다. 그때 전협은 3월 이후의 소요를 설명하고 우리들 독립에 뜻이 있는 자는 내외 서로 호응하여 계책하고 있으나 자금이 부족하여 뜻과 같이 계획을 세울 수 없다. 자산가는 이에 출자한다면 큰일을 생각하고 있는데 그것은 조선독립에 대해 신문을 발간하는 것이라는 내용을 말했는데 장현식은 자산이 있는 자는 조선독립에 마음이 없는 것은 아니나 발각을 두려워 출금하지 못하는 것이라고 답하고 전협은 어디까지나 비밀리에 한다고 말하고 장은 귀하의 뜻은 알았으니 귀향한 후 출금하겠다고 하고 헤어지고 그 후 장

은 귀향했는데 10여 일 후 동인으로부터 오라는 문서가 있어 자신은 금구(金溝)로 가서 만났는데 조선식 옷 두 벌(상하)을 꺼내어 찢고 그 속에서 3천 원을 꺼내어 건네고 돈을 받으러 오지 않으면 그대로 옷 속에 지폐를 넣어 소포 편으로 할 생각이었다고 말했다. 자신은 경성에서 돌아와 2천 원을 전협에게 건네고 음력 6월 15일경 500원, 그달 21일경 또 500원을 전협에게 건넸다는 내용의 공술기재,

1. 피고 장현식에 대한 제2회 예심 조서 중, 전협 집에 가기 전에 이건호로부터 어느 정도의 돈을 기부하겠다고 말하라고 하여 전협으로부터 대동단의 목적 행동 등을 듣고 또한 인쇄비, 가옥 구입비가 없다고 말함에 따라 어느 정도의 돈을 기부하겠다고 말하고 헤어졌다는 내용의 공술기재,

2. 동 제3회 예심 조서 중 전협이 인쇄비가 없어 곤란하다고 말함에 따라 어느 정도의 기부를 약속하려고 할 때 그 인쇄물이라는 것은 독립사상을 고취하기 위해 일반에게 배포하는 것이라고 말하는 것을 이해하게 되었다는 내용의 공술기재,

1. 사법 경찰관의 피고 윤용주에 대한 신문조서 중, 다이쇼 8년 음력 5월경 경성으로 나가 전협, 최익환 두 명이 대동단을 조직하고 있음을 알고 8월 다시 입경했을 때 동 단에 가입하고, 자신은 동 단의 지방 단원 모집을 담당하고 전라도에 김재구를 파견하고 모집하게 했다. 대동단의 운동에 의해 조선은 독립할 수 있다고 생각하고 적어도 조선인으로서 이를 희망하지 않는 자는 한 명도 없을 것이다. 물(物)이 작은 것에서 큰 것으로 이동하는 것이고 우리들이 분주한 대동단도 소수로부터 다수에 이르러 13도의 노유(老幼) 모두 단원이 되면 일본정부도 어떻게 하지 못할 것이라는 내용의 공술기재,

1. 참고인 임응철(林應喆)에 대한 예심 촉탁 신문조서 중, 다이쇼 8년

윤 7월 말경 경기도에 머무르던 중 김재구 강경진과 함께 대동단의 간부 전협, 윤용주와 만나고 동 단의 취지에 찬동하여 단원의 규합, 자금의 모집을 부탁받은 적이 있다. 원래 참고인의 아버지는 임병찬(林炳瓚)이라고 하고 면암(勉庵)과 함께 대마로 유배된 후 또 병합에 반대의 건의서를 제출하고 거문도로 유배되고 객사하여 자신도 평소 독립을 희망하고 있었는데 위 경성 체재 중 윤용주의 방문을 듣고 그 우거로 오라고 하여 동대문 내 이규문 집으로 갔는데 전협 등이 있고 윤용주로부터 동지가 될 것을 권유 받고 그 후 김재구, 강경진에게 이를 알렸는데 동인 등도 윤 등과 만나고 싶다고 하여 그 다음 날 3명이 동행하여 이규문 집에서 윤용주와 만나는데 윤은 자신 등에게 전라도에서 동지의 규합, 자금의 모집을 부탁하고 신임장이라며 봉투에 들어 있는 것을 자신 등에게 건네어 자신은 이를 열어 봤는데 전라도의 대동단 기관설정 특파원을 명령한다는 내용의 신임장이었고, 그 후 또 윤은 대동단 규칙서 등을 전협으로부터 받아 와서 건넸다는 내용의 공술기재,

1. 참고인 강경진 동 조서 중, 다이쇼 8년 윤 7월 중 자신, 임응철, 김재구와 3명이 동대문 내 중국 요리점에서 윤용주와 만나고 이어서 입정정 아무개 집에서 전협과도 만났는데 위의 두 명으로부터 대동단에 가맹하라고 권유 받고 그 목적에 찬동하여 가입하고 독립사상의 선전, 단원의 규합, 자금모집을 동인 등으로부터 부탁 받고 전라도 방명에서 활동할 것을 약속하고 헤어지고 그달 말경 김재구와 동행하여 전주(全州)에 와서 쌀을 팔아 200원을 받아 그중 100원을 김재구에게 건넸는데 동인은 이것을 가지고 상경하고 그 100원을 윤용주에게 건넸는데 참고인을 대동단 재무부원으로 선입한다는 내용의 선임장을 교부하게 되었다며 전달하고, 그 후 또 100원을 김재구에게 건넸다. 계속해서 김재구는 분주했는데 그해 음력 8월 20일경 자신, 김재구, 이범수, 형갑수 등과 상

경했는데 그 후에 이르러 김재구는 참고인이 제공한 200원과 단을 위해 왕복한 비용을 5천 원으로 하고 250원의 영수증을 윤으로부터 교부했다고 하며 건네고 또 김재구는 특별히 이범수로부터 200원, 형갑수로부터 100원을 출금했다고 하고 각 그 영수증을 소지한 것을 봤다는 내용의 공술기재,

1. 사법 경찰관의 피고 양정에 대한 제2회 신문조서 중, 피고는 대동단원이나 임원은 아니다. 음력 5월 하순 입정정의 동창률 집에서 만났을 때 전협은 본 단의 사업을 위해서는 가옥이 많이 필요하여 적당한 것을 구매하려고 한다고 하며 동인으로부터 돈을 받고 예지동에 주거 1동을 매수하고 피고의 명의로 하여 현재 삼고 있다는 내용의 공술기재,

1. 피고 이재호에 대한 예심 제1회 조서 중, 전협과는 다이쇼 8년 윤7월 17일 양정 집에서 동인의 소개로 알게 되었는데 음력 8월경부터 20일 동안 동인을 피고 집에 동숙하게 했다. 이어서 피고 집 앞의 초음정(初音町) 191번지의 집을 빌려 전협, 정남용, 한기동 등이 10일 동안 있어서 피고 집에서 식사를 조달했다는 내용의 공술기재,

1. 사법 경찰관의 피고 이재호에 대한 제3회 조서 중, 대동단의 두목은 전협이고 기타는 정필성(홍우석), 나창헌(왕세준), 한기동, 이을규, 송세호, 양정, 김중옥, 동창률 등인데 피고는 10월 10일 김가진의 임시정부에 갔던 건으로도 관계했다. 처음 김가진으로 하여금 이강에게 상해 행을 설득하게 했는데 10만 원이 없으면 가지 못하다고 하여 전협은 도저히 이런 큰돈은 마련하지 못한다. 이강 공(公)을 꾀어내어 공을 세울 구실로 어기권(漁基權)을 빙자하여 정운복이 공(公)과 친해짐을 이용하라고 하여 피고로부터 정과 교섭한 것이고 공(公)을 데리고 나간 공평동의 집에 가있던 자는 전협, 피고, 정필성, 나창헌, 김중옥, 한기동, 동창률이라는 내용의 공술기재,

1. 동 제2회 조서 중 피고는 한석동이라 칭하는 전협으로부터 이강의 어기권을 얻을 방법이 있으면 교섭하라고 말하여 이강 공과 친분이 있는 정운복에게 주선을 구하여 수수료 1만 5천 원을 주겠다고 말했고 동인은 이를 받아들여 교섭했는데, 공(公)은 늘 이것은 늘 문제가 되는데 그것은 이왕직(李王職) 사무관의 간섭을 받아야 하는 것이라고 말함에 피고 등은 안 되겠다 하고 다시 사무관의 동의가 없이 만기 후에 대여하는 일을 구두로 약속이라도 하도록 교섭을 하고 표면적으로 이자를 받고 3만 원을 빌려 줄 것이며, 그 외 수수료 15,000원을 주기로 하고 단계적으로 위 금액을 인도하기로 했다. 11월 8일 전협은 내일 확실히 수수할 것이니 공을 부르겠다고 말하고 그 다음 날 전협이 지정한 공평동의 집으로 정운복으로 하여금 이강을 데리고 오게 했는데 그 공(公)이 오기 이전 오후 6시경 그 집에서 전협, 정필성, 단총을 가진 김 등이 모여 전협은 어기권 운운은 실제는 거짓이고 이공을 꾀어내어 상해의 임시정부로 가는 것으로 준비되고 정운복이 오면 협박하라고 말했는데 8시경에 정운복이 오고 이어서 11시경 공(公)도 와서 브랜디와 조선 요리를 권하여 정을 별실로 불러내고 김이 권총을 가지고 정필성이 이에 가세하여 끝내 정을 승낙하게 하고 나아가 동인으로 하여금 공(公)을 권유하게 하여 동은 동인은 공이 있는 방으로 들어가서 '전하 오늘 결심하십시오. 결심할 시기가 왔습니다.'라고 말하고 전협이 들어와서 어기권 운운은 실은 거짓이고 준비한 돈은 독립운동을 위한 것이고 이제부터 저 지역으로 가서 조성하게 되면 민심이 통일될 것이라고 설명하고 그때 김이 권총으로 방에 들어오려 했는데 공이 크게 놀람에 전협은 김을 꾸짖어 잡아끌고 전부터 준비해 놓은 사람이 공을 태우고 전과 나(羅)가 이에 쫓아가고 이어서 정운복에 대해서는 정필성이 먼저 차를 타고 가고 피고와 김이 따라 갔다. 또 김삼복은 정필성이 꾀어내어 북

문 바로 앞으로 나가 북문 밖의 세검정 위 최성호 집으로 데리고 가고 동류는 그 다음 날 아침 또 그곳에 왔다는 내용의 공술기재,

1. 사법경찰관의 피고 동창률에 대한 제1회 조서 중, 이전부터 피고는 알고 지내던 양정에게 권유받아 9월경부터 이재호 집의 소사가 되어 점차로 이재호와 양정 등이 독립운동을 하는 것을 알게 되었다. 피고는 11월 8일 혹은 9일 저녁을 먹고 이재호와 함께 공평동의 집에 가서 문밖에 서서 경관이 오면 '와'라고 소리 지르라는 명령을 받고 서 있는데 그 다음날 아침 이재호가 귀가하여 이강 공은 예정대로 상해로 탈출하는데 성공했다고 말했다. 그 후 11일경 전협으로부터 편지가 와서 왕십리에 간 일이 있고 그 후 북문 밖 최성호의 집에 머물면서 한기동이 경성으로 가면서 맡긴 권총과 탄환을 소지하고 머물렀다는 내용의 공술기재,

1. 북청지청재판소 서기 작성 사법경찰관의 김병권에 대한 조서 초본 중 다이쇼 8년 음력 7월 중 동창률이 살던 단천군 파도면 은호리에 편지를 보내어 임시정부의 유력자라고 말하고, 10월경에는 조선이 독립하고 상해의 임시정부는 경성으로 옮기면 일본도 부득이 승인할 수밖에 없어 독립은 빨리 성공할 것이므로 찬성하라고 말하고 '대동신보' 5매를 교부하고 또 이원 방면에 아는 사람이 없느냐고 물어보자 김형극을 안다고 대답함에 동 방면에 배포를 의뢰하고 동 신보 70매 정도를 넘겨준 내용의 기재,

1. 사법 경찰관의 피고 한기동에 대한 제1회 조서 중, 다이쇼 7년 10월 말 포렴(浦鹽)[블라디보스토크] 방면으로 가서 다이쇼 8년 2월 원산(元山)에 갔는데 3월 이후 독립운동이 일어나 피고도 그 운동을 하게 되었다. 송세호는 평양(平壤) 사람으로 아는 사이인데 10월 중 그 무렵 피고의 우거인 경성 적선동 정(鄭) 집을 내방하고 이강 공도 독립운동에 대

해 정신(挺身)으로 진력하게 하라고 말하고 함께 대동단에 들어오라 권유 받고 초음정 이재호 집에 가서 전협과 만나고 서로 독립운동에 대해 장래 어떻게 한다는 방침을 세울 것을 서로 이야기를 주고받고 그 후 그 집에 머무르게 되었다. 그 집에는 전협, 나창헌, 송세호, 정필성 등이 누차 모여 밀회를 했는데 피고에게 털어놓은 것은 11월 7일의 밤이고 이재호와 전협이 비밀리에 방으로 피고를 불러 들여 전협은 우리들은 이번 독립운동에 대해 이강을 상해 쪽으로 보낼 계획 중이다. 그것은 정운복으로 하여금 속여서 이강을 공평동 집으로 끌어내어 그 후에 상해로 보내려고 하는데 9일 밤에 결행할 것이니 문 앞에서 망을 보라고 말을 하여 동의하고 그날 밤은 동창률은 중국 요리점에서 망을 보고 피고는 중문 쪽에서 숨어 망을 보았다. 작은 길로 들어가는 모서리에 이강 공이 온 후 피고도 안으로 들어갔는데 피고는 김중옥이 가지고 있던 끈으로 정운복의 양 손을 앞으로 해서 묶었다. 다음 날 밤 수색역에서 피고, 정필성, 이을규가 이강을 따라가서 북행의 기차를 탔는데 피고는 개성(開城)에서 하차하고 다음 날 11일 오후가 되어 북문 밖의 집에서 1박하고 12일 아침 전협과 나창헌이 성내로 가고 또 김중옥도 성내로 간다며 피스톨과 탄환을 피고에게 맡기고 낮에 그것을 동창률에게 맡기고 피고도 경성으로 갔다는 내용의 공술기재,

1. 피고 이을규에 대한 예심 조서 중, 다이쇼 8년 10월 중 안동현으로부터 경성으로 와서 11월 초순 사직동에서 정남용과 만나 동인의 말에 따라 10일 오후 5시경 창의문 밖의 세검정(洗劍亭) 부근에 이르러 정남용의 소개로 이강을 만났는데 이강은 아무 말도 하지 않고 두려워하고 있는 모양이었다. 피고는 그 공(公)을 안동현까지 안내하겠다고 하고 피고, 정남용, 한기동 3명이서 이강을 따라가고 그날 밤 수색에서 북행 기차를 타고 송세호와도 인사했는데 안동현에 도착했으나 경찰관이 다수

있어서 일이 발각될 것을 눈치 채고 도주했다. 이강이 상해로 가서 임시정부라도 할 것을 생각하고 그 일을 원조할 생각으로 안내를 떠맡은 것이라는 내용의 공술기재,

1. 당 법정에서 동 피고가, 10일 세검정 쪽으로 갔을 때 강태동(姜泰東) 일파와 전협 일파 사이에 이강공의 일에 대해 다투고 이때 전협 등이 이강을 유괴하고 동 공(公)은 그 뜻에 반하여 데려가게 되었다는 사정을 알았는데 먼저 강(姜)으로부터 부탁해 놓은 것도 있고 동인이 전협에게 양보함에 정남용과 함께 이강의 신변에 붙어서 11월 10일 오후 11시경 수색역에서 출발하는 열차를 타고 다음 날 11일 오전 11시경 안동현까지 갔던 것이라는 내용의 공술,

1. 다이쇼 8년 11월 15일 자 사법 경찰관의 피고 송세호에 대한 조서 중, 11월 10일 창덕궁 앞에서 이을규를 만나고 세검정으로 동행했는데 정남용과 이을규가 그 앞에 이강 공이 있으니 그 공으로 하여금 안동현까지 가게 하라 해서 승낙했는데 그것은 이강이 상해임시정부로 가는데 있어서는 조선인의 임시정부에 대한 신용이 높아지는 것에 대해 찬동했기 때문이다. 이을규의 지도로 공(公)의 소재가 불명하니 경계를 하고 시찰하라고 말하여 오후 7시경 경성으로 돌아와서 상황을 봤는데 특별한 것이 없어서 안심하고 오후 11시경 남대문역에서 출발하고 수색에서 승차하는 이을규에게 경성의 상황을 보고하고 수색 앞에서 이강을 봤다. 피고는 경계 상황을 보기 위해 하차하고 다시 오후 4시 기차를 타고 9시가 지나서 신의주에서 하차하고 송세헌과 만나서 노송정 광성여관에 투숙했는데 체포되었다는 내용의 공술기재,

1. 동 제2회 (4월 24일 자) 조서 중, 11월 1일경 이을규와 만났는데 종래 안동현과 상해 사이의 연락은 선우혁(鮮于赫)이 하고 있었는데 동인이 상해로 간 후는 자신이 하고 있다는 내용을 이야기했다. 그 3, 4일

후 이재호 집에서 정남용을 방문했는데 부재여서 나창헌과 만나 위의 이야기를 알리고 또 이을규가 대동단에 가입했다고 말했으므로 이것도 나창헌에게 전해 놓았다는 내용의 공술기재,

1. 다이쇼 8년 11월 22일 자 사법 경찰관의 동 피고에 대한 제3회 조서(檢 제4권 96丁) 중, 피고는 종래 청년외교단 단원이었는데 요즘 정남용에게 대동단의 가입 권유를 받고 승낙해 놓았다는 내용의 공술기재,

1. 증인 정운복에 대한 예심조서 중, 이재호와는 동인이 궁내부 시종(侍從)으로 있을 때부터 아는 사이인데 다이쇼 8년 누차 증인 집에 출입하고 세간의 소동은 누가 일으킨 것이냐고 물었는데, 이재호는 그것은 대동단이라고 하는 큰 비밀단체에 의해 행해진 것이라고 말한 적이 있다. 9월 초 무렵부터 동인은 한(韓)참판 이라는 자에게 이강이 어기권을 갖고 있으니 주선해 달라고 하고 계약금은 3만 원, 주선료 15,000원을 내겠다며 그 집 김삼복에게 부탁해서 이강공에게 편지를 보냈는데 거절 당하고 이것을 이재호에게 전했는데 그 후 누차 동인이 와서 어기권은 카시이 겐타로와의 기한 만료 후 비로소 가능한 조건으로 30,000원을 대여하겠다고 신청하고 또 공(公)에게 편지를 보내고 이어서 만나서 지금 돈을 빌려주면 좋겠다는 것으로 하여 이재호에게 그 취지를 전달하고 교섭한 결과 30,000원 수수(授受) 때는 이강과 면접하고 공(公)으로부터 한 마디 카시이(香稚)와의 계약 기한 만료 후는 금주(金主) 등에게 보내겠다는 말을 듣고 드디어 돈의 수수에 대해 11월 8일 이재호가 와서 조용한 장소를 선정할 테니 이강에게 와주길 바란다는 것이어서 공(公)에게 전했는데 응하지 않고 2, 3번 교섭 끝에 결국 금주 측이 선정한 한참판의 노파 한 명이 있다는 공평동 3번지 집에서 9일 밤 만나기로 하고 그날 밤 9시경 증인은 김삼복을 데리고 도착했는데 이재호를 맞아들이고 한참판과도 인사를 했는데 김삼복으로 하여금 이강을 맞이하게 하고

12시가 지나서 동인의 안내로 이강이 왔고 동인, 증인, 한참판, 이재호가 마주하여 술을 권하게 되고 한은 돈을 직접 전하에게 건템은 불온당하다고 하고 증인은 별실로 데리고 가서 가방을 열고 10원 지폐 꾸러미를 보이고 그대로 돈을 지참했는데 건네기 전에 결심을 듣고 싶다고 하며 가방을 닫았다. 그것은 오늘 밤 이곳을 출발하여 상해로 가는 것이라고 말했을 때 그 실에 나창헌, 정남용, 한기동 등의 청년 및 동창률이 들어와서 특히 26, 7세의 큰 남자가 권총을 손에 들고 형세가 불온하여 증인은 독립운동을 하는 사람들이라고 느꼈으므로 상해 행을 승낙했는데 그렇다면 그것을 전하에게 권변하라고 하여 안방으로 들어가 공(公)에게 결심을 촉구했을 때 한참판도 26, 7세의 남자 기타 앞의 사람들 모두가 들어와서 전후좌우로 수색하므로 한참판은 권총을 가진 남자에게 그런 위험한 물건을 가지고 오지 않아도 괜찮다며 그 자들을 실외로 내보내고 공(公)에 대해 우리 독립 정부에서 전하를 기다리고 있고 또 전하가 결심하면 바로 나가서 오늘 밤은 조용한 곳에 가고 내일 인천(仁川)으로 나가 중국인의 배로 도항할 것이라고 말하고 인력거를 불러 한참판과 외 1, 2명의 청년이 옆에 따라서 그 집을 나와 그 후 정남용과 한기동이 증인의 입에 탈지면을 덮고 명주로 그 위를 묶고 또한 양손을 묶고 이재호도 동창률도 그 옆에 있었는데 이재호는 오늘 밤은 어쩔 수 없다고 말하고 나창헌, 한기동 등에게 이끌리어 창의동에서 차를 내려 묶은 것을 풀고 걸어서 세검정 앞의 산중의 한 집으로 끌려갔다. 그때는 3시경이었고 이때 한참판은 비로소 사실은 전협이라고 이름을 대고 상해임시정부에는 인물이 없으니 가 달라. 이강을 데리고 가는 데에는 어기권으로 핑계 삼은 것으로 잠시 고심했다며 말했다. 위 한 가옥에서는 공(公)과 별실에 놓여 이야기를 하지 못했는데 후에 2, 3번 이야기를 교환했는데 공(公)은 총독부와 교섭하는 조건도 있고 상해로 가면 돌아

오지 못하는 몸이니 상당히 곤란하다고 말하고 "또 기차 안이나 안동현에 있을 테니 확실히 하라."고 말하고 걱정한 위 기차, 안동현 운운은 세력 범위 내이므로 관헌에게 알리라는 의미로 알게 되어다. 이강 공은 10일 오후 5시경 그 집을 출발하고 증인은 12일 오후 4시경까지 그 집에 유치되어 있었는데 그동안 늘 청년이 지키고 있어서 밖으로 나가지 못했고 이강이 출발한 후 이강 명의로 독립선언서를 발표하고 소동을 일으키고 그 후에 증인을 상해로 간다며 그때까지 유치한다고 하고 12일 아침 전협이 증인에 대해 선언서를 기안하고 서명자는 이강, 김가진, 증인으로 해달라고 또 역시 선언서를 발표한 신문 기사를 내 달라. 공(公) 등이 승낙은 사후에 하겠다고 했는데 경성에 이르렀으므로 그대로 했다는 내용의 공술기재,

1. 피고 이신애에 대한 제3회 예심 조서 중, 대동단이라는 것은 처음 한기동으로부터 듣고 그 후 나창헌으로부터도 듣게 되고 이어서 위 두 명의 소개로 전협과 만났는데 한기동 자신도 대동단원이라고 말하고 또 나창헌도 그와 같이 말했다. 또 한기동은 대표자로서 제2회 독립선언에 명의를 낸다고 말하고 시위운동은 동인이 체포되기 이전 천장절 축일을 기하여 행하기로 했다고 한기동도 나창헌도 말했다는 내용의 공술기재,

1. 피고 정규식에 대한 예심 조서 중, 선언서 인쇄에 관한 부분을 제외한 그 외 판시에 응당하는 취지의 사실의 공술 및 나창헌의 말에 의하면 선언서 명의를 낸 것은 모두 이에 찬성하고 선언서를 발표하는 것에 승낙을 받은 것이었다는 내용의 공술기재,

1. 사법 경찰관의 동 피고에 대한 제1회 조서 중, 11월 24일에 안교일 집에서 등사판 인쇄의 선언서를 제시 받았는데 동인의 말에 의하면 이 선언서의 안 또는 상해의 검가진이 보낸 것으로 안교일이 등사판으로

약 3,000장 인쇄하게 되었다는 내용의 공술기재,

1. 검사의 동 피고에 대한 제2회 조서 중, 선언서의 인쇄, 반포의 담당자는 안교일이라는 내용의 공술기재,

1. 사법 경찰관의 박원식에 대하 조서 중, 이신애와는 11월 상순 종교(宗橋) 예배당에서 알게 되었는데 그 후 곧 동인은 제1회 독립선언서를 발표하니 원조해 달라고 말하여 이에 승낙했는데 11월 23, 24일경 원동(苑洞) 162번지의 집에서 독립선언서 1장을 보이고 이대로 원지에 써 달라고 말하고 시골에서 나갔을 뿐이고 나가지 않는다고 말했는데 그렇다면 안교일 집으로 가지고 가라고 해서 동대문 밖의 동인 집에 가서 그 내용을 전했는데 내일 와 달라고 했으므로 다음 날 다시 안교일 집에 가서 다 쓴 원지 1장을 받고 이신애에게 건넸다. 그달 26일 이신애를 만났는데 이 선언서는 내일 자동차로 배포한다는 내용으로 말했다. 그달 27일 밤 원동 162번지 집에 갔는데 정규식, 나창헌, 이신애, 박정선, 김종진 등이 있었고 내일 28일 오후 4시 30분 안국동 광장에서 만세를 부를 것을 상담하고 그날 밤 그곳에서 1박, 아침 5시경 나와서 당일 오후 3시경 다시 그 집에 이르렀는데 정규식, 이신애가 있었고 정으로부터 1원을 받고 안국동의 중국인 집에서 금건(金巾), 잉크를 사와서 교부했는데 동인 등은 태극기와 대한독립만세라고 묵서(墨書)한 기 2개를 제작하고 이것을 가지고 피고 3명이 안국동의 광장으로 갔다는 내용의 공술기재,

1. 동 피고 김종진에 대한 제1회 조서 중, 다이쇼 8년 11월 28일 오후 4시 30분 안국동 광장에서 만세를 부르는 것을 알고 당일은 평소대로 통학하고 그 후 만세를 부르기 위해 그곳에 갔다 왔고 만세를 부르지 않는 중에 순사에게 붙잡혔다는 내용의 공술기재,

1. 사법 경찰관의 피고 이정(李政)에 대한 제2회 조서 중, 다이쇼 8년 음력 4월 이후 경성 각 곳에서 누차 전협, 양정, 윤용주, 동창률 등과 만

나서 독립 선언을 할 것을 협의하고 또 피고도 대동단원이 되었다는 내용의 공술기재,

1. 당 법정에서 동 피고의 판시 제2회 독립선언서에 대표자로서 연명하고 또 판시의 행동을 하고 바로 체포되었는데 다이쇼 9년 영제23호의 1의 선언서는 그때 소지하고 있던 피고의 소유물이라는 내용의 공술,

1. 사법경찰관의 피고 김상열에 대한 조서 중, 다이쇼 8년 1월 중 이신애가 제2회 선언서를 발표하게 되었는데 여기에 대표자로서 연명해 달라고 해서 승낙했다. 또 다른 사람이 있으면 추천해 달라고 해서 김익하 집으로 동행해서 동인, 이종춘, 이겸용(李謙容)에게 설명하게 하고 동인 등도 승낙했다. 손병희 등이 체포된 것은 알고 있으나 조선인으로서 하루라도 빨리 독립할 것을 희망하고 대표자가 된 것이고 판시와 같이 장춘관(長春館)에서 참회(參會)한 것이라는 내용의 공술기재,

1. 사법 경찰관의 피고 김익하에 대한 조서 중, 제2회 독립선언서에 대표자로서 연명한 것은 김상열이 와서 권유를 받고 피고도 조선이 독립함을 희망하고 있던 자이기 때문에 승낙했는데 이 선언서는 11월 27일 오후 5시를 기하여 시중에 살포한다는 것을 알고 있었고, 또 이신애로부터 통지가 있었다고 하여 김상열에게 이끌려 판시와 같이 장춘관에 참회하고 주식(酒食)을 했다. 전원이 그 관에 모이면 선언서를 발표하고 모두 따라하게 할 예정이었는데 전원이 오지 않아서 12시가 지나서 허무하게 돌아갔다는 내용의 공술기재,

1. 피고 이종춘에 대한 예심 조서 중 판시에 적응하는 취지의 사질의 공술기재,

1. 사법 경찰관의 피고 안교일에 대한 조서(檢 제6권의 分) 중, 다이쇼 8년 11월 20일 지날 무렵 상해임시정부로부터 명령을 받고 입경했다는 김일(金一)이 이것은 비밀한 것이니 누군가에게 배포해 달라고 하고 증

제1호(다이쇼 8년 領 제1387호의 13에 해당함)를 건네받고 그 배포를 정희종에게 의뢰했는데, 이 인쇄물은 조선독립에 관한 비밀물임을 알고 있었다. 증 제2호(동호의 14에 해당함)의 원안을 정희종에게 건넨 적은 없는데, 그 후 토요일 오후 위 김일로부터 전날의 인쇄물을 건넨 자에게 다시 주라고 하여 잉크와 미농백지를 교부받고 곧 정희종 집에 가지고 가서 건넨 적이 있다는 내용의 공술기재,

　1. 동 제2회 조서 중, 11월 25일 이강 등 32명의 선언서 안문(案文)과 등사판용 원지 10매 정도를 박순화(박원식)가 가지고 왔기 때문에 이것을 정희종 집에 가지고 가서 위 원지에 동인으로 하여금 쓰게 하고 김일에게 건넸는데 또 인쇄 한 것 40~50장을 신문지에 싸서 초교(初橋)에서 동대문까지 노상에서 강정희에게 부탁하고 정희종에게 건네게 했는데, 김일의 말에 의하면 뭔가 운동이 있을 것 같다고 해서 26일에 배포해 달라는 것으로 그 뜻을 정(鄭)과도 통해 놓았다는 내용의 공술기재,

　1. 동 제2회 조서(檢 제7권의 分) 중, 11월 26일 밤 김교선 집에서 정규식에게 내일 자동차로 배포할 것을 알리고 등사한 선언서 약 200장 정도를 건넨 적이 있다는 내용의 공술기재,

　1. 사법 경찰관의 피고 정희종에 대한 조서 중, 증1호(다이쇼 8년 領 제1387호의 13에 해당함)는 다이쇼 8년 11월 24일 밤 안교일이 몇 장인가 지참하고 27일에는 무슨 일이 있을 것 같다고 하여 26일 밤에 배포시키라고 함에 따라 26일 오후 8시 반경 전대진(全大振) 집에서 지참하고 종로 5종목의 재교(再橋)부터 동대문까지 민가에 배포하라고 말하고 전부 건넸는데 또한 안교일은 증2호(동호의 14)의 안문을 적은 것을 그달 25일경 지참함에 따라 이것을 원지에 적고 학교 등사판을 자택으로 가져다 놓은 것으로 약 40장 정도 인쇄하고 전의 선언서와 함께 배포해달라고 말하고 전대진에게 교부했다는 내용의 공술기재,

1. 동 제2회 조서 중, 증2호의 안문은 안교일이 원지 10장 정도와 함께 지참했으므로 1장만 원지에 적고 동인에게 건넸는데 25일경 밤 위 등사판으로 인쇄하고 선언서 40장 정도 동인이 지참했다고 하고 강정희로부터 건네받은 것이라는 내용 및 지난 4월 10일 안교일은 독립신문 호외의 안문을 지참하고 등사해 달라고 했으므로 동인이 지참한 잉크와 미농지로 약 70~80장 인쇄하고 그 다음 날 아침이 되어 안교일에게 교부했다는 내용의 공술기재,

1. 피고 정희종, 안교일의 예심 대질 신문조서 중, 정희종에게 독립신문 호외의 인쇄를 의뢰한 적 없고 독립선언서 만이었다는 내용의 안교일의 공술기재,

1. 사법 경찰관의 강정희 신문조서 중, 다이쇼 8년 11월 10일경부터 정희종을 자신 집에 살게 했는데 그달 중 어느 날 밤 8시경 위 방의 장지문을 열고 방 안을 봤을 때 정희종이 등사판으로 안교일과 함께 뭔가 인쇄하는 것을 목격했다. 오늘의 경우에 관계한 것은 어떻게 되어가는 형편인지 몰라서 그대로 들어가지 않았다는 내용의 공술기재,

1. 피고 전대진에 대한 예심조서 중 판시에 상응하는 취지의 사실의 공술 및 그날 밤 배포하러 나갈 때 박용주가 왔으므로 내일 만세를 부를 것이니 오늘 밤 중에 배포를 요한다는 것 및 제2회 독립 선언서임을 알리고 활판인쇄와 등사판 인쇄를 섞어서 약 20장을 교부하고 종로 5, 6정목에 배포할 것을 동인에게 의뢰했다는 내용의 공술기재,

1. 사법 경찰관의 피고 박용주에 대한 제1, 2회 조서 중 판시에 상응하는 취지의 사실의 공술기재,

1. 판시 기록과 동 취지의 기재가 있는 다이쇼 8년 領 제1210호의 2, 10, 20의 6 동 단(團) 규칙, 다이쇼 8년 領 제1387호의 12, 14 및 다이쇼 9년 領 제23호의 1의 선언서의 현재 및 다이쇼 8년 領 제1387호의 1의

피스톨, 동 호의 2의 탄환, 동 호의 10, 11의 기의 현재를 종합하여 이를 인정한다.

판시 제3의 사실에 대해서는,

1. 피고 송세호에 대한 예심 제1, 2회 조서 중 판시에 적응 하는 취지의 사질의 공술기재,

1. 사법 경찰관의 피고 윤종석에 대한 신문조서 중, 판시의 연통제에 관해서는 제2회 조서에 판시에 적응하는 취지의 사실, 동 상 피고 민강과의 관계에 대해서는 제4회 조서에 판시에 적응하는 취지의 사실의 각 공술기재,

1. 피고 민강에 대한 예심 조서 중, 김사국 관계의 다이쇼 8년 4월 중의 사실을 제외하고도 망동을 미연에 방지할 생각이었다고 변소(辯疏)하는 것 외 전연 판시에 부합하는 취지의 사실의 공술기재,

1. 당 법정에서 피고 민강의 판시 후단 다이쇼 8년 4월 중 김사국, 안상덕 등 관계에 대해 판시 범죄 사실의 자인(自認),

1. 사법 경찰관의 피고 전필순에 대한 제2회 조서 중 판시에 적응하는 취지의 사실의 공술기재에 비추어 이를 인정한다.

판시 제4의 사실에 대해서는,

1. 당 법정에서의 피고 유경근의 조종환(趙鍾桓)에 관한 부분을 제외한 그 외 판시에 적응하는 취지의 사실의 공술,

1. 사법경찰관의 동 피고에 대한 제2회 조서 중, 다이쇼 8년 5월 말인가 6월 초에 相피고 조종식에게 설명했는데, 그 후 곧 동인은 군인 지망자가 4, 5명이 있으니 안내해 달라고 말해 와서 그 다음 날 종각 앞에서 동인이 데리고 온 위계후, 고경진(高景鎭) 외 3인과 만났고 조종식에게

명령하여 밀짚모자를 사오게 하고 이 지망자의 모자와 바꾸게 하고 우선 정차장으로 보내고 피고도 뒤따라가서 종잇조각에 신의주 앞으로의 소개장을 교부하고 도중 황주에서 1박하고 신의주에서는 김성일의 지도를 받고 안동현으로 건너가 장춘으로 가서 차음 안내를 받고 해삼위[블라디보스토크]의 소회선생(蘇回先生) 김진상(金鎭相) 집으로 가라고 교시했다. 그 다음 날 또 노준, 조규상 외 1명의 전라도 사람을 남대문역에서 보내고 그날 밤 현순익(玄淳益) 외 1명을 똑같이 보냈는데 모두 조종식의 소개였다는 내용의 공술기재,

1. 동 피고에 대한 제1회 예심 조서 중, 다이쇼 8년 領 제931호의 3은 김진상과 합의한 암호이고 동인은 그 한 구석에 암호의 용례를 쓰고 설명해 주었는데 그것은 언문[한글]의 모음을 로마 숫자로 하고 자음을 한자의 숫자로 하고 한글의 순서에 의해 1, 2, 3으로 정하고 언문을 표기하는 방법으로 이 용례의 7, 五는 한글의 消[소]가 되는 것이라는 내용의 공술기재,

1. 사법 경찰관의 피고 조종식에 대한 제2회 조서 중, 다이쇼 8년 5월 말인가 6월 초 무렵 관철동 조선여관에서 전부터 알고 지낸 유경근과 시국문제에 대해 이야기를 했는데 동인은 상해로부터 러시아령으로 간 이동휘가 임시정부의 친병을 모집하고 있으므로 자신도 그 계획에 찬동하고 지망자를 탐색 중이므로 이를 조력하고 물색해 달라고 의뢰 받고 피고도 이것을 승낙했다. 이후 하루하루 분주하던 중 6월 15일경 운현궁 부근에서 노준을 만나고 함께 낙원동의 동인 숙소로 가서 동인에게 설시했는데 그 후 7월 상순 노준이 와서 고경진, 위계후 두 명이 러시아령으로 가기를 지망하고 남문 밖 덕흥태(德興泰)에게 체재하고 있다는 것을 알렸으므로 피고는 그곳으로 가서 위의 두 명과 만났는데 그밖에 3명의 동지도 데리고 오고 있다는 뜻으로 피고로부터, 유경근으로부터

들은 것을 알렸는데 크게 기뻐하고 소개해 달라고 말해서 조선여관으로 가서 유경근에게 알렸는데 그렇다면 내일 아침 1번 북행 열차로 출발하게끔 수배해서 그 자들을 데리고 오라고 했다. 이에 돌아가서 동인 등을 불러내어 일동을 만난 결과 순차로 남대문역에서 출발하게 되었다. 그런데 3일째에 노준이 와서 관헌의 단속이 엄중하여 국경 밖으로 나갈 수 없다. 자신과 조규상과 전에 출발한 3명 중 1명이 되돌아왔는데 기타의 3명은 아마 신의주에서 안동현으로 건너갔을 것이라고 했다는 내용의 기재,

1. 검사의 동 피고에 대한 신문조서 중, 유경근으로부터 이동휘가 조선독립운동을 위해 사관(士官)을 양성하고 있고 김진상이 그 모집을 위해 조선으로 왔음을 듣고 그 계획에 찬동하고 피고도 타인을 권유하여 남대문역에서 출발시키려 한 것이라는 내용의 공술기재,

1. 사법 경찰관의 노준에 대한 신문조서 중, 다이쇼 8년 3월 하순 경성의 소요로 경성에 있는 여동생을 데려오기 위해 입경하고 그 후 같은 고향의 이우진(李佑鎭)의 소개로 조종식을 만났는데 그 무렵 중국 방면으로 가는 자가 있어서 100원의 여비가 있으면 가능하다고 듣고 귀향하고 6월 초 또 입경하여 14, 15일 무렵 조종식을 만났는데 여비는 조달해 보내겠다고 말했다. 그달 하순 동향의 들은 바에 의하면 고경진, 위계후, 조주현(曹柱鉉), 김형모(金衡模) 등도 모두 만주행을 지망하고 입경했다는 것이어서 어느 날 밤 남대문 밖 덕흥태를 찾아 갔는데, 위 두 명이 여비를 빌렸다고 말하고 7월 4, 5일경 남대문의 신창상회에서 유경근과도 만나고 그곳에서 고경진으로부터 1백 원을 수취하고 피고와 조규상이 남대문역에서 먼저 만났는데 그곳으로 마중 나온 유경근은 신의주로 가서 김성일의 지도를 받으라고 말하고 편지를 주었으나 신의주에 도착했는데 여권(旅券)이 없어서 도저히 안 된다고 말하고 공허하게 경

성으로 되돌아 왔다는 내용의 공술기재,

1. 동 제2회 조서 중, 경성에서의 주재자는 유경근이고 동인은 포렴 [블라디보스토크]에 가면 체격자격에 따라 각각 사관학교에 채용할 예정이니 국가를 위해 힘쓰라고 말하고 신의주의 김성일에게 갈 편지에 김의 주소, 씨명을 써주었다. 또 고(高), 위(魏)의 말에 의하면 포렴에는 조선독립을 위해 이 아무개가 병졸을 모집하고 또 사관학교를 세우고 있으므로, 조종환의 말에 의하면 이미 수백 명이 포렴으로 건너갔는데 피고가 아는 것은 김형모, 유성기, 조주현, 조규상, 현모(玄某)뿐이라는 내용의 공술기재,

1. 증인 위계후에 대한 예심 조서 중, 증인은 다이쇼 8년 3월 5일의 시위운동에 참가했다는 혐의를 받고 각 곳을 방랑한 끝에 오히려 국경 밖으로 나가 자유의 몸이 되는 것이 낫겠다고 생각했는데 7월 상순 종로에서 조종환을 만나고 증인 숙소의 덕흥태로 동행하여 털어놓고 이야기했는데 동인은 상당한 연고도 있고 지인도 있으니 소개하겠다고 했다. 피고 유경근과는 관철동 조선여관 또는 남대문 밖의 신행여관에서 3번 정도 만났는데 동인의 말에 의하면 조선의 독립을 도모하기 위해 포렴 방면에서 군인 및 교원을 양성하고 있고 동인은 포렴 방면에 사람을 보내는 것을 담당하고 지식 있는 자는 교원으로, 없는 자는 군인이 된다는 뜻이고, 저쪽에 있어서의 군인 양성소와 임시정부의 사업인데 모두 일본에 대해 선전을 포고하려고 그 준비를 위해 또 조선독립을 위한 것이었고 위의 이야기는 조선여관에서 유경근으로부터 증인, 고경진, 조종환이 들은 것이고 증인은 그 군인을 지망할 테니 돌봐달라고 말했다. 전술한 조종환과 만났고 4, 5일 후 노준이 와서 조(趙)로부터 증인의 일을 듣고 동인도 국경 밖으로 나갈 희망이 있어서 찾아왔는데 여비가 없다고 하자 그 1, 2일 후 100원을 빌려주어서 동인은 출발했고 l주일 정도

후에 신의주까지 갔으나 경비가 엄중하여 도저히 국경을 넘을 수 없다고 말하고 돌아 왔다.

또한 그 무렵 증인 강(姜)의 동생 조주현도 유경근의 소개로 신의주까지 갔는데 전과 같은 사유로 돌아왔고 조규상에 대해서도 그 방면으로 간다고 하여 증인으로부터 100원을 대여했는데 유경근의 소개를 받고 신의주까지 갔다는 내용의 공술기재,

1. 다이쇼 8년 영 제931호의 3, 4의 현재를 종합하여 이를 인정한다.


판시 제5의 사실에 대해서는

1. 피고 이능우에 대한 예심 조서 중, 홍봉표와 아는 사이인 동대문의 박정래를 소개하여 주선해 줄 의사였다고 변명한 것 외 판시에 응당하는 취지의 사실의 공술기재,

1. 증인 김승기에 대한 예심 조서 중, 증인 처의 종형인 손영택이 판시 사음(舍音)을 희망하고 그 운동비로써 출금한 300원을 판시 일시 장소에서 피고 이능우가 홍(洪) 판서와도 친근한 사이이고 그 아들 홍봉표와는 매우 친하기 때문에 홍봉표에게 의뢰하면 된다는 이야기를 믿고 소개료 600원 중 조금을 피고에게 교부했다는 내용의 공술기재,

1. 증인 홍봉표에 대한 예심 조서 중, 증인은 홍순형의 아들인데 연기군에 증인 소유 명의의 추수 한 100석의 전답이 있고 다이쇼 8년 4월 사음 최용식(崔龍植)이 사망했는데 바로 그 동생 최인식(崔麟植)을 사음[마름]으로 하게 했고 사음으로서 결함이 없었다. 동대문 내의 박정래와는 3년 전에 만난 적이 있고 그 후 다이쇼 9년 5월 중 한번 길에서 만난 것뿐이고 친한 사이는 아니다. 피고 이능우는 전혀 모른다. 박정래 집에서 신문기자라고 하는 이능우와 만난 적은 물론 없고 아버지도 이능우를 모른다고 생각한다는 내용의 공술기재에 비추어 이를 인정한다.

판시 제6의 사실에 대해서는

1. 사법 경찰관의 피고 김영철에 대한 제1회 신문조서 중 판시에 적합하는 취지의 사실의 공술기재가 있음에 비추어 이를 인정한다. 피고 최익환, 전협, 이재호의 전과 및 수형 종료의 사실은 위 피고 3명의 당 공정에서의 각 판시에 부합하는 취지의 공술에 의해 이를 인정했다.

두 번째 문서인 2심판결문은 송세호(宋世浩) 외 8인에 대한 1921년 3월 23일 경성복심법원에서 작성된 것[27])으로 그 내용은 다음과 같다.[28])

1. 경상북도 선산군(善山郡) 해평면(海平面) 송곡동(松谷洞) 재적
   동소 거주 승려 송세호(宋世浩) 27세

2. 충청남도 부여군(扶餘郡) 규암면(窺岩面) 외리(外里) 재적
   주소 부정 무직 이건호(李建鎬) 37세

3. 전라북도 김제군 김제면(金提面) 상신리(上新里) 90번지 재적
   경성부 계동 139번지 거주 농업 장현식(張鉉軾) 26세

4. 경성부 장사동(長抄洞) 23번지 재적
   동 부 인사동(仁寺洞) 7번지 거주 무직 김상열(金相說) 70세

5. 충청남도 홍성군 결성면(結成面) 성곡리(城谷里) 100번지 재적
   경성부 안국동 78번지 거주 포목상 박원식(朴源植) 31세

6. 경기도 강화군(江華郡) 양도면(良道面) 일리(逸里) 재적
   경성부 화천정(和泉町) 242번지 오한영(吳漢永)방 거주
   세브란스연합의학전문학교 생도 윤종석(尹鍾奭) 26세

....................................................

27) 大正10年 刑控 第35 乃至 第40號.
28) 복심법원 판결문은 독립운동사편찬위원회, 『독립운동사자료집』 10권, 1976을 참조하였다.

7. 경성부 화천정 5번지 재적 동 소 거주
   약종상 민강(閔橿) 38세
8. 경기도 강화군 부내면(府內面) 월화리(月華里) 303번지 재적
   경성부 공평동(公平洞) 153번지 거주 광업 유경근(劉景根) 45세
9. 충청남도 논산군 두마면(豆磨面) 현암리(玄岩里) 27번지 재적
   동 소 거주 곡물상 이을규(李乙奎) 27세

위 피고 등에 관한 정치범처벌령 위반 피고 사건에 대하여 다이쇼 9년 12월 7일 경성지방법원의 언도한 유죄 판결에 관하여 각 피고로부터 공소의 신립이 있어 당원에서는 조선총독부 검사 평산정상(平山正祥)의 간여로 피고 이을규의 궐석한 대로 종합 심리를 마치고 다음과 같이 판결한다.

## 주문

본 건 피고 중, 피고 이건호·유경근·이을규의 각 공소는 이를 기각한다. 원판결 중 피고 송세호·윤종석·민강·박원식·장현식·김상열에 관한 부분을 취소한다. 피고 윤종석·민강을 각각 징역 1년 6월에 피고 박원식·장현식·김상열에게 각각 징역 1년에 처한다. 단 피고 윤종석·민강·박원식·김상열에 대해서는 미결 구류 일수 200일을 본형에 산입하고, 피고 장현식·김상열에 대해서는 각각 2년간 집행을 유예한다. 피고 송세호를 면소한다. 압수에 관한 물건 중, 다이쇼 8년 領 제1387호의 10, 11의 기 각 1호는 이를 몰수하고 기타의 물건은 각 소유자에게 환부한다.

# 이유

제1. 다이쇼 8년 3월 1일 손병희(孫秉熙) 등 33인이 조선의 선언을 발표하고 조선 민족은 일본 제국의 기반을 탈피하기 위하여 최후의 일인까지 최후의 일각까지 노력하지 않으면 안 된다는 내용을 선동한 이래 이를 세원(勢援)하는 시위운동이 발발하자, 원심 피고 전협(全協)·최익환(崔益煥)은 이 기회를 이용하여 조선의 독립을 목적으로 하는 1단체를 조직하여 대중을 규합, 일대 활동을 전개할 계획으로 다이쇼 8년 3월 말경 경성부 봉익동 62번지의 전협 집에서

1. 조선을 일본 제국의 통치에서 이탈하게 하여 독립국을 형성하게 할 것.
2. 세계의 영원한 평화를 확보할 것.
3. 사회주의를 철저히 실행할 것.

이상의 3대 강령을 제창(提唱)하고 널리 동지 및 자금을 모집하고 비밀로 출판물 등을 반포하여 그 사상을 고취하여 조선의 현 정치를 변혁시킬 목적으로 남작(男爵) 김가진(金嘉鎭)을 총재로 하는 비밀 결사를 조직하여 이를 대동단(大同團)이라 명명하였다.

피고 이건호(李建鎬)는(일자 미상) 동 단원인 원심 피고 정남용(鄭南用)으로부터 동단의 주의(主義)를 청취하고 이에 찬동 가입하여 진작부터 지면이 있는 사이인 피고 장현식(張鉉軾)이 자산가임을 알고 동 피고를 권유하여 헌납하도록 할 생각으로 다이쇼 8년 6월 중, 피고 장현식을 유인하여 경성부 권수교(勸水橋) 부근의 모(某) 집에서 전협·정남용 등과 회견하여 조선독립운동의 경과를 청취한 다음 전기의 피고 장

현식을 소개하였는데 원심 피고 전협은 대동단의 주의 방침을 열거하고 매우 분기하였으며, 또 그 사상 선전을 위하여 비밀 출판을 하려고 하여도 자금의 결핍으로 인하여 곤경에 처하고 있으니 이에 협조하여 달라는 내용을 권유하고 또 이건호도 곁드려서 피고 장현식에게 독립운동의 자금이라면 자산자는 당연히 출금하는 것이 가하다고 권유하여 동 피고로부터 승낙을 받고, 피고 이건호는 동월 하순 전라북도 김제면 상신리에서 피고 장현식에게 독촉을 하여 전기 자금으로서 피고로부터 일금 3천 원을 수취하여 동월부터 익 7월에 걸쳐 전후 3회에 경성부 입정정 (笠井町) 전협 집에서 위 금원을 동인에게 교부함으로써 안녕 질서를 방해하려 하였고,

제2. 피고 김상열은 다이쇼 8년 11월 중 원심 피고 이신돌(李信乭)로부터 원심 피고 전협·정남용·양환(楊桓)·한기동(韓基東) 등이 이미 김가진·나창헌 등과 협의하여 동년 11월 중 이강(李剛)을 수령으로 하여 조선의 독립사상을 고취하는 기사를 기재한 제2회 독립선언서에 대표자로서 이름을 열거하고 당해 관헌의 허가없이 인쇄 반포하고 일대 시위운동을 함으로서 일반 조선인의 독립사상을 격려 통일하여 조선의 독립을 실현시키려고 계획하였다. 또 원심 피고 김익하에 대하여 위 계획을 이야기하고 동인을 대표자로서 그 선언서에 이름을 열거할 것을 권유하여 승낙하게 하고 위 선언서의 문사(文詞) 등은 일체 이를 간부에게 일임하기로 하였던 바, 그때 김가진이가 "3월 1일 독립을 선언하고 4월 10일 정부를 수립하였던바, 무도한 일본은 시세의 추이에 상관없이 포학한 만성으로 이를 탄압할 뿐만 아니라, 맨주먹의 군중을 총으로써 대하고 촌락을 불태우는 등 인간의 양심으로는 차마 할 수 없는 만행을 일삼았다. 만일, 일본으로서 끝까지 개과하지 않는다면 우리 민족은 할

수 없이 3월 1일의 공약대로 최후의 1인까지 최대의 성의와 최대의 노력으로 혈전(血戰)을 불사할 것을 성명(聲明)한다."라는 기사를 게재한 제2회 독립선언서를 발기하고, 상해로부터 선정되어 온 원심 피고 안교일(安敎一)·정희종(鄭喜鍾) 등은 동년 11월 25일 경성부내에서 등사판을 사용하여 피고 김상열 외 수십 명의 명의로 된 선언서(다이쇼 8년 령 제1387호의 12 및 14) 수십 매를 인쇄하여 나창헌·이신돌 등과 협의하여 동월 27일 오후 5시를 기하여 위 선언서를 일반에게 반포하여 경성부내에 있어서 일대 시위운동을 하기로 계획하였던바, 피고 김상열은 위 시위운동의 계획에 찬동하고 당일 경성부 종로 2정목 장춘관(長春舘)에 참집한 후 위 선언서를 발표하고 부서를 담당하였는데 동일 원심 피고 김익하 등은 동소에서 과음하였기 때문에 위 선언문을 발표하지 못하고 헛되이 돌아갔다. 또 다른 동지들의 위 시위운동의 계획도 좌절되어 실현을 보지 못하였다.

피고 박원식은 원심 피고 이신돌·정규식 및 나창헌 등과 피고 김종진의 숙소인 경성부 원남동(苑南洞) 162번지 김정하(金鼎夏) 집에서 회합하여 당일의 실패를 개탄하고 다시 모의를 하고 명 28일 오후 4시를 기하여, 부내 안국동 경찰관주재소 앞 광장에서 조선독립의 기세를 앙양하기 위한 시위운동을 거행할 것을 협의 결정하고, 익 28일 오후 피고 박원식은 이신돌·정규식 등과 동 소에서 압수한 태극기(다이쇼 8년 령 제1387호 10) 및 대한 독립 만세라고 쓴 기(동호의 11) 각 1기를 제작하여 동일 오후 4시 반경 피고 박원식은 이신돌·박정선·정규식과 전기 광장에 참집하여 통행인이 다수 왕래하는 동 처에서, 피고 이신돌 등은 전기 깃대를 휘두르면서 조선독립 만세를 소리 높이 부르고 박정선 등은 이에 합세하려던 찰나, 피고 박원식을 제외한 일동이 체포되었다.

제3. 피고 윤종석은 다이쇼 8년 10월 초순경 경성부 연건동 이종욱의 숙소에서 피고 송세호 및 전필순(全弼淳), 나창헌, 이종욱 등과 회견한 석상에서 이종욱으로부터 조선독립의 목적을 달성하기 위하여 상해가 정부와 조선 내에 있어서의 독립운동을 목적으로 하는 각종의 비밀 단체와를 연합하여 경성에 본부, 지방에 지부를 설립하고 서로 연락을 취함으로써 상해로부터 송치되어 온 통신 문서의 교환 등의 임무를 수행하기 위하여 연통제라는 것을 실행하고자, 먼저 경성에 연통본부를 설치할 필요가 있다고 말하자, 이에 찬동한 피고 송세호 및 나창헌 등이 각도의 감독부의 임무를 맡도록 하였다.

또 이종욱으로부터 상해 방면에서 독립운동을 위하여 내왕하는 동지의 절충, 문서의 접수를 하기 위한 장소의 설치, 기관의 선정을 부탁받아 동월 중 경성부 화천정 5번지 피고 민강의 집에 들려 그 취지를 말하고 연락으로 하자는 권유에 피고 민강은 쾌히 승낙하고 상해 방면으로부터의 내방자가 소정의 암초를 가지고 오면 동지로 인정하여, 이를 피고 윤종석에게 통지할 것과 또 문서는 자기의 영업용 하물의 취급 점인 동부 남대문통 5정목 7번지 공성운송점(共成運送店) 일명 남창우(南昌祐) 방 박춘식(朴春植) 앞으로 송치되는 것은 동점에서 유치하게 하라는 내용을 협정하여 두었던바, 4월 30일 안동현 방면에서 한만식(韓萬植)이라고 칭하며 내방한 자가 소정의 암초를 사용하고 또 동인은 조선독립 시위운동에 관하여 연락을 취하기 위하여 온 자이므로 피고 민강은 피고 윤종석에게 통지하였는데 동인은 익일 아침 한만식과 면접하여 당일 거행 예정인 조선독립의 시위운동에 대하여 타합하기 위하여 동인을 이종욱 집에 연락하려 할 때 체포되었는데 이로부터 앞서 피고 민강은 김사국(金思國), 한남수(韓南洙), 안상덕(安商悳) 등이 3월 1일 이후 조선 각지에서 발발하는 독립운동에 하등 연락없이 활동하기 때문에 실효가 없음을 감안하여 국민 대회라는 것을 조직하여 각개의 독립운동단을 통일 결합하여 각도의 대표자는 경성부 서린동 봉춘관(奉春舘)에 집합하여 동시에 다중을 규합하여 시위운동을 할 계획을 수립하여 그 비용을 갹출하기 위하여 동년 4월 19일경 김사국(金思國)의 숙소인 동부 통의동(通義洞) 김회수(金晦秀) 집에서 김사국, 안상덕(安商悳) 등이 회합하였을 때, 피고 민강도 참석하였는데 안상덕, 야소교 대표자 현석칠(玄錫七)이가 각각 육백 원을 제공할 것을 약속하였는데 금전의 출납 및 객(客)의 내왕이 빈번한 피고 민강의 약종상(藥種商) 점포에서 위 금원의 접수를 한다는 것이 도리어 비밀 누설을 방지하는 데 족하다고 하여, 동 피고도 이를 쾌히 승낙하여 익 20일 안상덕은 일금 오백 원을 피고 민강 집에 지참하여 동 피고는 이를 수령 보관하여 같은 날 밤 찾아온 김상국에게 이를 교부하려다 사전 발각되어 검거되어 동년 8월 중 보석(保釋)으로 인하여 출감 중 전시(前示) 범행을 범한 자로서 모두 안녕 질서를 방해하려고 한 행위에 해당하며 계속 범의(犯意)가 있는 자들이다.

제4. 유경근(劉景根)은 다이쇼 8년 5월 중, 구면인 김진상(金鎭相)이라는 자와 경성부 종로 보신각 앞에서 만나 동인으로부터 상해가정부의 군무총장 이동휘가 러시아 '블라디보스토크' 신한촌에서 군사를 양성하고 있으며 또 조선독립에 대하여 내외의 정세를 첨가하여 말하고 또 독립의 목적을 달성하였을 때는 모국 정부의 친병(親兵)이 되므로 조선 내에서 지망한 청년을 모집하여 신의주 영정(榮町) 김성일(金成鎰) 등의 손을 거쳐 만주를 통과하여 러시아에 파견하라는 권유를 받고, 그 취지에 찬동하고 승낙하여 그 후 원심 피고 한종환(韓鍾桓) 등에게 그 계획을 말하고 협조하여 줄 것을 요청하였던바, 조종환은 이를 승낙하고 동년 6월 중 노준(魯駿)·위계후(魏啓厚)·고경진(高景鎭) 등에게 위의 유경근의 계획을 말하여 군인으로 되는 것이 어떠하느냐는 내용을 권유하여 위계후·고경진 등 외 수명을 권유하여, 이상의 자들은 조종환의 소개로 동부 관철동 조선여관에서 피고 유경근과 회견하고 동 피고는 위자 등에게 신의주 김성일 앞으로 암초로 된 소개장(다이쇼 8년 령 제931호의 4)을 주어 동년 7월 초순 남대문역으로부터 신의주에 향발하기 위한 절차를 주선함으로써 안녕 질서를 방해하려고 한 자이다.

판시 제1 사실 중 대동단의 주의 및 방침에 대해서는, 원심 공판 시말서 중 피고 최익환(崔益煥)의 공술로서 판시에 부합한 공술기재에 의하여 이를 인정하여, 동 사실 중, 피고 이건호·장현식에 대해서는 원심 공판 시말서 중 피고 정남용(鄭南用)의 공술로서 자기는 다이쇼 8년 4월 20일에 입경(入京)하여 최익환을 만나 동인으로부터 대동단(大同團)의 취지와 목적을 듣고 매우 이에 찬동하여 동년 5월 20일경 전협(全協)에게 권유되어 동 단원으로 되었다는 내용의 공술기재.

원심 피고 전협에 대한 제5회 예비 조서 중, 음 6월경의 어느 날 밤 관수교(觀水橋)의 어느 집에서 정남용·박형남(朴馨南)과 회견하였는데, 박은 이건호가 말한 대동단에 가입하여 달라고, 말하였던 내용과 추천을 하고 그날 밤 다시 동가에서 정남용·박형남·이건호와 회하였던바, 이건호는 대동단의 취지에 대찬성하여 전라도의 장(張)을 추천하여 그날 밤인가, 그 이튿날 밤에 동 처에 장(張)을 데리고 와서 회견하고 결국 장은 일금 삼천 원을 출자(出資)하게 되었다는 내용의 공술기재.

사법경찰관의 피고 이건호에 대한 신문조서 중 권헌복(權憲復)의 소개로 정필성(鄭必成)(1명 정남용)은 판시 동인으로부터 대동단에 가입을 권유하여 그 취지에 찬동하여 가맹하게 하였다는 내용의 공술기재.

동 상(전라북도 제3부 근무)의 피고 장현식에 대한 신문 조사 중, 자

기는 이건호와 5·6년 전부터 지면이 있는 사이인데 동년 4월 10일 아침
인가 밤에 동인은 좋은 일이 있으니 놀러 오라고 하였으므로 갔더니 나
를 어느 집으로 안내하고 그 집에서 어떤 자를 나에게 소개하였던바, 그
자는 자기는 조선의 독립에 대하여 활동하고 있는 자인데 독립은 틀림
없이 달성될 것을 의심하지 않는다. 그렇기 때문에 자산이 있는 선인들
은 우리의 독립을 계획하는데 대하여 그 자금을 제공하여 달라는 권유
로서 나는 될 수 있는 대로 출금하겠다고 대답하였는데, 나와 동인과의
대화 중 이건호는 상대방을 가리키며 이 사람의 말하는 바와 같이 조선
의 독립을 위한 자금이므로 재산이 있는 자는 돈을 아까와하지 말고 출
금하는 것이 당연하다고 권설(勸說)하였다. 또 당시 이건호는 나에게 위
자는 왕모(王某)라고 말하고 있었는데, 그때의 모양에 의하면 이건호는
나의 사정을 위 자에게 미리 말하였던 모양이다. 오늘에 있어서 그 자
는 전협이라는 것을 알았다. 그 후 음력 6월 초 이건호는 나를 향리(鄕
里)에 찾아 와서 출금을 재촉하기 때문에 동인에게 일금 3천 원을 교부
하였다는 내용의 공술기재.

동 상의 이건호에 대한 조서 중, 장현식으로부터 일금 3천 원을 수취
하여 경성에 돌아가 그중에서 2천 원을 전협에게 주고 음력 6월 15일
5백 원, 동월 21일경에 또 5백 원을 전협(全協)에게 주었다는 내용의 공
술기재.

피고 장현식에 대한 제3회 예비 조서 중, 전협이 인쇄비가 없으므
로 곤경에 처하고 있다고 말하며 다소 얼마라도 기부를 하여 달라고 하
였는데 그 인쇄물이라 말함은 독립사상을 고취하기 위하여 일반에게 배
포할 것이라고 말하였다는 내용의 공술기재를 종합하여 이를 인정하고
판시와 같은 사실에 대하여,

사법경찰관의 피고 김상열에 대한 조서 중, 다이쇼 8년 11월 중 이신

돌이가, 제2회 선언서를 발표하도록 하였는데 거기에 발표자로서 연명(連名)하여 달라고 이야기하여 승낙하였다. 또 다른 곳에 적당한 자가 있으면 추천하여 달라고 하므로 김익하(金益夏) 집에 동행하여 동인에게 권유하여 승낙하였는데 자기는 조선인으로서 하루라도 빨리 독립이 될 것을 희망하여 대표자로 되었으며 판시와 같이 장춘관에 참석하였다는 공술기재.

동 상의 피고 김익하에 대한 조서 중 제2회의 독립선언서에 대표자로서 연명(連名)하였음은 김상열이가 와서 (중략) 또 전협은 조선의 독립을 목적으로 하는 대동단이 주가되어 위 선언서를 발표하게 되었다고 말하고 있으므로 김상설에 대하여 전협으로부터 위의 선언서에 대표자로서 이름을 열기(列記)하라고 권유하여 동인은 이에 찬성하고 승낙하였다는 내용의 공술기재.

사법경찰관의 피고 정규식(鄭奎植)에 대한 제1회 조서 중, 11월 24일 안교일(安敎一) 집에서 등사판으로 등사한 선언서를 보였는데 동인의 말에 의하면 그 선언서의 안문(案文)은 상해의 김가진이가 보내 준 것으로 안교일이가 등사판에서 등사하였다는 내용의 공술기재.

동 상의 피고 정희종에 대한 조서 중 안교일은 증(證) 제2호(다이쇼 8년 제령 제1387호의 14에 해당)의 안문(案文)을 연필로 적은 것을, 다이쇼 8년 11월 25일경 지참하여 이를 원지에 써서 등사판에서 약 40매를 인쇄하여 배포하여 달라고 김대진(金大振)에게 교부하였다는 내용의 공술기재.

동 제2회 조서 중 제2호의 안문은 안교일이가 원지 10매를 지참하여 왔던 데에서 1매를 써 동인에게 주었다. (일자 미상)의 밤에 위 원지로 등사판에서 인쇄한 선언서 40매 정도를 동인이 지참하여 강정희(姜正熙)로부터 주었다는 내용의 공술기재.

사법경찰관의 피고 박원식에 대한 조서 중, 11월 27일 밤, 원동(苑洞) 162번지의 집에 갔던바 정규식·나창헌·이신돌·박창선·김종진 등이 와 있어 타합하여 명 28일 오후 4시 30분을 기하여 안국동의 광장에서 독립 만세를 고창(高唱)하기로 협의하고 그날 밤 동소에서 1박하고 아침에 돌아와 당일 오후 3시경 동가에 도착하였는데 정규식·이신돌이가 와 있었으며, 정으로부터 돈 1원을 수취하여 안국동의 지배인 집에서 수건과 잉크를 사 가지고 와서 교부하자 동인 등은 태극기와 대한 독립 만세라고 먹으로 쓴 기를 만들어 이를 휴대하여 동인 등은 안국동의 광장에 갔다는 내용의 공술기재.

원심 공판 시말서 중, 피고 이신돌의 공술로서 11월 27일 김종진 집에 정규식·박원식·나창헌 등이 회합하여 당일의 시위운동의 계획이 조잡하여 실패에 그쳤음은 유감된 일이라고 생각하며 다시 결행하기로 하여 치밀한 계획을 협의한 결과, 익 28일 오후 4시 반을 기하여 안국동 경찰관주재소의 앞 광장에서 조선독립 만세를 고창하고 시위운동을 하여 기세를 앙양하기로 결정하고 28일 오후 박순화(朴順和—박원식을 가리킴)가 사온 것으로 정규식이가 태극기(령 제1387호)와 대한 독립 만세라고 쓴 기(동호의 11)를 만들어 자기와 박순화·정규식의 3인이 예정한 장소에 이르렀고, 그 후 박정선(朴貞善)·김종진(金鍾振)이도 합세하여 위 11호의 기를 휘두르며 대한 독립 만세를 고창하였는데 즉시 체포되었다는 내용의 공술기재.

판시 선언서는 동 취지에 기재한 다이쇼 8년 령 제1387호의 12, 14의 선언서 및 동호의 10, 11의 기의 현재를 종합하여 이를 인정하고 판시 제3의 사실에 대해서는,

사법경찰관의 피고 윤종석에 대한 제3회 조서 중 나는 이종욱 집을 방문하였는데 동가에는 김상열·나창헌·송세호 등이 와 있었으며, 그

자리에서 이종욱은 상해가정부의 상황을 이야기하고 또 당지에 있어는 여러 가지 동지들의 단체가 있으나 모두 각 개별적인 행동을 하고 있으므로 통일을 이루지 못함은 실로 큰 결점이다. 그렇기 때문에 경성에 연통본부를 설치하여 각 도에 감독부를 두어 명령을 하달하고 하정상달(下情上達)의 방법을 갖고 연통본부 해외와의 통신을 취하여 내외 상호 호응할 때는 그 효과 매우 큼으로 그 설립에 대해서는 상해에 돌아가 모든 명령을 발송하겠다고 말하기 때문에 자기는 이에 찬성하였으며, 송세호·나창헌과 자기의 3인이 각도의 감독을 하기로 하였다는 내용의 공술을 기재,

동 상의 제4 조서 중 이종욱은 연통 기관의 상담을 하고부터 2, 3일을 경과하여 동인은 나에게 대하여 경성에 있어서 통신부가 1개소 밖에 없다는 것은 불안정하기 때문에 또 다른 하나를 더 설치하려고 하므로 적당한 방법을 고안하여 달라고 말한 데 대하여 나는 그 일을 민강에게 이야기하고 동인의 거처를 통신 기관으로 할 것을 부탁하고 또 해외에 있는 자에 대하여 동인의 거처를 방문할 때는 암호로써 신청하도록 하여 달라고 말하였다. 동인은 이에 승낙하고, 서신의 왕복은 어떻게 할 것인가에 대하여 서로 상의하였는데 민은 운송점이 있으므로 그곳에서 서신을 수발(受發)하기로 하였다. 그리고 수취인은 반드시 박춘식이라고 쓰도록 타합하여 두었었는데, 10월 30일에 민인복(閔仁復)의 집으로부터 조(趙) 모라고 하는 자가 찾아 왔었는데 황금정의 동인을 방문하였다는 내용의 공술기재.

피고 민강(閔橿)에 대한 예심 조서 중 윤종석이가 우리 집에 찾아 와서 조선 내 및 상해 방면에 있어서 조선의 독립에 관한 운동자를 위하여 연락을 취할 필요가 있으므로 상해에서 찾아온 자를 회견할 장소로서 나의 집을 빌려 달라고 말하고 또 가용청심원(家用淸心元)을 달라고

말한 것으로 찾아온 자를 알도록 하라고 말하여 나는 이를 승낙하고 나의 상품을 취급하고 있는 운송점을 하물을 수취하는 장소로서 이를 남창우(南昌佑)에게 명하여 두었는데 또 이종욱은 상해 방면에서 자기 처소를 찾아오는 자는 암호로서 가용청심원을 달라고 말하며 올 것을 타협하였다. 그 후 10월 30일에 조만식이라는 자가 암호를 사용하며 찾아왔는데, 그 일을 전화로 윤종석에게 연락하였는데 조만식(趙萬植)은 독립 시위운동에 대하여 연락을 취하기 위하여 찾아온 자라면 알고 있다는 내용의 공술기재.

피고 윤종석에 대한 예심조서 중, 나는 이종욱(李鍾郁)을 방문하였던 바 동인은 독립운동에 대하여 통신 기관이 불비하기 때문에 완전히 통신을 할 수 없어 경성에 연통본부(聯通本部)를 설치하려 하므로 협조하여 달라고 말하고, 또 10월 31일에는 시위운동을 하기로 되어 있으니 자기를 찾아오는 자들을 위하여 조용한 장소를 물색하여 달라고 말하므로 민강 집에 가서 그 일을 이야기하고 또 장소로서 동인의 집을 빌려 달라고 부탁하였었는데 그 후 10월 30일에 조만식이라는 자가, 민(閔)의 집에 찾아온 까닭을 듣고, 미리 나는 이종욱으로부터 그 자가 찾아올 때는 자기 집에 안내하여 달라고 부탁이 있었으므로 조만식의 거처에 찾아가, 동인을 연락하고 이종욱 집에 안내하려고 하던 차에 체포되었다는 내용의 공술기재.

원심 공판 시말서 중, 피고 민강의 공술로서 판시 후단(後段) 다이쇼 8년 4월 중 김사국·안상덕 등 관계에 대하여 판시 범행과 동일 논지의 기재를 종합하여 이를 인정하고

판시 제4 사실에 대해서는 원심 공판 시말서 중, 피고 유경근의 공술로서 다이쇼 8년 5월 10일경, 보신각 앞에서 김현구(金鉉九)를 만났는데

동인은 상해임시정부에 있어서는 동지 및 자금의 모집을 하고 있으며 후일 임시정부를 선내에 이동할 때의 필요상 군무총장 이동휘가 러시아 '블라디보스토크'의 신한촌에서 다수의 병사를 양성하고 있으므로 선내에 있어서 지망하는 청년이 있으면 모집하여 달라고 말했으므로 매우 찬동하여 지망자를 선정할 필요상 암호를 만들어 김현구에게도 이 타합을 하였는데, 7월 초순 위의 지망자인 노준(魯駿)·위계후(魏啓厚)·고경진(高景鎭) 등 외 수명을 순차로 남대문역으로부터 돌아와 신의주 방면에 출발하게 하였다. 이때 신의주의 김성일(金成鎰) 앞으로 소개장 및 암호와 같은 것을 위의 자들에게 지참하게 하였다는 내용의 기재.

사법경찰관의 피고 조종환에 대한 제2회 조서 중, 다이쇼 8년 5월 말인가 6월 초순경에 관철동 조선여관에서 유경근과 시국 문제에 대하여 이야기하였던바, 동인은 상해로부터 러시아에 가 있는 이동휘가 가정부의 친병을 모집하고 있으므로 자기도 이 계획에 찬동하여 지망자를 물색 중이므로 이에 협조하여 달라고 부탁하여 자기는 이를 승낙하고 활동 중, 노준(魯駿)을 만나서 그 취지를 말하였던바, 그 후 7월 상순 노준이 찾아와서 고경진·위계후의 양인이 러시아에 갈 것을 지망하므로 남문(南門) 밖 덕흥관에 체재하고 있다는 내용을 말함으로써, 자기는 동소에 찾아 갔더니 위 양인 외에 3인의 동지들도 와 있었다. 자기는 유경근으로부터 들은 이야기를 양인에게 말하자 몹시 기뻐하며 소개하여 달라고 하므로 동인 등을 유경근의 거처하는 여관에 데리고 가서 한 차례 회견하고 순차로 남대문역으로부터 출발하게 하였다는 내용의 공술기재를 종합하여 이를 인정하였다.

법률에 의거 피고 이건호·유경근·윤종석·민강·장현식·김상열·박원식의 각 정치의 변혁을 목적으로 다중 공동으로 하여 치안을 방해하려 한 점은 모두 다이쇼 8년 4월 제령 제7호 제1조 제1항에 해당됨으로써 피고 민강에 대해서는 형법 제55조를 적용하는 것이 가하고, 피고 김상열의 불온문서 작성의 점은 출판법 제11조 제1항 제1호 조선형사령 제42조에 해당하여 1행위로 2죄명에 저촉함으로써 형법 제54조 제10조에 의하여 가중한 제령 제7호 위반의 죄에 저촉되므로, 이상 각 피고에 대하여 모두 징역형을 선택하는 것이 가함으로 피고 이건호·유경근을 각각 징역 3년, 피고 윤종석·민강을 각각 징역 1년 6월, 피고 박원식·장현식·김상열을 각각 징역 1년에 처하는 것이 가하며, 피고 이건호·유경근·윤종석·민강·박원식·김상열에 대해서는 형법 제21조를 적용하여 미결 구류 일수 200일을 각 본형에 산입하고, 또 피고 김상열·장현식에 대해서는 형의 집행을 유예함이 가함이라 인정한다. 동법 제25조를 적용하여 각 2년간 형의 집행을 유예함이 가하다. 압수 물건 중 주문게기(揭記)의 기(旗) 2점은 범죄에 사용한 물건으로서 범인 이외의 자에 속하지 아니 하므로, 동법 제19조에 따라 이를 몰수하는 것이 가(可)하고 그 여타는 형사소송법 제202조에 의거 처분하는 것이 가하다.

피고 박원식이가 다이쇼 8년 11월 25일 나창헌·안교일 등은 공히 판시 제2회 독립선언서를 당해 관헌의 허가를 받지 않고 인쇄하였다는 내용의 공소 사실은 이를 인정하는 것이 가하며, 증거가 충분하지 못하나, 그 사실은 동 피고에 대한 본안 범죄사실은 연관의 관계있는 것으로 기소되어 위 범죄의 일부에 불과함으로써 특히 무죄의 언도를 하지 않는 것이 타당하다.

피고 송세호에 대한 공소 사실로서, 원심 피고 전협 등은 이강을 상해에 유괴함으로써 내외의 인심을 격동시키고 또 그곳에서 이강(李剛)을 수령으로 하여 동인 및 김가진의 명의로 제2회 조선독립의 선언을 발표하려는 계획하에 이강에 대하여 친히 면담하여 어기권(漁基權)의 임차료로서 일금 삼만 원을 대여하게 한다는 허구의 감언을 말하여 다이쇼 8년 11월 9일 이강을 전협 등의 동지 수명의 감시하에 경성부 공평동(公平洞) 3번지 모(某) 집에 유치하여 이를 유괴하였던바 피고 송세호는 위 계획을 듣고 남대문 방면의 경계의 유무를 탐지하여 동 역(驛)으로부터 승차, 수색(水色)역에서 다른 동지와 연락하여 이강을 안동현에 도착하게 하여 이강을 상해에 향발하게 하고 경성으로 되돌아와 동지들에게 복명할 것을 담당하고, 동월 10일 밤 예정과 같이 남대문역에서 봉천행(奉天行)에 탑승하여 수색역에서 피고 이을규 및 이강 등을 만나 이강의 신변에 부첨(附添)하여 평양역에 도착하여 경계 상황을 탐사하기 위하여 동 역에서 하차하여 다음 열차로 안동현에 도착하기로 하였다. 피고 이을규 등은 이강을 감시하면서 11일 안동현에 도착하였다고 하며 또 피고는 전기 제3의 사실 중 이종욱으로부터 판시 연통제의 취지를 청취하고 피고 윤종석 외 수 명과 함께 이에 찬동하고 한 차례 협의를 하여 피고는 그 후 각도 감독부의 임무를 담당하도록 하였다.

이상은 모두 치안을 방해하려고 한 것이므로 그 공소 사실은 이를 인정하는 것이 가하며 대구 복심법원은 피고 송세호는 다이쇼 8년 3월 이후 경성을 비롯하여 조선 각지에서 독립운동이 빈발하고, 또 중국 상해에서는 조선의 독립을 표방하는 소위 가정부라는 단체를 조직하여 그 목적 달성에 기여하고 있으며, 동년 5월경 수명의 동지들은 대한민국청년외교단이라는 단체를 조직하여 상해가정부와 연계를 갖기 위하여 스스로 상해 지부장이 되어 조용전(趙鏞田)·이종욱 등을 동 정부에 파견하고 동년 8월 이종욱이가 상해에 향발하기로 하였다. 피고는 일금 백원을 지출하고 다른 동지가 지출한 금원과 공히 이를 이종욱에게 주어 동 정부에 송부하고, 또 동 단원 나창헌·연병호(延秉昊)와 협의하여 동 단으로부터 동 정부에 건의를 하기로 정하여, 연병호가 이를 기안하기로 하고 각파 공동 열국 정부와의 외교, 일본 정부에 독립 요구 등의 주의를 내용으로 하는 건의서를 양 총무 명의로 동 정부에 보내어 동년 9월 초순경 경성부 원동 유욱(柳煜) 집에서 그 외 수명과 모의하여 동단을 대한청년단이라 개칭하여 그 확장 진흥을 획책한 것을 인정하고 다이쇼 9년 12월 27일 동 피고의 공소를 기각하여 징역 3년에 처하였던바, 그 상고도 기각되어 다이쇼 10년 2월 12일 위 판결은 확정된 것으로서 본안 공소 사실은 위의 확정 판결을 거쳐 범죄와 연속의 관계를 인정하여, 형사소송법 제224조, 제265조 제4호를 적용하여 피고 송세호에 대하여 면소를 언도함이 가하다.

그렇다면 원판결에 있어서 피고 송세호가 유죄로서 처단되고, 피고 박원식의 불온문서 작성의 점을 인정하여 해당 법조를 의율(擬律)한 것밖에 안 된다. 피고 민강에 대한 제령 제7호 위반의 종범(從犯)으로서 문의(問擬)하고 또 피고 윤종석을 징역 2년, 피고 박원식을 징역 1년 6월에 처하고 피고 김상열·장현식에 대하여 형의 집행을 유예하여 정상을 참작함으로써 이상 각 피고의 공소는 이유 없으나, 전기와 동 취지에서 나온 피고 이건호·유경식에 대한 원판결은 유죄로서 위 피고 양인의 공소는 이유 없다. 모두 전자에 대해서는 형사소송법 제261조 제2항 후자에 대해서는 동조 제1항을 적용, 피고 이을규에 대해서는 동법 제266조[29]에 따라 주문과 같이 판결한다. 피고 이을규는 스스로 이 판결의 송달을 받거나 또는 판결의 집행으로 인한 형의 언도가 있음을 안 날로부터 3일 내에 이의신청을 할 수 있다.

세 번째 문서인 3심판결문은 1921년 5월 11일 고등법원에서 작성된

---

[29] 형사소송법 제266조 "공소(控訴) 신청인이 출두치 아니한 때는 궐석 판결로써 공소를 기각하고 상대방이 출두치 아니한 때는 신청인의 의견을 청하여 궐석판결을 함이 가함."

것으로 그 내용은 다음과 같다.

1. 경기도 강화군(江華郡) 양도면(良道面) 노일리(露逸里) 재적
   경성부 화천정(和泉町) 242번지 오한영(吳漢永) 집 거주
   세브란스연합 의학전문학교 3년생 피고인 윤종석(尹鍾奭) 당26세
2. 경성부 화천정 5번지 재적 동 소 거주
   약종상 피고인 민강(閔橿) 당38세
3. 경기도 강화군 부내면(府內面) 월화리(月華里) 303번지 재적
   경성부 공평동(公平洞) 153번지 거주
   광업 피고인 유경근(劉景根) 당45세

위 다이쇼 8년 제령 제7호위반 피고사건에 대해 다이쇼 10년 3월 23일 경성복심법원에서 언도한 판결에 대해 피고 등으로부터 상고를 신청함에 의해 당원은 조선총독부 검사 쿠사바 린고로(草場林五郎)의 의견을 들어 다음과 같이 판결한다.

주문

본건 상고는 이를 기각한다.

이유

피고 윤종석 상고취지는 피고는 범죄행위가 없음에도 제1심 제2심에서 충분한 공술을 하지 않았기 때문에 유죄의 판결을 받았으므로 억울하다고 상고한 사실을 충분히 조사하여 관대한 처분을 복망하다고 말하

고 있다.

기록에 따르면 피고는 제1심 제2심에서 충분한 공술을 한 것이 명백할 뿐 아니라 당원은 사실 복심을 하는 곳이 아님으로 논지는 무릇 상고의 이유가 없다.

피고 민간의 변호인 고노 도라노스케(木尾虎之助)[30]의 상고취지는 피고 민강은 순연한 친일파이므로 결코 배일파가 아니고 그 사실은 피고 민강의 창립 주재한 경성 남대문 밖 소의학교의 생도중 1인도 독립만세를 불렀던 적이 없는 사실로 명백하다. 그런데 원심에서 피고를 배일사상이 있다고 인정하고 그 범죄 사실을 인정하고 피고에게 유죄의 판결을 준 것은 부당하고 위법이라고 한다. 자기의 사실을 주장하여 원심의 사실인정을 비난한다면 논지는 상고이유 없다.

원판결(原判決)은 위와 같이 다이쇼(大正) 8년(1919년) 제령 제7호 제1조 제1항의 범죄요건인 정치를 변혁하는 의사가 있는 것과 인수의 다중인 것을 명시하는 것은 이유 불비의 위법임을 면하려는 것에 있다. 원심 인정의 사실은 논지 모두에 게기한 것과 같음으로 피고가 현재 정치제도에 반대하고 조선의 독립운동을 하는 의사가 있음을 명시한 것일 뿐 아니라 다이쇼 8년 제령 제7호 제1조 제1항에 소위 '다수공동'이라는 것은 '2인 이상의 공동을 지칭하는 것'이라는 것은 이미 당원의 판례(다이쇼 8년 형상 제1011호 동년 11월 24일 판결참조)로 하는 바로 원판결에는 피고가 다수공동한 것을 명시하고 즉 원심 인정의 사실은 다이쇼 8년

---

30) 고노 도라노스케(木尾虎之助, 1879.11.18~1956.12.23)는 중의원의원(憲政会), 변호사로 1902년 일본법률학교(현 일본대학)를 졸업하고 변호사 시험에 합격했다. 1907년 동경에서 변호사 사무소를 열고 다음해에 조선에 건너가 한성부 변호사 사무소를 열고 1922년 경성시 일본인 변호사회 회장으로 선출되었다. 1916년 중의원보결선거에 당선되었다. 3·1운동 시기에는 하나이 타쿠죠(花井卓蔵), 오쿠보 마사히코(大久保雅彦) 등과 함께 소요죄로 재판을 받은 손병희 등을 변호했다.

제령 제7호 제1조 제1항에 소위 '정치의 변혁을 목적으로서 다수공동하고 안녕질서를 방해 …… 한 자'에 해당하는 범죄사실의 판시로서 결함이 없음으로서 논지는 상고이유 없다.

피고 민강의 변호사 고노 도라노스케(木尾虎之助)의 상고 추가 취지 제1점은 엄격한 형법상에서는 범죄의 예비 및 금모의 행위는 이를 벌하지 않음을 원칙으로 하고 만약 범죄의 예비 및 음모를 벌할 경우에는 명문(明文)으로써 명확히 하여(참조 형법 제78조) 그럼으로써 우리가 형법법전의 위에서는 범죄의 예비 및 음모의 소위(所爲)는 명문으로써 이를 규정하지 않는 이상 절대로 이를 범죄행위로서 처벌하지 않는 것이고 따라서 우리가 형법 법전에서 범행에 대해 형벌제재(制裁)를 과(課)하는 것은 제1범죄행위를 실행한 것 즉 기수(旣遂)와 제2범죄행위를 실행한 것으로 아직 수행하지 않은 것 즉 미수(未遂) 만으로 한정하는 것으로 위와 같이 기수범(旣遂犯) 및 미수범(未遂犯)은 통상의 범행에 있어서 많은 사회의 안녕질서를 문란하게 하는 것으로서 이것이 처벌의 규정을 둔 것은 아니지만 예비음모는 아직 사회의 안녕질서를 문란케 하는 것이 아님으로써 이를 불문에 붙인다. 이것이 처벌의 규정을 둔 것이 되어도 형법 제77조 내란죄와 같이 중대범죄에 대해서는 특히 범죄의 기수 및 미수에 달한 위험중대함을 고려하여 특히 명문으로써 음모 및 예비를 벌하는 규정을 두는 것이 되어 조선총독부에서 다이쇼 8년 제령 제7호로써 발포한 정치에관한범죄처벌의건의 법령은 형법 77조의 내란죄에 비해 훨씬 경미한 범죄에 속한 정치범을 처벌하는 목적에서 나온 것임은 명백하고 따라서 동법의 명문에서도 단순히 정치의 변혁을 목적으로 다수 공동의 안녕질서를 방해한 자 즉 기수범 및 방해하려고 한 자 즉 미수범을 처벌하는 것을 명확히 한 것임은 동법 명문에 나타내서 명백히 하고 동법에는 추호도 범죄의 예비 및 음모를 처벌하는 내용의 문언(文言)없고 따라서 동법이 범죄의 예비 및 음모를 처벌하는 조규(條規)가 아닌 것은 실로 명백하여 일점의 의심을 가질 여지없고 그러므로 원심에서는 피고 민강에 대해 인정하게 한 범죄사실은 모두 범죄의 예비 및 음모의 부류에 속하고 모두 범죄의 기수 및 미수의 영역에 도달하지 않는 것이 되는 것은 원심판결의 판시사실에 나타나는 진정으로 명료한 것이지만 원심이 피고 민강에게 다이쇼 8년 제령 제7호 정치범죄의 예비 및 음모에 가담한 행위가 있는 것으로 인정하고 피고 민강에 대하여 전기 다이쇼 8년 제령 제7호를 적용하는 유지의 판결을 부여한 것은 법칙을 부당하게 적용한 위법이 있는 것이고 죄로 되지 않는 소위(所爲)에 대해 유죄의 판결을 부여한 위법이 이 있는 것이라고 해도 다이쇼(大正) 8년 제령 제7호 제1조 제1항에는 "정치변혁을 목적으로 하여 다수 공동의 안녕질서를 방해하고 또는 방해하려 한 자는 10년 이하의 징역 또는 금고에 처한다. 단, 형법 제2편 제2장의 규정에 해당할 때는 본령을 적용하지 않는다"라고 있어 해(該) 규정[다이쇼 8년 제령 제7호 제1조 제1항] 후단의 소위 '방해하려한 자'는 단지 그 규정 전단에서 소위 '방해한 자'의 미수범뿐만 아니라 그 예비 또는 음모를 한 자도 포함한다고 해석하는 것이 상당하다는 것에 대해 그러한 것을 전제로 한 본 논지는 상고이유 없다.

동(同) 제2점은 피고 민강에 대한 원심판결 적시(摘示)의 후단의 범죄는 다이쇼 8년 제령 제7호 발포 시행 전에 범죄의 의사 발동하고 수행된 것이라면 적어도 피고 민강이 범행자가 될지라도 피고 민강의 원심판결 판시 후단의 범죄사실에 대해서는 가벼운 구법과 무거운 신법을 비교대조하여 가벼운 법규를 적용 처단할 것이라는 것에 관한 원심은 피고 민강에 대해 원심판결 판시 후단의 범죄사실에 대해 단지 중한 신법 만을 적용 처단한 것은 부당하게 위법이라고 해도, 1개의 연속범을 구성하는 수개 행위의 일부가 다이쇼 8년 제령 제7호 시행 후에 이루어진 이상은 그밖의 행위가 동(同) 제령(制令) 시행 전에 이루어졌는지 여부를 묻지 말고 그 전부의 행위를 포괄하여 일죄(一罪)로 하여서 단순히 동(同) 제령(制令) 만을 적용하여야 하며 신(新)·구법(舊法)을 비교검토해야 하는 것이므로 논지는 상고이유 없다.

### 해 제

이 문서는 국가기록원에 소장되어 있는 판결문으로 문서번호는 CJA0000414-189, CJA0000098-0049로 전협 등 35명에 대한 다이쇼 8년(1919년) 제령7호 '정치에관한범죄처벌의건' 위반 및 출판법·보안법 위반, 사기사건에 대한 경성지방법원의 판결문, 경성복심법원의 2심 판결문, 고등법원의 최종 판결문으로 구성되어 있다.

이 판결문은 1919년 3·1운동 직후 전협(全協), 최익환(崔益煥) 등이 중심이 되어 조직한 조선민족대동단(朝鮮民族大同團) 사건을 다루고 있다. 3·1운동 시기 전협(全協)과 최익환(崔益煥) 등은 항일 독립을 위하여 40여 명의 동지를 규합하여 고종의 다섯째 아들인 의친왕(義親王) 이강(李剛)을 고문으로 김가진(金嘉鎭)을 총재로 추대하여 1919년 3월 말 서울에서 조선민족대동단을 비밀리에 발족시켰다. 대동단은 1919년 3·1운동 이후 국내에서 결성된 최대의 비밀결사였다.

이 판결문을 통해서 대동단의 활동과 구성원들의 인적사항을 구체적으로 살펴볼 수 있다. 당시 대동단은 인쇄기와 용지를 구입하여 각종 항일 지하문서를 제작, 배포하였다. 대동단 단원 중에 의병 출신인 윤용주(尹龍周)는 무장투쟁을 기도하기도 했다. 그는 무장투쟁의 방법으로 일본헌병대의 무기고를 탈취하고 서대문감옥을 폭파하려는 계획을 세웠다. 그러나 지도층에서는 이승만의 외교론에 경도되어 '파리강화회의에 보내는 진정서', '윌슨대통령에게 보내는 진정서', '일본 국민에게 고한다'는 등의 문건을 제작하여 발송했다.

대동단원들은 각종 유인물을 비밀단원들을 통하여 민가에 투입하거나 특정인에게 전달하였다. 낮이면 부랑자로 가장한 단원들이 유인물을 배포하고, 밤이면 배추장수나 상주(喪主)로 가장하여 활동하였다. 특히 최남용이 중심이 되어 발행한 기관지 『대동신보(大同新報)』는 고종의 탄생일인 7월 15일(음력)을 기하여 창간호 1만 부를 발간하였다. 이 신문은 보부상과 기생들을 통하여 전국적으로 배포되었다. 이와 같은 대동단의 비밀활동에 일본헌병대와 경찰은 혈안이 되어 수사에 나섰다.

1919년 5월 23일 일제 경찰은 먼저 최익환, 이능우(李能雨) 등 대동단 단원을 검거하였다. 이들은 자금모집을 위해 관여한 거간 중매가 금품 사취 혐의로 체포되었는데 조사과정에서 대동단원이란 것이 밝혀져 선전물 작성 및 인쇄배포에 참여했던 권태석(權泰錫), 나경섭, 김영철도 체포되었다.

경무총감부에서는 1919년 6월 6일 1차로 검거된 최익환 권태석 이능우 나경섭 김영철 등을 제령 제7호 및 출판법 제11조 위반혐의로 기소할 것을 요청하는 「의견서」를 조선총독부 경시 도키나가 우라죠(時永浦三)의 명의로 작성하여 경성지방법원 검사국 검사정 고우츠(鄉津友彌)에게 보냈다.[31]

경찰은 극심한 고문으로 이들의 배후를 캐고자 했지만 이들은 끝내 동지들을 불지 않았다. 1차 검거로 막대한 손실을 입은 대동단은 총재 김가진을 중심으로 의친왕 이강을 상해 임시정부에 참여하게 할 계획을

---

31) 警務總監部, 「意見書」, 1919.6.6.

세우고 의친왕에게 권고하여 의친왕은 1919년 11월 10일 인사동 궁(宮)에서 몰래 빠져나와 세검정에 이르러 전협, 정남용과 상의하여 상복을 입고 수색역에서 3등차에 올라 정남용과 함께 만주 안동현역까지 갔다가 일본 경찰에게 발각되어 경성으로 호송되어 돌아왔다. 의친왕을 수행한 정남용도 체포되고, 이을규(李乙奎)만 겨우 도피하였다. 총재 김가진은 의친왕이 상해에 도착하면 대동단을 대표하여 미리 준비한 '선언서'를 발표하기 위하여 먼저 '폐의파립(弊衣破笠)'에 약장수로 분장하고 아들 의한(毅漢)과 함께 일산역에서 승차하여 만주 안동역을 거쳐 다시 상해에 도착해 대기하고 있었다.

1919년 11월 19일 서울에서 소식을 기다리던 전협, 한기동(韓基東), 송세호(宋世浩) 등도 체포되었지만 나창헌(羅昌憲)은 경찰의 수사망을 피해 상해로 망명하는 데 성공하였다. 이을규도 이듬해 서울에 잠입하였다가 체포되었다. 대동단의 핵심인물이 대부분 체포되거나 해외로 망명하게 된 것이다. 이들 간부들은 체포되었지만 이에 굴하지 않고 끝까지 투쟁하려는 철저함을 보였다. 이들은 다시 국내에 잠입한 나창헌, 이신애(李信愛) 등이 중심이 되어 일제 국경일인 천장절(天長節)을 기해 대대적인 독립시위를 벌이는 준비를 서둘렀다. 국내와 간도에서 여러 차례에 걸쳐 항일투쟁을 벌였다. 그러나 일제의 무자비한 탄압으로 더 이상의 국내활동은 막을 내리게 되고, 임시정부에서 활동한 김가진과 나창헌이 대동단의 명맥을 유지해 나갔다.

체포된 단원들은 종로경찰서에 수감되어 고등계 형사 김원보(金源甫)의 극심한 취조를 받았다. 고문과 악형이 계속되는 가운데 예심절차가 진행되고 재판은 경성지방법원 예심괘(豫審掛) 판사 나가시마 유조(永島雄藏)에 의해 이루어졌다. 다이쇼 9년(1920년) 6월 28일 조선총독부 판사 나가시마 유조는 전협 등 36인에 대한 정치범죄처벌령 위반·출판법 위반·보안법 위반 및 사기 등 피고사건에 관하여 예심을 마치고 형사소송법 제161조[32])에 따라 의견을 구하기 위해 일건 기록을 경성지방법원(京城地方法院) 검사국 조선총독부 검사 사카이 죠오사부로(境長三郎)에게 송치하였다.[33])

대동단원에 대한 재판은 1920년 6월 28일 예심이 종결되었으나 1심 공판은 쉽게 열리지 않았다. 총독부가 이들의 극렬한 항일투쟁에 골탕을 먹이려고 지연작전을 쓴 때문이었다. 그러나 언제까지나 재판을 지연시킬 수 없어서 그해 11월 20일부터 26일까지 이토(伊東淳吉) 재판장의 심리로 1심공판이 개정되었다. 이 사건의 변호사 선임은 1920년 9월 15일이 되어서야 김정목(金正穆), 최진(崔鎭), 이조원(李祖源), 김우영(金雨英), 김중혁(金重赫), 김태영(金泰榮), 고노 노라노스케(木尾虎之助), 마츠모도 마사히로(松本正寬), 아사쿠라 도모테츠(朝倉外茂鐵)[34]) 등의 변호사가 선임되었다. 1920년 12월 7일 경성지방법원에서 1심판결이 선고되었다. 이들에게 보안법, 출판법 위반죄 등을 적용하였다. 선고된 형량은 위에서 언급한 바와 같다. 전협(全協, 45세), 최익환(崔益煥, 30세) 등 36인에 대한 1심판결은 경성지방법원 판사인 재판장 이토 준키치(伊東淳吉), 다자이 아키라(太宰明), 후지무라 에이(藤村英) 등 3인의 판사

32) 형사소송법 제161조 "예심판사는 피고사건이 그 관할이 아니라하고 또는 타에 취조를 요함이 없음으로 사료한 때는 예심종결의 처분에 대하여 검사의 의견을 구하기 위하여 소송기록을 송치함이 가함. 검사는 소송기록에 의견을 付하여 3일 내에 차를 還付함이 가함."

33) 京城地方法院, 「求意見書」(地豫第867號), 1920.6.29.

34) 아사쿠라 도모테츠(朝倉外茂鐵, 1863~1927) 가나자와 출신으로 도쿄에이와(東京英和) 학교를 거쳐 동경대학법학부 선과(選科)에 입학했다. 이후 1889년 제국대학 법과대학 영법과를 졸업하고 1890년 변호사가 되어 1896년 일본변호사협회의 결성에 참가했다. 1896년 동경시회의원에 당선되고 1898년에는 동 참사회원에 선출되었다. 1902년 제7회 중의원 의원총선에 출마하여 당선되었다. 1913년부터 조선에 건너가 경성부에서 변호사로 활동했다.

가 참여하였다.

전협과 최익환 등 대동단의 핵심 지도부는 공소를 포기하였지만 송세호, 이을규 등 9인은 경성복심법원에 항소하였다. 1921년 3월 23일 2심 판결인 경성복심법원 판결은 재판장 요시다 헤이지로(吉田平治郎), 미다(三田村富彌), 스기우라 다케오(杉浦武雄) 등 3인의 판사가 참여하였다. 이을규, 이건호, 유경근의 공소(항소)는 기각되고, 장현식은 징역 1년(집행유예 2년), 김상열은 징역 1년(집행유예 1년), 윤종석은 징역 1년, 민강은 징역 6개월로 각각 감형판결을 받고 송세호는 면소되었다.

이들 중 민강, 유경근, 윤종석은 고등법원에 상고하였으나 고등법원은 이들의 상고를 이유없다고 기각하였다. 1921년 5월 11일 고등법원 판결은 재판장 와타나베 토오루(渡邊 暢), 나가누마(永沼直方), 미즈노(水野正之丞), 요코다(橫田俊夫), 마스나가 쇼이치(增永正一) 등 5인의 판사가 참여하였다.

1년 반 동안의 지루한 재판 끝에 유죄판결을 받은 대동단원들은 주로 서대문감옥에서 심한 수형생활을 하였다. 전협과 최익환 등 식자층은 형무소 내 인쇄소에서 문선과 교정의 일을 맡고, 박정선과 이신애 등 여성기독교 신자들은 완구제조에 종사하면서 형기를 보냈다. 이들의 서대문감옥 생활은 고통의 나날이었다. 20평 남짓한 감방에 90명씩이 수용되어 견디기 어려웠다. 특히 여름이나 겨울철에는 더위와 혹한으로 이중삼중의 고통이 따랐다. 콩밥 한 덩어리로 허기를 채우며 중노동을 견디기는 참으로 어려웠다.

대동단원 중 최초로 순국한 이는 정남용이었다. 건봉사 승려 출신으로 대동단의 각종 문건과 격문을 집필했던 그는 마침내 27세를 일기로 1921년 4월 18일 서대문감옥에서 폐결핵으로 세상을 떠났다. 대동단을 이끌며 항일투쟁의 선봉에 섰던 전협은 오랜 옥고와 고문의 후유증인

소화불량과 관절염으로 더이상 수형생활이 어렵게 되었다. 1927년 7월 9일 당국은 만기 8개월을 앞두고 가출옥을 결정하였다. 서대문감옥에서 가출옥한 전협은 서소문에 있는 김택원 병원으로 옮겨 응급치료를 받았지만 이미 때를 놓쳐 7월 11일 52세의 나이에 운명하였다.

김가진은 상해 법조계(法租界)의 셋방에서 1922년 7월 4일 파란 많은 삶을 마감했다. 당대의 재사로서 판사·법부대신, 농상공부대신이었으며, 한 때는 일본으로부터 작위를 받아 친일파의 오명을 썼으나, 지난날을 뉘우치고 대동단을 이끈데 이어 임시정부에 가담한 지 2년 반만에 극심한 기한과 병고 속에서 타계한 것이다. 당시 그의 나이 77살이었다.[35]

대동단은 3·1운동의 민족대표가 종교계로만 구성되었기 때문에 전 민족의 광범위한 참여를 이끌어내지 못하였다고 판단하여 전 민족, 전 계급을 망라한 조직체를 구상한 것이다. 따라서 기존에 조직되어 있던 각 단체를 묶어 이를 대동통일한 단체를 계획하였다. 기존의 단체를 황족(凰族), 진신단(縉紳團), 유림단(儒林團), 종교단(宗敎團), 교육단(敎育團), 청년단(靑年團), 군인단(軍人團), 상공단(商工團), 노동단(勞動團), 부인단(婦人團), 지방구역 등 11개 지단으로 구획하여 이를 통일하려는 계획이었다. 그러나 실질적으로 결성된 조직은 상공단, 청년단, 유림단, 진신단 등이었고 양정, 나창헌, 정남용, 곽종석, 이내수, 김가진 등이 각 단의 책임을 맡았다. 또한 국내라는 현실적인 여건으로 인해 활동은 조직의 결성을 주도한 소수 지도부에 의해 이끌어졌다. 총재 김가진, 서무(총무) 전협, 출판 최익환, 정남용, 재무 권태석 등이었다. 지단으로는

<hr>

35) 김이조,「대동단(大同團) 총재 김가진(金嘉鎭, 前판사)과 대동단 사건」,『대한변협신문』, 2002.1.17.

의병 출신의 임응철(林應喆)이 전라북도 지단을 결성하여 군자금 모집 등의 활동을 전개하였다.[36]

대동단은 주도인물이 일진회(一進會) 출신이란 점과 사회각층의 인사들을 대상으로 한 범국민적 단체를 목표로 했다는 점에서 독특한 단체였다. 또 활동면에서도 임시정부에 대한 지원보다는 독자적 성격이 짙은 단체였다. 처음에 전협·최익환 등은 사회 각층을 황족(皇族)·진신(縉紳)·유림(儒林)·종교(宗敎)·교육(敎育)·상공(商工)·노동(勞動)·청년(靑年)·군인(軍人)·부인(婦人)·지역구역(地域區域)의 11개 단(團)으로 분류하고 이들 사회각층의 인사들을 포섭한다는 원대한 계획을 세웠다. 그리고 일단 단원포섭이 가능할 것으로 판단되는 진신·유림·상공·청년의 4개 단을 중심으로 조직을 세우고자 했다. 그리하여 진신·유림단의 포섭은 구한말에 참판을 지낸 김찬규(金燦奎)가 추진했고, 상공단은 보부상 출신의 양정이 보부상을 상대로, 청년단은 휘문의숙 출신의 불교승려 정남용(鄭南用)이 각기 맡아 단원포섭에 나섰다. 그러나 이들의 계획은 대상인사들의 미온적 반응 속에 당초의 목표에는 크게 못미친 채, 김가진을 영입하여 총재로 추대하고 친분관계의 인사들을 규합하는 정도에서 머물렀다.[37]

대동단에 참여했던 인물들의 경력이나 직업·연령·종교 등은 다양한 양상을 보이고 있다. 일진회 등 친일 경력을 가진 인사가 있는가 하면 의병(義兵) 출신의 인사나 열혈청년의 참가도 있었다. 때문에 이들 구성원의 면모를 통해 대동단의 특징을 살펴볼 수 있다.

---

36) 대동단에 대한 연구는 다음의 연구 등을 참조하였다. 신복룡, 『대동단실기』, 양영각, 1982(선인, 2003); 張錫興, 「朝鮮民族大同團硏究」, 『한국독립운동사연구』 제3집, 1989; 李賢周, 『한국 사회주의 세력의 형성:1919~1923』, 일조각, 2003; 신복룡, 『애국지사 최익환(崔益煥)』, 선인, 2003.

37) 국사편찬위원회, 『한민족독립운동사』 8권(3·1운동 이후의 민족운동), 1990 참조.

먼저 김가진은 잘 알려진 바와 같이 구한말의 대관(大官)으로 1877년에 문과(文科)급제 이래 1891년 주일공사(駐日公使), 1895년 농상공부대신(農商工部大臣), 1900년 중추원의장(中樞院議長), 1902년 궁내부특진관(宮內府特進官), 1907년 규장각제학(奎章閣提學) 등 관직의 요로를 두루 거친 인사였다. 또 그는 온건개화론자로서 일찍이 독립협회의 주요 회원으로 활동한 바 있다. 1907년 이후 대한협회(大韓協會) 회장으로 있으면서 대한협회와 일진회(一進會)의 연합을 추진하기도 했고 일제로부터 남작(男爵)을 수여받기도 했다. 그러나 그 뒤 자숙의 세월을 보내다가 3·1운동 직후 대동단이 결성되자 총재를 맡았고, 대동단 본부의 상해(上海) 이전 계획에 의해 1919년 10월 상해로 망명한 뒤 그곳에서 대동단의 재건에 힘쓰던 중 1922년 7월에 사망했다.

대동단의 실질적 대표였던 전협(全協)은 1904년 일진회에 가입, 평의원·총무원·전북지부(全北支部) 회장을 차례로 역임함으로써 친일행적을 남긴 인사였다. 1907년 이후 부평군수(富平郡守)로 있으면서 자신의 과오를 반성하여 1909년에 관직을 버리고 만주로 망명했으며, 독립운동에 투신할 기회를 엿보다가 1918년에 제1차 세계대전이 종결되고 세계정세가 변화되는 속에서 독립의 기운이 고조되자 그의 결행을 위해 국내로 들어와 대동단을 결성했다. 그는 대동단 발각 이후 옥고를 치르다가 1927년 7월에 순국했다.

최익환은 일진회계열의 광무일어학교(光武日語學校) 출신으로, 전협과는 이때부터 일진회를 통해 친교를 맺었다. 1907년 이후 재무주사(財務主事) 등의 관리로 있으면서 1909년에 전협과 함께 망명을 꾀하다가 망명자금을 마련하기 위해 공금을 사취한 것이 발각되어 징역 7년형을 받고 1915년에 출옥했다. 전협과는 1918년 가을부터 서울에서 함께 기거하면서 정세변동을 주시하는 한편 독립방안을 강구하다가 대동단을 결성했다. 그런데 자금을 모집하던 중 1919년 5월에 피체되어 옥고를 치렀으며, 출옥 후에는 1925년에 권태석(權泰錫)과 함께 서울계 조선공산당(朝鮮共産黨)에 가입했고 이어 민흥회(民興會)와 신간회(新幹會)에 참여했다.

김찬규는 구한말 참판을 지낸 인사로서 결성 초기의 조직확대에 힘을 쏟다가, 1919년 5월 대동단의 1차 발각 때 잠적한 뒤 만주의 의용단(義勇團)과 연결되어 주로 경상도지역에서 군자금 모집활동을 펴다가 옥고를 치렀다. 정두화(鄭斗和)는 일제로부터 '남작' 수여자인 정주영(鄭周永)의 아들이고, 구한말에 참서관(參書官)을 지냈으며 대동단 가입 무렵에는 호서은행(湖西銀行)의 이사로 있었다. 그는 동단의 주요 자금책으로서 상당한 액수의 자금을 조달했는데, 일경의 수사기록상으로도 1만 원이 넘는 거액을 제공한 것으로 되어 있다. 또 그는 이 같은 경제력을 바탕으로 해외 지사 신규식(申圭植)에게 자금을 지원하면서 신규식을 대동단과 연결시키는데 힘을 썼다.

이능우(李能雨)는 구한말 경무국 주사와 내무부 번역관 등을 지내고 경술국치를 당해서는 일제로부터 '한일병합기념장(日韓倂合紀念章)'을 받는 한편 조선총독부 기관지『매일신보(每日申報)』기자를 지냈던 친일경력의 인사였다. 그는 최익환과의 친교를 통해 동단 결성 초기부터 참여하다가 1차 발각 때 최익환과 함께 피체되어 옥고를 치렀다.

양정은 보부상 출신으로 전협이 부평군수로 있을 때부터 친교를 맺어온 인연으로 동단에 가입하였고 보부상을 중심한 상공단(商工團) 설치에 주력했다.

정남용은 강원도 고성(高城)의 건봉사(乾鳳寺) 승려로 있다가 1914년 이후 서울의 휘문의숙과 중앙불교포교당에서 수학했으며, 1919년 5월 최익환의 피체 이후 그 후임으로 동단의 선전활동을 주도하는 한편 송세호(宋世浩)·나창헌(羅昌憲) 등을 동지로 포섭하면서 조직 확대에도 크게 활약했다. 그는 대동단 발각 이후 옥고를 치르던 중 1921년 4월에 순국했다.

동창률(董昌律)은 일진회 평의원 및 경무위원장(警務委員長) 등을 지낸 친일 경력자였다. 전협과의 친분으로 동단 가입 후 주로 지방조직 설치에 노력했으나 그 뒤 그의 변절이 자료를 통해 확인된다.

권태석은 구한말 규장각(奎章閣) 부제학(副提學)을 지낸 권중은(權重殷)의 아들로 중학수업을 마친 뒤 보부상 일에 관여하다가 1916년부터 최익환과 친교를 맺고 동단에 참가하여 자금을 지원했다. 대동단의 일로 옥고를 치른 이후 그는 최익환과 함께 서울계 조선공산당·민흥회·신간회 등에서 활동했다.

윤용주(尹龍周)는 의병(義兵) 출신 인사로서 동단결성 초기부터 참가하는 한편 국민대회(國民大會)에도 관계하다가 '국민대회 사건'으로 1919년 4월 피체되었는데, 동년 8월 출옥 후 재차 대동단에 가담했다. 그는 의병 출신의 임응철(林應喆)을 포섭하여 동단의 전라북도 지단 설치에 앞장 섰다.

이신애(李信愛)는 개성(開城)의 호수돈여학교와 원산(元山)의 성경여학교 출신의 기독교 전도사로서 3·1운동 때 만세시위에 참여했으며 혈성단애국부인회(血誠團愛國婦人會)에도 관계하는 한편 동단이 주도·계획한 '제2회 독립만세시위'를 적극 추진했던 열혈여성이다.

민강(閔橿)은 1909년 대동청년당(大東靑年黨)에 참가한 이래 구국교육운동에 투신하다가 3·1운동 때에는 국민대회 개최를 주도하였다. 이 일로 옥고를 치르고 동년 8월에 출옥한 뒤, 그는 자신이 경영하던 동화약방(同和藥房)을 대동단의 연락거점으로 제공하는 한편 '제2회독립만세시위'를 위해 배재고보 교사인 강매(姜邁)와 함께 학생청년단체들에 대한 동원책임을 맡고 이를 추진했다. 그는 '대동단 사건'으로 다시 옥고를 치른 뒤 상해(上海)로 넘어가 활동했다.

나창헌은 경성의학전문학교 학생으로 3·1운동 때 만세시위를 주도하다가 일경에 피체되었으며, 동년 8월에 출옥한 직후 정남용의 권유로 동단에 가입하여 조직 확대와 동단 주도의 만세시위를 주도했다. 그는 한편으로 대한민국청년외교단에도 관계하면서 당시 서울에 존재하던 독립운동단체들의 연합을 적극 추진했다. 대동단 발각 후에는 상해로 넘어가 신의주(新義州)에 지단을 설치하는 등 김가진과 함께 대동단의 재건에 힘을 쏟았다.

임응철은 의병장 임병찬(林炳瓚)의 아들이고, 구한말에 승정원 비서승(秘書丞)을 지냈다. 임병찬을 좇아 일찌기 의병에 참여했던 그는 1913년 대한독립의군부(大韓獨立義軍府) 결성 때 서울에 올라와 광무황제(光武皇帝: 高宗)의 밀칙을 받아오는 등 의병거의에 큰 활약을 했다. 그는 1919년 9월 윤용주의 권유로 동단에 가입한 뒤 전라북도 지단장으로 활동했다.

이상에서 보듯이 초기 구성원 가운데에는 구한말 관리·일진회·보부상 출신 인사들이 주축을 이루었다. 조직이 확대되면서 청년단원의 증가와 함께 구성원의 성격이 보다 다양해지지만 여전히 이들은 동단의 주도층이었다. 그리고 주도인사 중 상당수가 과거 친일경력을 지니고 있음이 주목된다. 이에 대해서는 한때 반민족적 과오를 보였던 이들이 동단의 성립을 통해 과거를 반성하고 민족양심을 회복함으로써 독립운동 대열에 합류한다는 점에서 그 의미를 찾을 수 있을 것이다. 그렇지만 위에서 보이는 바와 같이 이후의 이들의 행로는 각기 달랐다. 전협(全協)처럼 옥중 순국으로 구국의 뜻을 다했는가 하면 동창률같이 다시 변절의 길을 간 경우도 있었다. 때문에 이들에 대한 평가 역시 같을 수 없다고 하겠다.

한편 동단 구성원의 연령별 분포를 보면 20대 청년에서부터 70대 노인에 이르기까지 다양하다. 그리고 이들의 직업도 교사·전도사·불교승려·은행가·무역상·미곡상·학생·직공 등 각색이다. 또 교육정도도 무학(無學)에서부터 중등과정 이상의 고학력까지 다양하고, 이들의 사회경제적 처지도 노동자 등의 하층에서부터 상층에 이르기까지 다양하다.

그런 점에서 구성원의 성격이 다양한 것은 사실이지만, 그에 상응할 만큼 조직 기반의 폭이 넓었던 것은 아니다. 구성원 가운데에는 단순가입자나 비활동단원이 적지 않았고, 조직도 전라북도지단 등 일부를 제외하고는 서울을 중심한 것에 불과했다. 그리고 중심단원의 경우, 일정 수준의 교육을 받고 사회경제적 처지 역시 중산층이 주류를 이루었다. 이렇게 볼 때 대동단은 전민족 사회각층의 대동단결을 표방했던 것과 달리 그의 조직을 대중적 차원으로 발전시키지 못했을 뿐 아니라 사회 명망가나 특정인사들의 한정된 조직에 머물렀다고 하겠다.

대동단의 활동은 독립의식의 고양을 목적한 선전활동과 3·1운동과 같은 방법으로 거행하려 한 '제2회 독립만세시위'를 통해 특징지워 진다. 대동단은 결성 초기부터 각종의 선전물을 인쇄·배포했다. 동단의 성립을 대외에 천명한 「선언서」와 조직체계를 규정한 「기관」「임시규칙」 등을 비롯해 파리강화회의와 윌슨 미국대통령 앞으로 각기 작성한 「진정서」 그리고 민족각성을 촉구하는 「경고문」「등교학생 제군에게」와 「일본국민에게 고함」 등이 그것인데 이들 문서는 모두 대동단의 이름으로 발행되었다. 또 1919년 8월에는 기관지 『대동신보(大同新報)』를 발행했다.

그리하여 겉으로는 다량의 인쇄물을 배포함으로써 선전활동이 활발

했던 듯하지만, 이들 문서의 내용을 살피면 대동단의 현실과는 유리된 점이 많았다. 즉 조직 기구를 밝힌 「기관」·「임시규칙」에 의하면 대동단이 흡사 정부적 차원의 조직을 구성한 것같이 보이는데, 이는 어디까지나 문서에 의한 것일 뿐 실행적 의미를 지니는 것은 아니었다. 그리고 「진정서」 역시 실제 보낼 목적에 의해 작성되기보다는 독립운동계의 일반적 동향이 파리강화회의에 쏠려 각처에서 대표와 진정서를 보내던 추세에 따라 명분과 선전용으로 작성된 것이었다. 때문에 이들 문서의 대부분은 실천성이 결여된 채 대동단의 존재를 알리는 전단(傳單)에 불과한 것이었다.

어쨌든 대동단은 이러한 선전물의 배포와 함께 1919년 5월에 조직의 일부가 발각됨으로써 세상에 널리 알려지게 되었다. 이로서 일제의 포위망이 압축되고, 그에 따른 국내활동이 제약을 받게 되자 전협 등은 동단의 본부를 상해로 이전하기로 결심하고 제1단계로 10월 10일에 총재 김가진의 상해망명을 단행했다.

이어 대동단에서는 제2단계로 의친왕을 포섭하여 그의 상해망명을 추진하는 한편 본부의 상해이전과 때를 맞추어 대대적인 만세시위를 계획했다. 비록 망국의 왕자로 전락된 의친왕이었지만 그의 망명이 이루어진다면 당시 민족사회에 파급될 영향은 큰 것이었다. 이러한 계산 위에서 대동단 인사들은 그 효과를 더하기 위해 일제의 소위 '천장절(天長節)'인 10월 31일을 기해 서울의 독립운동단체들을 연합하여 만세시위를 거행하기로 계획을 세웠던 것이다. 또 이같은 만세시위의 계획과정에서 이들은 대동단 주도의 독자적인 「선언서」와 33인의 '민족대표'를 선정하고, 시위방법과 절차에 있어서도 3·1운동의 방식을 그대로 답습하면서, 3·1운동의 열기를 재현시키고자 했다. 그리하여 이름도 '제2회 독립만세시위'로 붙여 추진했다. 즉, 대동단은 김가진에 이어 제2단계로 의친왕의 상해망명을 성사시킨 후 '제2회 독립만세시위'와 함께 그의 명분과 입장을 살려 근거지를 상해로 옮기려 했던 것이다.

그런데 이와 같은 구도 아래 11월 10일에 결행한 의친왕의 상해망명이 일경에 도중 탐지되어 만주 안동(安東)까지 탈출했던 의친왕 일행이 붙잡히게 됨으로 인하여 대동단 본부의 상해 이전과 '제2회 독립만세시위'는 계획대로 실행될 수 없었고, 이로써 대동단의 조직도 파괴당하고 말았다. 이후 1920년 3월 상해에서 김가진·나창헌 등이 대동단본부(大同團本部)를 재건하여 무장투쟁으로의 전환을 표명하며 선전활동을 펴기도 했으나 역시 전단적 수준에 그칠 정도였다.

위와 같이 볼 때 대동단의 활동에는 실천적 의지의 발로보다는 공명(功名) 의식이 앞선 듯한 면모가 적지 않았다. 그런 점에서 조직활동상 일정한 한계를 지닌다고 할 수 있겠으나, 대동단의 성립은 과거의 친일적 인사들이 민족적 반성을 거친 후 독립운동대열에 합류함으로써 독립에의 열망이 전민족의 의지임을 천명했다는 점에서 역사적 의미를 갖는 것이다.

또 이 대동단 사건에 대한 1심판결문의 법률적용을 살펴보면 다음과 같다.

피고 최익환, 권태석의 판시 제1의 소위는 다이쇼 8년 제령 제7호 제1조 제1항[38])에 해당하고 징역형을 선택하고, 피고 최익환의 판시 제1의 1, 2의 불온문서 저작한 점은 출판법 제11조 제1항 제1호,[39]) 조선형

---

38) 「정치에관한범죄처벌의건」 [시행 1919.4.15] [조선총독부제령 제7호, 1919.4.15, 제정]의 전문은 다음과 같다. "제1조 ①정치의 변혁을 목적으로 하여 다수공동으로 안녕질서를 방해하거나 방해하고자 하는 자는 10년 이하의 징역 또는 금고에 처한다. 다만 형법 제2편제2장의 규정에 해당하는 때에는 이 영을 적용하지 아니한다."

39) 출판법 제11조 1항은 다음과 같다. "허가를 得치 아니하고 출판한 저작자, 발행자는 左의 구별에 의하여 처단함. 1항 國交를 저해하거나 정체를 變壞하거나 國憲을 紊

사령 제42조,[40] 형법 제55조[41])에 해당하고, 피고 최익환의 동 1, 2의 불온문서 인쇄 및 피고 권태석의 동 2의 불온문서 인쇄한 점은 출판법 제11조 제2항[42] 제1항 제1호, 조선형사령 제42조, 형법 제55조에 해당하고 위 피고 최익환의 저작과 인쇄와의 사이에는 수단 결과의 관계에 있으므로 형법 제54조 제1항 후단,[43] 제10조[44]에 의해 가장 무거운 인쇄의 죄에 과할 형에 따르고 위 피고 두 명의 출판법 위반과 제령 제7호의 위반과는 한 개의 행위로 여러 개의 죄명에 저촉되는 것이기 때문에, 형법 제54조 제1항 전단, 제10조에 의해 가장 무거운 제령 제7호 위반의 죄에 과할 형에 따르고, 또 피고 최익환은 재범이므로 형법 제56조 제1항, 제57조, 제14조[45])에 의해 가중을 한다.

피고 전협의 판시 제1, 제2, 피고 정남용, 양정, 이건호, 장현식, 윤용주, 동창률, 박형남, 권헌복, 이재호, 한기동, 이을규, 이신애, 정규식, 박

---

亂하는 문서 도서를 출판한 時는 3년 이하의 役刑."

[40] [시행 1924.1.1] [조선충독부제령 제14호, 1922.12.7, 일부개정] 조선형사령 제42조 "이 영 시행 후 효력을 가지는 구 한국법규의 형은 다음 예에 따라 이 영의 형명으로 변경한다. 다만, 형의 기간 또는 금액은 그러하지 아니하다. 구한국법규의 형 이 영의 형 사형 사형, 종신역형 무기징역, 종신유형 무기금고, 15년 이하의 역형 유기징역, 15년 이하의 유형 또는 금옥 유기금고, 벌금 벌금, 구류 구류, 과료 과료, 몰입 몰수, 태형 20일 이하의 구류 또는 과료."

[41] 형법 제55조 "연속한 수개의 행위로 동일 죄명에 觸할 때는 一罪로서 이를 처단한다."라고 규정되어 있다.

[42] 출판법 제11조 2항은 다음과 같다. "외교와 군사의 기밀에 관한 문서 도서를 출판한 時는 2년 이하의 役刑."

[43] 형법 제54조 "1개의 행위로 수개의 죄명에 觸하고 또는 범죄의 수단 또는 결과된 타의 죄명에 觸한 때는 그 最重한 형으로써 처단함."

[44] 형법 제10조 "主刑의 경중은 전조 기재의 순서에 의한다. 단, 무기금고와 유기징역은 금고로서 중함으로 하고 유기금고의 장기가 유기징역의 장기의 2배를 넘을 때는 금고로서 重함으로 한다." 형법 제9조 "사형, 징역, 금고, 벌금, 구류 및 과료를 主刑으로 하고 몰수를 부가형으로 한다."

[45] 형법 제14조 "유기의 징역 또는 금고를 가중하는 경우에서는 20년에 至함을 得함. 차를 감경하는 경우에서는 1월 이하에 降함을 得함."

정선, 이정, 김상열, 김익하, 이종춘, 박원식, 안교일, 정희종, 전대진, 박용주, 김종진의 판시 제2, 피고 윤종석, 전필순의 판시 제3, 피고 유경근, 조종환의 판시 제4의 정치 변혁을 목적으로 한 안녕 질서의 방해, 혹은 방해하려고 한 소위는 모두 다이쇼 8년 4월 제령 제7호 제1조 제1항에, 피고 송세호의 판시 제2, 제3의 동 소위는 전과 동일한 제령의 법조 및 형법 제55조에, 피고 민강의 판시 제2의 동 소위는 전과 동일한 제령의 법조 및 형법 제62조 제1항, 제55조에 각 해당하고 모두 징역형을 선택한다.

피고 민강에 대해서는 또한 형법 제63조, 제68조 제3호를 적용하여 감경하고, 피고 전협의 판시 제1의 1, 2, 피고 전협, 정남용의 동 제2의 5, 6, 피고 전협, 정남용, 양정, 한기동, 이신애, 박정선, 정규식, 이정, 김상열, 김익하, 이종춘의 동 9의 각 불온문서 저작의 점은 출판법 제11조 제1항 제1호, 조선형사령 제42조에 해당하고, 피고 전협, 정남용에 대해서는 형법 제55조도 적용해야 한다. 피고 정남용의 판시 제2의 5, 피고 이신애, 정규식, 박원식, 안교일, 정희종의 동 9의 불온문서 인쇄한 점은 출판법 제11조 제2항 제1항 제1호, 조선형사령 제42조에 해당한다.

피고 정남용, 동창률, 권헌복의 판시 제2의 5, 피고 정남용, 박형남의 동6, 피고 안교일, 정희종, 전대진, 박용주의 동 9의 불온문서 반포한 점은 출판법 제11조 제1항 제1호, 조선형사령 제42조에 해당한다.

피고 정남용에 대해서는 또한 형법 제55조도 적용해야 한다. 피고 정남용의 저작, 인쇄, 반포, 피고 이신애, 정규식의 저작, 인쇄, 피고 안교일, 정희종의 인쇄, 반포와의 사이에는 모두 수단결과의 관계에 있으므로 형법 제54조 제1항 후단, 제10조에 의해 피고 정남용에 대해서는 가장 무거운 반포, 피고 이신애, 정규식에 대해서는 가장 무거운 인쇄, 피고 안교일, 정희종에 대해서는 가장 무거운 반포의 죄에 가할 형에 따르고, 이상 피고 전협, 정남용, 동창률, 권헌복, 박형남, 양정, 한기동, 이신애, 박정선, 정규식, 이정, 검상열, 김익하, 이종춘, 박원식, 안교일, 정희종, 전대진, 박용주의 출판법 위반과 제령 제7호 위반과는 모두 한 개의 소위로 여러 개의 죄명에 저촉되는 것이기 때문에 형법 제54조 제1항 전단, 제10조에 의해 가장 무거운 제령 제7호 위반의 죄에 과할 형에 따르고, 피고 전협, 정남용, 이재호, 한기동 동창률의 판시 제2의 8의 제국 밖으로 이송할 목적으로 이강을 유괴한 점은 각 형법 제226조[46] 제1항에 해당하고, 동 피고 등의 이강 및 정운복에 대한 협박한 점은 각 동법 제222조 제1항,[47] 제55조에 해당하고 징역형을 선택해야 한다.

위와 같이 체포, 감금한 점은 각 동법 제220조 제1항, 제55조에 해당하고, 피고 송세호, 이을규의 이강을 제국 밖으로 이송한 점은 동법 제226조 제2항 제1항에 해당하고, 피고 전협, 이재호는 모두 재범이므로 형법 제56조 제1항, 제57조 및 유괴죄에 대해서는 동법 제14조도 적용하고 각 죄에 대해 가중을 하고 피고 전협, 정남용, 이재호, 한기동, 동창률, 송세호, 이을규는 모두 수죄 병합이므로 각 형법 제45조, 제47조, 제10조, 제14조에 의해 가장 무거운 유괴죄에 대해 법정의 가중을 하고, 피고 이능우의 판시 제5의 사기한 소위는 형법 제246조 제1항에 해당하고, 피고 김영철의 판시 제6의 소위에 대해서는 범죄 후의 법령으로 인해 형의 변경이 있었으므로 형법 제6조, 제10조에 의해 신·구법을 비교, 대조함에 구법에 의하면 보안법 제7조, 조선형사령 제42조, 형법 제55조, 신법에 의하면 다이쇼 8년 4월 제령 제7호 제1조 제1항, 형법 제55조에 각 해당하고,

---

46) 형법 제226조 "帝國 外에 이송하는 목적으로써 人을 略取 또는 誘拐한 자는 2년 이상의 유기징역에 처함. 제국외에 이송하는 목적으로서 인을 賣買하고 또는 피유괴자 혹은 被賣子를 제국외에 이송한 자 역시 동일하다."

47) 형법 제222조 "생명, 신체, 자유, 명예 또는 재산에 대하여 가히 해를 가할 事로써 人을 협박한 자는 1년 이하의 징역 또는 백 원 이하의 벌금에 처함."

구법의 형이 가벼우므로 이를 적용하고, 징역형을 선택해야 한다.

이상의 소정 범위 내에서 각 피고에 대해 각각 형을 양정(量定)하고 피고 장현식, 김영철을 제외한 그 외 각 피고에 대해 미결구류 일수의 일부를 본 형에 산입함이 타당하다고 인정하고 형법 제21조를 적용하고, 피고 김익하, 이종춘, 김영철, 김종진에 대해서는 그 정상(情狀)에 따라 형법 제25조, 형법 시행법 제54조를 적용하고 상당 기간 각 그 형의 집행을 유예해야 한다.

압수물건 중 다이쇼 8년 령(領) 제690호의 21, 22, 23, 24, 25, 27, 29, 30의 각 인쇄물, 동호의 2-13, 16, 17, 19, 20, 26, 28, 31-34, 36, 37의 인쇄기, 그 부속품, 인쇄재료, 원지류, 대정 8년 령(領)제1210호의 2, 동 령(領) 제1387호의 13, 다이쇼 9년 령(領) 제23호의 1의 각 인쇄물, 대정 8년 령(領) 제1387호의 10, 11의 기 2개는 형법 제19조에 따라 이를 몰수해야 한다. 기타는 몰수에 관계되지 않으므로 형사소송법 제202조에 따라 처분해야 한다.

공소 재판비용은 전부 판시 제5의 사실에 관해 증인에게 지급한 것이기 때문에 동법 제201조 제1항을 적용하고 전부 피고 이능우에게 부담시키기로 한다. 본 건 공소 사실 중 피고 양정이 판시 제2의 8 이강 유괴, 동인 및 정운복 협박, 동체포, 감금에 가담했다는 점 및 피고 노준이 판시 제4의 유경근 등을 설시하여 노령에 건너가 군사가 되게 한 점은 모두 이를 인정할만한 증빙이 충분하지 않으므로 형사소송법 제236조, 제224조에 따라 피고 양정에 대해서는 전게 및 피고 노준에 대해 각 무죄의 언도를 하기로 한다.

피고 송세호는 스스로 이 판결의 송달을 받고 혹은 판결 집행에 따라 형의 언도가 있음을 안 날로부터 3일 내에 이의신청을 할 수 있다.

# 2

# 치안유지법 위반사건

## 1) 정재달 외 4인 예심종결결정
### 정재달·이재복 판결문
### (1925년 형 제830호, 正14年刑公第830號, 京城地方法院)

이 문서는 정재달(鄭在達, 31세)과 이재복(李載馥, 38세)에 대한 '고려 공산당 창당준비위원회 사건'에 대한 경성지방법원의 예심종결서와 경성지방법원 형사부의 판결문이다. 그 내용은 다음과 같다.

본적 충청북도 진천군 진천면 읍내리
주거 경성부 창신동 120번지
당시 서대문 형무소 재감
피고 정재달, 무직, 31세

본적 불상
주거 露國 浦塩斯德 신한촌
당시 서대문 형무소 재감
피고 이재복, 신문기자, 38세

본적 함경남도 홍원군 州翼面 倉垈里
주거 경성부 제동(齊洞) 45번지
피고 이봉수(李鳳洙), 신문기자, 34세

본적 충청북도 청주군 낭성면 궁정리

주거 경성부 익선동 28번지

피고 신백우, 신문기자, 39세


본적 함경남도 함흥군 주서면 상동

주거 경성부 견지동 88번지

피고 원우관, 무직, 38세


위 자에 대한 다이쇼 8년(1919년) 제령 제7호 위반 피고사건에 대해 예심을 마치고 다음과

같이 결정한다.


## 주문


본 건에 대해 피고 정재달(鄭在達), 이재복(李載馥)을 경성지방법원 합의부의 공판에 부친다.

피고 이봉수(李鳳洙), 신백우(申伯雨), 원우관(元友觀)을 면소(免訴)한다.


## 이유


피고 정재달, 이재복은 모두 공산주의 선전으로 조선에서 정치의 변혁을 기도(企圖)하여,


피고 정재달은 다이쇼 11년(1922년) 9월경 동 주의(主義)의 연구 및 동지규합의 목적으로 러시아로 들어가 재로 조선인 주의자(主義者)의

수령 이동휘(李東輝), 한명서(韓明瑞)[48] 등과 함께 모스크바 제3 국제공산당대회의 내의(內意)를 받아 조선인 주의자(主義者)를 통일하여 조선을 적화할 목적으로 고려공산당(高麗共産黨)을 조직하여 그 본부를 포렴(浦鹽, 블라디보스토크)에 두고 국제공산당 대표자 우이친스키[49]의 감독 아래 위원이 되어, 오로지 조선인 주의자(主義者) 사이에 재래의 당파적 감정을 타파하여 이를 통일하려 노력하였다. 그 수단으로서 먼저 러시아 거주 조선인 주의자(主義者)의 명부를 작성하고 이어서 조선 내 주의자(主義者)의 이름, 경력, 자산, 행동 등을 조사하기 위해 피고는 우이친스키의 뜻을 받아 다이쇼 12년(1923년) 5월 블라디보스토크를 출발하여 관헌의 눈을 속이기 위해 상해(上海), 고베(神戶), 부산을 경유하여 7월 상순 경성에 와서 다옥정(茶屋町) 이소홍(李小紅) 숭삼동 김찬(金燦)의 집에 머물렀다. 그 사이 여러 번 경성 거주 주의자 원우관(元友觀), 신백우(申伯雨), 이봉수(李鳳洙) 등과 회견을 거듭하여 조선 내 주의자(主義者)의 이름과 행동 등을 탐색하였다. 그 후 9월 블라디보스토크로 돌아왔는데 피고가 부재중에 이동휘(李東輝), 한명서(韓明瑞) 등

................................

48) 한명세(韓明世, 1885~?)는 한명서(韓明瑞), 韓안드레이, 아브라모비치 등으로 불렸다. 해주 니꼴리스끄·우수리스끄 뽀셰프 구역 지신허 마을에서 태어나 소학교를 마친 뒤, 장학생으로 까잔 신학교에 입학했다. 1921년 5월 이르쿠츠크에서 고려공산당 창립대회에 참가하여 중앙위원 겸 코민테른 파견 대표자로 선임되었다. 7월 코민테른 제3차 대회에 출석했다. 1922년 1월 모스크바에서 개최된 극동민족대회에 조선인 대표단의 일원으로 참가하고 레닌과 회견했다. 그해 초 조선 공산주의운동의 통일을 위해 코민테른 중앙집행위원회의 결정에 따라 조직된 고려공산당 임시중앙위원의 일원으로 지명되었다. 10월 베르흐네우진스크 고려공산당 연합대회에 출석했으나, 이르쿠츠크파 대의원들과 함께 집단 퇴장하여 치타에서 별도의 당대회를 개최했다. 치타 당대회에서 코민테른 파견 대표단의 일원으로 선출되어 12월 코민테른 제4차 대회에 출석했다. 1923년 1월 코민테른 동양부 꼬르뷰로(조선공산당 중앙총국) 위원으로 선임되어 1924년 초 꼬르뷰로가 해체될 때까지 이르쿠츠크파의 지도자로서 활동했다(강만길·성대경 편, 『한국사회주의운동인명사전』, 창비사, 1996 참조).
49) 보이친스키를 지칭.

사이에 내홍(內訌)이 발생했기 때문에 국제공산당 본부로부터 해산을 명령받았다. 그리고 다시 다이쇼 13년(1924년) 4월 국제공산당으로부터 조선인 주의자(主義者)들에 대하여 조선 내 적화를 목적으로 한 통일된 결사의 조직을 명받아 국제공산당 대표자 인데르손[50]의 감독 아래 위 목적을 가진 결사 고려공산당의 조직에 착수하여 러시아, 중국, 조선에 살고 있는 조선인 공산주의자의 대표자를 소집하여 준비대회를 블라디보스토크에서 개최하기로 하고, 러시아 대표자로서 남만춘(南萬春), 이형운(李亨運), 중국 대표자로서 김철훈(金哲勳), 박응칠(朴應七), 조선대표자로서 이봉수, 신백우, 김약수(金若水)를 선정하고 소집하였는데, 러시아 및 중국 지역의 대표자는 이에 응하여 참여하였으나 조선 대표자만 참석하지 않았기 때문에 피고는 대표 파견 독촉의 중요한 임무를 띠고 동년 6월 15일 블라디보스토크를 출발하여 동월 24일 경성에 와서 고양군(高陽郡) 숭인면 성북동 신성녀(申姓女) 경성부(京城府) 창신동 박흥빈(朴興彬) 동소 이용상(李用庠)의 집에 잠복하고, 김약수, 이봉수, 신백우 등과 회합하여 조속히 조선 대표로서 블라디보스토크의 준비대회에 출석할 것을 권유하고 설득하였는데 동인 등의 승낙을 얻지 못하던 중에 일이 발각되어 인치(引致)되었다.

피고 이재복은 다이쇼 9년(1920년) 말경 노령 옴스크에서 발간하는 주간신문 효종사(曉鐘社)에 입사하여 조선인 공산당원 이인섭(李仁燮), 안경억(安京億), 이구름 등과 협력하여 러시아 공산당의 보조를 받아 '효종(曉鐘)'이라는 주간신문을 발행하여 러시아에 있는 조선인 사이에 공산주의의 선전을 하고 있었는데, 다이쇼 13년(1924년) 여름경 러시아

---

50) 이델손(Идельсон)으로 코민테른집행위원회 산하 원동부의 조선 문제 책임자였다. 그는 보이친스키의 후임으로 블라디보스토크 원동부에 부임하였다(전명혁, 『1920년대 한국사회주의운동연구』, 선인, 2006, 203~204쪽).

이르쿠츠크로 해(該) 신문사를 이전하여 '경세종(警世鐘)'이라고 제목을 고쳐서, 김철훈(金哲勳), 한규선(韓奎善), 남만춘(南萬春) 등과 협력하여 위와 동일한 선전을 하고 있었다.

다이쇼 10년(1921년) 5월경 재외 조선인 등에 대한 공산주의 선전을 위해 러시아 거주 조선인 공산주의대회를 남만춘, 한규선, 김철훈 등과 협력하여 이르쿠츠크에서 개최하고 안병찬(安秉瓚), 한명서, 조도선(趙道善), 김춘선(金春善) 등 그밖에 여러 명과 회합하여 공산주의의 실행, 선전 등에 대해 협의를 마치고, 피고는 안병찬, 남만춘, 한규선 등과 함께 집행위원이 되어 북경으로 향하여 동소(同所)를 중심으로 중국 거주 조선인에게 공산주의의 선전을 하게 되어, 안병찬과 함께 북경으로 향했지만 내홍(內訌) 등으로 그 목적을 완수하지 못하고 되돌아왔다. 다이쇼 11년(1922년) 8월 이후 블라디보스토크에서 발행하는 공산당 기관지 선봉사(先鋒社)의 편집주임이 되어 동 주의(主義)의 선전에 종사하는 한편 정재달(鄭在達) 등과 함께 인데르손[이델손] 산하에 있는 위 고려공산당 조직에 관여하고 있었는데, 다이쇼 13년(1924년) 6월 전항(前項)기재와 같이 정재달이 준비대회 대표파견 독촉의 중요한 임무를 띠고 경성으로 출발한 채 수십 일이 경과했으나 아무런 소식이 없자 피고는 인데르손[이델손]의 명령을 받아 7월 9일 블라디보스토크를 출발하여 동월 23일경 경성에 와서 익선동 58-3 조동호(趙東祜)의 집에서 정재달과 만난 후 동인과 함께 창신동 박흥빈(朴興彬)의 집에서 잠복하여 머무르며 서로 협조하면서 경성에 있는 주의자(主義者) 이봉수, 김약수, 신백우 등과 회견하고 대표 파견의 필요를 설명하여 승낙시키려고 노력하고 있던 자로서, 모두 사유재산제도를 부인하는 것을 목적으로 한 고려공산당의 조직 실현에 관여하여 진췌(盡瘁)함으로써 안녕, 질서를 방해하려고 한 것이다.

이상의 사실은 이를 인정할 만한 범죄의 혐의가 충분하며, 피고 등의 소위는 다이쇼 8년(1919년) 제령 제7호 제1조, 치안유지법 제1조, 형법 제6조를 적용하여 처단해야 할 것으로 인정되므로 형사소송법 제312조에 따라 이를 공판에 부친다.

피고 이봉수, 원우관, 신백우가 위 범행에 함께 공동 가담했다는 공소 사실은 이를 공판에 부칠만한 혐의가 없음으로 형사소송법 제313조에 의해 면소하는 것으로 한다. 이에 주문과 같이 결정한다.

다음은 1925년 9월 12일 위 예심결정서에 대한 경성지방법원의 판결문의 내용이다.

본적 충청북도 진천군 진천면 읍내리
주거 경성부 창신동 120번지
정재달(田友, 무직, 31세)

본적 불명
주거 露國 浦塩斯德[블라디보스토크] 신한촌
이재복(李成, 신문기자, 38세)

위 두 명에 대한 다이쇼 8년 제령7호 위반 피고사건에 대해 당 법원은 조선총독부 검사 사토미(里見寬二)의 관여로 심리를 마치고 다음과 같이 판결한다.

## 주문

피고인 양(兩) 명을 각 징역 3년에 처한다.

## 이유

피고인 양(兩) 명은 모두 공산주의의 선전에 의한 조선에서의 정치의 변혁을 기도하여, 피고인 정재달은 다이쇼 11년(1922년) 9월경 공산주의 연구의 목적으로 러시아로 들어가 재러시아 조선인 공산주의자의 수령 이동휘(李東輝), 한명서(韓明瑞) 등과 함께 모스크바 제3 국제공산당대회의 내의(內意)를 받아 조선인 공산주의자를 통일하여 조선을 적화할 목적으로 고려공산당(高麗共産黨)을 조직하고 그 본부를 블라디보스토크에 두고 국제공산당 대표자 위친스키[보이친스키]의 감독 아래 위원이 되어, 오직 조선인 공산주의자 사이에 재래의 당파적 감정을 타파하여 이를 통일하려 노력하였다. 그 수단으로서 먼저 러시아 거주 조선인 공산주의자의 명부를 작성하고 이어서 조선 내 공산주의자의 이름, 경력, 자산, 행동 등을 조사하기 위해 피고는 위 위친스키의 뜻을 받아 다이쇼 12년 5월 블라디보스토크를 출발하여 상해(上海), 고베(神戸), 부산을 경유하여 7월 하순 경성에 와서 다옥정 이소홍(李小紅) 및 숭삼동 김찬(金燦)의 집에 머물렀다. 그 사이 여러 번 경성 거주 공산주의자 원우관(元友觀), 신백우(申伯雨), 이봉수(李鳳洙) 등과 회견을 거듭하여 조선 내 공산주의 단체의 활동상태 등을 탐색한 후 9월 블라디보스토크로 돌아왔다. 그런데 피고가 부재중에 이동휘(李東輝), 한명서(韓明瑞) 등 사이에 내홍(內訌)이 발생했기 때문에 국제공산당 본부로부터 해산을 명령받았다. 그리고 다시 다이쇼 13년 3월 국제공산당으로부터 조선인 공산주의자들에 대하여 조선 내 적화를 목적으로 한 통일된 결사의 조직을 명받아 국제공산당 대표자 인데르손[이델손]의 감독 아래 위 목적을 가진 결사 고려공산당의 조직에 착수하여 러시아, 중국, 조선에 살고 있는 조선인 공산주의자의 대표자를 소집하여 그 준비대회를 블라디보스토크에서 개최하기로 하고, 러시아 대표자로서 남만춘(南萬春), 이형운(李亨運), 중국 대표자로서 김철훈(金哲勳), 박응칠(朴應七), 조선대표자로서 이봉수, 신백우, 김약수(金若水)를 선정하고 소집하였는데, 조선 대표자만 참석하지 않았기 때문에 피고인은 대표자 파견 독촉의 중요한 임무를 띠고 동년 6월 15일경 블라디보스토크를 출발하여 동월 24일 경성에 와서 고양군(高陽郡) 숭인면 성북동 신성녀(申姓女), 경성부(京城府) 창신동 박흥빈(朴興彬) 및 이용상(李用庠)의 집에 잠복하고, 피고인 이재복과 협조하면서 김약수, 이봉수, 신백우 등과 회합하여 김약수 및 신백우에게 조속히 조선 대표자로서 전기 준비대회에 출석할 것을 권유하였으나 일이 발각되어 체포되었다.

피고인 이재복은 다이쇼 9년 말경 러시아 옴스크에서 발간하는 주간신문 효종사(曉鐘社)에 입사하여 이인섭(李仁燮), 안경억(安京億), 이구름 등과 협력하여 러시아 공산당의 보조를 받아 '효종(曉鐘)'이라는 제목으로 주간신문을 발행하여 러시아에 있는 조선인 사이에 공산주의의 선전을 하고 있었는데, 다시 다이쇼 13년 여름경 러시아 영토 이르쿠츠크로 위 신문사를 이전하여 '경세종(警世鐘)'이라고 제목을 고쳐서, 김철훈(金哲勳), 한규선(韓奎善), 남만춘(南萬春) 등과 협력하여 위와 동일한 선전을 하고 있었다. 다이쇼 10년(1921년) 5월경 재외 조선인 등에 대한 공산주의 선전을 위해 러시아 거주 조선인 공산주의자 대회를 위 3명과 협력하여 이르쿠츠크에서 개최하고 안병찬(安秉瓚), 한명서, 조도선(趙道善), 김춘선(金春善) 등 그밖에 여러 명과 회합하여 공산주의의 실행,

선전 등에 대해 협의를 마치고, 피고인은 안병찬, 남만춘, 한규선 등과 함께 집행위원이 되어 북경으로 향하여 동소를 중심으로 중국 거주 조선인에게 공산주의의 선전을 하게 되어, 안병찬과 함께 북경으로 향했지만 내홍(內訌) 등 때문에 그 목적을 완수하지 못하고 되돌아왔다. 다이쇼 11년 8월 이후 블라디보스토크에서 발행하는 공산당 기관지 선봉사(先鋒社)의 편집주임이 되어 동 주의(主義)의 선전에 종사하는 한편 전기 인데르손[이델손] 산하에 있는 전기 고려공산당 조직에 관여하고 있었는데, 다이쇼 13년 6월 전기와 같이 피고인 정재달이 준비대회의 대표자 파견의 독촉 때문에 경성에 간 채 수십 일이 경과했으나 아무런 소식이 없자 피고인은 인데르손[이델손]의 명령을 받아 7월 9일 블라디보스토크를 출발하여 동월 26, 27일경 경성에 와서 익선동 58번지-3 조동호(趙東祜)의 집에서 피고인 정재달과 만난 후 동인과 함께 창신동 박흥빈의 집에서 잠복하여 머무르며 서로 협조하면서 경성에 있는 공산주의자 이봉수, 김약수, 신백우 등과 회견하고 신백우에게 전기 대회에 출석할 것을 종용한 것으로, 모두 사유재산제도를 부인하는 것을 목적으로 한 고려공산당의 조직 실현에 관여하여 진췌(盡瘁)함으로써 안녕, 질서를 방해하려고 한 것이다.

증거를 살펴보건대, 피고인 정재달이 판시 일시, 판시 목적으로 러시아에 들어가 판시 이동휘, 한명서 등과 함께 제3 국제공산당대회의 내의(內意)를 받고 판시 목적을 가진 고려공산당을 조직하고, 본부를 블라디보스토크에 두고 국제공산당 대표자 위친스키[보이친스키]의 감독 아래에서 위원이 되고, 조선인 주의자(主義者)를 통일시키려고 하여 그 수단으로서 러시아 거주 조선인 주의자(主義者)의 명부를 작성하고 이어서 조선에 있는 주의자(主義者)의 성명, 경력, 자산, 행동 등을 조사하기 위해 위 위친스키[보이친스키]의 뜻을 받아 판시 5월 블라디보스토크를 출발하여 판시 지방을 거쳐 판시의 무렵 경성에 들어와 판시 이소홍, 김찬의 집에서 머무르고, 판시 주의(主義者)들과 회견한 사실은 피고인이 당 공판정에서 한 그러한 내용의 공술에 따른다.

위 체재 중에 조선 내 주의(主義)단체의 활동 상태를 탐색한 사실은 피의자 원우관에 대한 제1회 사법경찰관 신문조서 및 피의자 이봉수에 대한 제2회 사법경찰관 신문조서 중에 피고인은 각각 위 두 명에게 조선 내 주의(主義)단체의 활동 상태를 물었고, 동인들은 그 개요를 말하였다는 내용의 각 공술기재에 따른다.

동년 9월 상순 블라디보스토크로 돌아갔는데 판시 내홍(內訌)으로 전기 고려공산당이 국제공산당 본부로부터 해산을 명령 받은 사실은 피고인이 당 공판정에서 한 그러한 내용의 공술에 따른다.

판시의 무렵 국제공산당으로부터 조선인 주의자들에 대해 다시 판시 결사의 조직을 명령받아 판시 인데르손[이델손]의 감독 아래 위 목적을 가진 고려공산당의 조직에 착수하여 판시 준비대회를 블라디보스토크에서 개최하려고 하여 판시 대표자를 선정한 사실은 피고인 이재복에 대한 제4회 사법경찰관 신문조서 중에, 다이쇼 13년 5월 국제공산당이 인데르손[이델손]으로 하여금 새롭게 고려공산당을 조직하기 위해 러시아 대표 남만춘, 이경건, 중국 대표 박응칠, 김철훈, 조선 내 대표 3명, 합계 7명으로 하여금 준비대회를 조직시켰다는 내용의 공술기재,

피고인 정재달에 대한 제5회 사법경찰관 신문조서 중에, 다이쇼 13년 3월경 새롭게 조선인 공산당의 통일을 계획할 목적으로 국제공산당의 인데르손[이델손]의 감독하에 블라디보스토크에서 고려공산당 준비위원회가 설립되었다는 내용의 공술기재,

피의자 김약수 즉, 김두전(金枓全)에 대한 사법경찰관의 신문조서 중에, 동인은 피고인 정재달로부터 판시 이봉수, 신백우 및 자기가 조선대

표로서 선정되었다고 들었다는 내용의 공술기재를 종합하여 이를 인정할 수 있다.

판시 조선대표자들이 판시 대회에 참석하지 않았기 때문에 그 출석을 독촉할 목적으로 피고인 정재달이 조선에 들어온 사실은 피고인 이재복에 대한 제6회 사법경찰관 신문조서 중에, 정재달은 조선 내 대표자 3명이 블라디보스토크에 출석하지 않았기 때문에 이 파견운동으로 왔다는 공술기재에 따른다.

판시의 무렵 블라디보스토크를 출발하여 경성에 들어와 판시의 장소에 잠복하여 판시 3명과 회견한 점은 피고인 정재달의 당 공판정에서 한 그러한 내용의 공술에 따른다.

판시 출석권유의 점은 피의자 김약수 즉, 김두전에 대한 사법경찰관 신문조서, 피의자 신백우에 대한 제3회 사법경찰관의 신문조서 중에, 위 각자 판시와 같은 권유를 받았으나 응하지 않았다는 내용의 각 공술기재에 따라 이를 인정하기에 충분하다. 그리고 피고인 이재복이 판시의 무렵 판시 신문사에 들어가 판시 이인섭 등과 협력하여 판시 보조를 받아 판시 주간신문을 발행하여 러시아 거주 조선인에게 공산주의를 선전하고, 판시의 무렵 판시 지역에서 신문사를 이전하여 경세종이라고 제목을 고쳐 판시 김철훈, 한규선, 남만춘 등과 협력하여 공산주의의 선전을 하고, 판시의 무렵 판시 공산주의자 대회를 이르쿠츠크에서 개최한 사실은 피고인 이재복의 당공판정에서 한 그러한 내용의 공술에 따른다.

위 대회에서 안병찬, 한명서, 조도선, 김춘선 등과 회합하여 주의(主義)실행 및 선전에 대해 협의를 하고, 판시 4명이 집행위원으로서 선정되어 피고인 이재복이 판시 안병찬과 함께 중국에 있는 조선인에 대한 선전 때문에 북경으로 향했지만 내홍(內訌) 때문에 되돌아온 사실은 피고인 이재복에 대한 제3회 사법경찰관 신문조서 중에 그러한 내용의 공술기재에 따른다.

판시 11년 8월부터 판시 선봉사의 편집주임이 된 사실은 피고인 이재복의 당 공판정에서 한 그러한 내용의 공술에 따른다.

위 신문으로 공산주의의 선전을 한 사실은 피고인 이재복에 대한 제9회 사법경찰관 신문조서 중에 그러한 내용의 공술기재에 따른다.

한편 판시 인데르숀[이델숀]의 밑에서 고려공산당의 조직에 관여한 사실은 피고인 이재복에 대한 제7회 사법경찰관 신문조서 중에, 판시 인데르숀[이델숀]으로부터 피고인이 정재달에게 이어서 조선에 들어가라는 명을 받을 때 일단은 거절하였으나 당의 명령이라는 말을 듣고 끝내 승낙하였다는 내용의 공술기재에 따른다.

피고인 정재달이 판시 목적으로 경성에 들어간 후 아무런 소식이 없었기 때문에 판시 일시 판시 인데르숀[이델숀]으로부터 조선으로 들어가라는 명을 받은 사실은 위와 동일한 조서 중에 그러한 내용의 공술기재에 따른다.

판시 일시 경성에 들어와 판시 장소에서 피고인 정재달과 회견한 이래 동인과 함께 판시 박흥빈의 집에 잠복하여 체재하고, 판시 경성에 있는 주의자(主義者)와 회견한 사실은 피고인이 당 공판정에서 한 그러한 내용의 공술에 따른다.

판시 대표자의 출석을 종용한 사실은 피의자 신백우에 대한 제3회 사법경찰관 신문조서 중에 그러한 내용의 공술기재에 따라 이를 인정하기에 충분하다.


### 해 제

이 문서는 1924년 9월 검거된 정재달, 이재복의 '고려공산당 준비위원회 사건'에 대한 경성지방법원의 예심종결서와 경성지방법원 형사부의 판결문으로 사건번호는 大正14年刑公第830號이다. 이 사건에 관여한 판사는 예심판사 후지무라(藤村英)와 경성지방법원 판사 미야모토(宮本元, 재판장), 와키데츠 하지메(脇鐵一), 사사키(佐佐木日出男)이다.

먼저 이 사건을 이해하기 위해서는 코민테른의 한국사회주의운동에 대한 배경 지식이 필요하다. 코민테른은 1922년 10월 '베르흐네우진스크 당통합대회'가 실패한 이후 두 개의 고려공산당을 해산을 하였다. 이후 코민테른은 1922년 12월 코민테른 집행위원회의 '결정서'에 의거하여 1923년 2월 코민테른집행위원회 원동부 산하에 꼬르뷰로51)라는 한국에서의 '당창건준비기관'을 조직하였다. 여기에는 기존의 상해파와 이르쿠츠크파의 고려공산당 간부들이 모두 참여하였다.

이 무렵 코민테른 집행위원회는 러시아지역이 아닌 조선 국내에 '당창건준비기관'을 조직하는 국내 전위당 창건을 계획하였고 코민테른집행위원회 원동부의 대표인 보이친스키를 꼬르뷰로 책임자로 임명하였다. 그리고 1923년 5월 꼬르뷰로 국내부가 조직되어 당창건사업을 수행하게 되었다. 그러나 1923년 1~6월 상해에서 열린 국민대표회에서 개조파와 창조파의 대립과 1923년 8월 보이친스키의 '민족적 당창건 지침' 등은 상해파와 이르쿠츠크파의 노선대립을 일으키고 마침내 1923년 12월 상해파의 지도자 이동휘는 꼬르뷰로를 탈퇴하게 되었다.52)

이후 1924년 2월 코민테른집행위원회는 조선문제에 대한 위원회를 소집하는데 여기에서 보이친스키와 쿠시넨의 견해 차이가 발생하였다.

---

51) 꼬르뷰로는 고려중앙총국, 중앙총국, 고려국 등 다양하게 지칭되었다. 여기에서는 꼬르뷰로란 용어를 사용하였다. 이에 대해서는 다음의 논문을 참조할 수 있다. 임경석, 「코민테른 고려총국 회의록 연구」, 『韓國史學報』 제37호, 2009.11, 278쪽.
52) 전명혁, 『1920년대 한국사회주의운동연구』, 선인, 2006, 201쪽.

보이친스키는 조선공산주의자들은 근로대중을 노동조합, 농민조합에 끌어들여 자신의 독자성을 유지하면서 민족주의적 단체에서 활동하도록 하고 이를 꼬르뷰로의 강령에 기초하여 통합하도록 한다는 입장을 밝혔다. 반면 쿠시넨은 공산주의자를 민족적 단체에 포함하여 하나의 당에 통합하는 것은 잘못이라고 하면서 독자적인 공산당의 존재의 필요성을 강조했다.[53]

이와 같이 코민테른집행위원회 내부에서 조선공산당 창건에 대한 입장 차이가 존재하였다. 보이친스키와 쿠시넨의 견해의 차이는 식민지 조선의 혁명운동을 위한 조선공산당과 반제통일전선체의 결성과 두조직의 관계를 둘러싼 코민테른 내부의 대립이었다. 이러한 입장의 차이는 단지 조선문제에만 국한되어 있던 것이 아니었다. 이것은 중국에서 국공합작을 둘러싼 중국공산당과 코민테른 내부의 대립과 깊은 연관이 있었다.

1922~1923년 무렵 중국에서 국공합작(國共合作)을 둘러싸고 코민테른 내부와 중국공산당 내에서도 이견이 발생하였다. 코민테른의 마링은 국민당은 부르주아정당이 아니라 모든 계급이 연합한 당으로 프롤레타리아트는 국민당에 들어가 그것을 혁명의 주도세력으로 변모시킬 것을 주장한 반면 천두슈(陳獨秀, 진독수) 등은 국민당은 부르주아 정당의 하나일 뿐이며 공산당이 가입하여 부르주아와 뒤섞이면 당의 독립성을 상실한다고 말했다. 그러나 1923년 6월 중국공산당 3차당대회는 마침내 중국공산당과 국민당의 합작과 공산당원이 개인신분으로 국민당에 가입할 것을 결정했다.[54]

........................................

53) 강호출, 「재노령 고려공산당창립대표회준비위원회(오르그뷰로)연구」, 『역사와 현실』 28, 1998, 130~131쪽.
54) 벤자민 I. 슈워츠, 권영빈 역, 『중국공산주의운동사』, 형성사, 1983, 65쪽; 向靑, 임

조선 혁명에 대한 보이친스키와 쿠시넨의 의견 대립은 1924년 2월 코민테른 집행위원회 산하 원동부가 제안한 「조선문제에 대한 결정」(제안)으로 일단락되었다. 1924년 2월 「조선문제에 대한 결정」에서는 정치적, 조직적으로 독립된 공산당의 창립과 발전을 지시하고 대중조직, 즉 기업과 공장 등 현장에 기반한 당조직의 강화를 강조하였다. 또 당의 중앙집행부 구성에 대한 구체적 방침을 제시하고 이러한 방침에 기초하여 조선의공산당을 결성하기 위해 1924년 4월 블라디보스토크에서 코민테른 집행위원회 대표의 참석하에서 당창립대회(inaugural congress; konstituierenden Kongress)를 개최할 필요성을 제안했다.[55]

「조선문제에 대한 결정」(제안)은 1923년 1~6월 상해에서 열렸던 국민대표회에서 꼬르뷰로가 민족주의 그룹 가운데 한 그룹[56]과 관계를 맺었고 이것은 조선공산주의자 사이에 반대를 야기하였다는 사실과 꼬르뷰로가 민족운동의 '좌익적' 요소와 협동을 하려한 것이 잘못된 것은 아니지만 결과적으로 공산당 형성의 긴급성을 소홀히 하였음을 지적하고 있다.[57] 또한 상해파의 지도자 이동휘가 코민테른에 보낸 편지를 인용하면서 이동휘의 입장을 올바른 노선으로 평가하고 있는 것이 주목된다. 1923년 12월 꼬르뷰로에서 탈퇴한 이동휘는 조선공산당의 존재가 '조선의 혁명운동에서 중요한 주체적 요인을 형성할 것'을 강조하였다.[58] 또 원동부는 이 '결정'에서 블라디보스토크의 꼬르뷰로가 해산되어야 할 것을 주장하였다.[59]

-------

상범 역, 『코민테른과 중국혁명관계사』, 고려원, 1992, 49~57쪽.

[55] 「Korean Question」, РГАСПИ ф.495 оп.135 д.115, л.72~81; 「Koreanische Frage」, РГАСПИ ф.495 оп.135 д.115, л.82~93.

[56] 민족주의 그룹 가운데 한 그룹은 문창범 등의 노령의 대한국민의회로 추정된다.

[57] 「Korean Question」, 앞의 글, л.72.

[58] 「Korean Question」, 위의 글, л.75.

이후 코민테른집행위원회는 1924년 4월 꼬르뷰로를 해체하고[60] 김철훈(金哲勳), 박응칠(朴應七), 남만춘(南萬春), 전우(田友), 장도정(張道政), 이형근(李衡根), 이델손 등은 1924년 4월 15일 블라디보스토크에서 고려공산당 책임자회의를 개최하고 5월 7일 '고려공산당창립대표회 준비위원회'(이하 '준비위')를 개최하였다.[61] '준비위'의 창립, 이것이 오르그뷰로의 창립이었다. 그러나 오르그뷰로는 아직 코민테른집행위원회의 승인을 받지 못하였고 국내의 대표들도 참석하지 못한 상태에서 설치되었다.

그 동안 오르그뷰로는 꼬르뷰로의 해체에 대체하여, 코민테른집행위원회 산하 원동부 제3대 블라디보스토크 주재원 이델손에 의해 1924년 2월에 설립되었으나, 국내 당창건사업을 달성하지 못하자 결국 1925년 2월에 해체되는 것으로 알려져 왔다.[62] 그런데 '준비위'의 「회의록」에 따르면 '준비위' 즉 오르그뷰로는 1924년 5월 7일 창립되었고, 당시 코민테른 집행위원회의 승인을 받지 못했음을 알 수 있다.[63] 그러나 러시아 문헌에는 1924년 5월 5일 1차 회의부터 1924년 12월 29일 30차 회의까지

..........

59) 「Korean Question」, 위의 글, л.81.

60) СИНЧЕР и КИМЕНУ, ИСПОЛКОМУ КОМИНТЕРНА, 1926.2.11(РГАСПИ ф.495 оп.135 д.125) 신철·김영우, 「코민테른집행위원회에게 : 까.엔.당(북풍회 내부의 비합법적 그루빠)대표의 보고」, 1926.2.11, 85쪽.

61) 고려공산당 책임자회의에 참석했던 김철훈, 박응칠, 남만춘, 장도정, 이형근 등은 1923년 초 블라디보스토크에 설치되었던 러시아공산당 연해주 위원회 내의 고려부 위원이었다. 이들은 기관지 『선봉』을 발행하며 연해주의 조선인혁명가들을 결집하여 활동하였다. 이델손(Идельсон; 그동안 인데르손으로 알려졌다)은 코민테른집행위원회 산하 원동부의 조선 문제 책임자였다. 그는 보이친스키 후임으로 블라디보스토크의 '원동부'에 부임하였다.

62) 김준엽·김창순, 『한국공산주의운동사』 1권, 청계출판사, 1986, 417쪽 ; 京城地方法院 檢事局, 「鄭在達·李載馥調 書」, 1924.9, 金俊燁·金昌順 編, 『韓國共産主義運動史』 資料篇 I, 高麗大 亞細亞問題硏究所, 1979, 93쪽.

63) 「고려공산당창립대표회준비위원회 회록 No.1」, 2쪽(РГАСПИ ф.495 оп.135 д.91).

는 '고려공산당 창립대회 준비 임시뷰로'라는 명칭을 사용했고, 1925년 2월 4일의 31차 회의부터는 '고려공산당대회준비 오르그뷰로'라는 명칭을 사용하고 있음을 볼 때, 1925년 2월 4일 31차 회의부터 '오르그뷰로'는 코민테른집행위원회로부터 정식 승인을 받은 것으로 보인다.[64]

　바로 이 '고려공산당창립대표회 준비위원회'(오르그뷰로)의 결정에 따라 정재달은 1924년 6월 15일 블라디보스토크를 출발하여 6월 24일 아침 서울에 도착하고, 이재복은 7월 9일 블라디보스토크를 출발하여 7월 23일경 서울에 도착했다.[65] 그들은 각각 맡은 바 임무를 수행하기 위하여 국내 여러 분파의 사회주의자들을 만나 블라디보스토크의 오르그뷰로의 당창건 계획을 설명하고 특히 김약수, 이봉수, 신백우 등과 만나 오르그뷰로의 국내대표로 참석할 것을 권유하였다. 그러나 그들은 1924년 9월 15일 일제 경찰에 검거되고 말았다. 1924년 10월 6일에는 유진희와 이성태가 체포됐고, 다음날 신백우, 김재봉, 원우관이 검거되었다. 10월 16일에는 이봉수가 추가로 체포되었고 조동호와 김약수도 체포 대상자였으나 소재 불명이어서 그들에게는 수배령이 떨어졌다.

　정재달의 국내 파견이 결정된 것은 1924년 5월 17일 고려공산당창립대표회의준비위원회(이하 '준비위') 제5차 회의에서였다. 이 회의에서 정재달(전우)을 국내에 파견하여 국내 공산주의단체들을 합동시킬 것을 결정했다. 1924년 5월 31일 '준비위' 제9차 회의에서는 다음과 같이 조직을 구성했다.


　당원교육사무 : 채동순 박창극 이괄 박창래

64) РГАСПИ ф.495 оп.135 д.91, д.94 참조.
65) 「鄭在達·李載馥調書」, 김준엽·김창순 편, 『한국공산주의운동사(자료편1)』, 고려대학교출판부, 1979, 216쪽.

선전부 : 채성룡 김아파나시 이빠시야 남우라 이동휘 남만춘
조직부 : 김만겸 최고려 김미하일 오성묵 이영선 이형근 김철훈
통신부 : 최성우 박애 김정하 천민 조훈 박응칠[66]

위 조직 성원을 보면 대체로 '이르쿠츠크파' 고려공산당계열의 인물임을 알 수 있다. 이동휘, 박애 등 상해파도 포함되어 있지만 이동휘는 수십 차례에 걸쳐 열린 '준비위'에 한번도 참석하지 않았던 사실을 볼 때 실질적으로 상해파는 오르그뷰로에서 배제되었던 것으로 보인다. 오르그뷰로에서도 여전히 이르쿠츠크파의 김만겸, 남만춘, 조훈 등의 영향력은 지대했고, 코민테른 원동부의 조선문제 담당자들에게 이동휘는 정치적으로 부담스러운 인물이었다. 이후 이동휘는 1925년 4월에 창건된 국내의 조선공산당에도 참여하지 못하고 블라디보스토크 신한촌의 도서관장으로 일하면서,[67] 1928년 9월 무렵 서울파 '조선공산당'과 결합하여 정치적 재기를 도모하지만 코민테른 원동부는 결코 그를 수용하지 않았다.[68]

1924년 6월 6일 '준비위' 10차회의는 정재달이 출발 한지 1, 2주일 후에 그의 사업에 협조하기 위해 이재복을 재차 국내에 파견할 것을 결정하고 "전우 동무와 같이 각 공산단체를 연합하는데에 노력"하라는 내용의 「지령서」와 이재복을 고려공산당 창당준비위원회의 대표로서 국내에 파견하여 국내공산단체를 단합하여 고려공산당 창립대표회를 소집

----

66) 고려공산당 창립대표회 준비위원회, 「제9회 회록」, 1924.5.31, РГАСПИ ф.495 оп.135 д.91 참조.
67) 강만길 · 성대경 편, 『일제하사회주의운동인명사전』, 창비사, 1996, 328쪽.
68) 이동휘 · 김규열, 「국제공산당집행위원 정치서기국 앞 : 조선공산당 중앙위원회 창설」, 1928.9.7, 이창주 편, 『朝鮮共産黨史(秘錄)』, 명지대 북한연구센터 자료 제1집, 1996, 151~153쪽.

할 것을 위임하는 「위임장」을 주었다.[69] 정재달과 이재복은 준비위원회에 참여하여 주로 국내에 여러 차례 파견되어, 국내 사정을 블라디보스토크의 오르그뷰로에 보고하는 주로 실무적인 사업에 배치되었다.

'준비위'는 정재달을 파견하기에 앞서 이미 이백초를 파견하여 국내 정세를 파악하였다.[70] 1924년 6월 12일 '준비위' 11차 회의록에는 이백초의 보고내용이 수록되어 있다.[71] 이에 따르면 이백초는 3월 26일 블라디보스토크를 출발하여 4월 26일 경성에 도착하여 국내 사회주의자들의 동향을 파악하였다. 그는 1개월 동안 서울에 있는 동안 국내 사회주의자들이 '13인회(국내 '조직국')'를 조직하여 이미 4차의 회의를 개최하고 노농총동맹과 청년총동맹 등 대중조직사업을 활발히 벌이고 있음을 보고하였다. 그러나 '13인회'는 공산단체 각파의 연합적 사업에는 아직 착수치 못하였고, 그 이유는 꼬르뷰로 국내부 지령이 아직 존재하기 때문이었다고 하였다. 또한 국내부 성원들은 "… 사업진행을 정지하고 그 위원들은 13인 단체에 가입하였다. 13인 단체가 사업에 착수치 아니한 중요(한) … (이유)는 상부기관의 승인을 부득함이라 한다. 동 단체는 계파의 수령들로 조직된 고로 각파에서는 절대 복종한다. 김사국 일파

......................................

69) 「지령서」, 「위임장」(РГАСПИ ф.495 оп.135 д.94, 1924.6.6, 126쪽).
70) 1924년 6월 12일 '준비위' 제11회 회록에는 이백초가 국내 정세를 보고하고 있다. 또한 김약수는 정재달·이재복이 검거된 후, 1925년 4월 10일 피의자로 訊問을 받는데, 김약수의 「피의자신문조서」에 따르면 김약수는 이봉수, 신백우와 더불어 국내 대표 3인으로 추천되었다는 사실을 신백우로부터 들었고 신백우는 이 사실을 블라디보스토크 『先鋒社』의 (이)백초로부터 들었다고 했다. 이백초는 정재달의 밀사로 신백우에게 연락을 위해 국내에 들어왔다고 한다. 이백초는 『선봉』의 주필이었다. 김약수는 '범죄사실이 경미하다'는 이유로 기소유예 처분을 받았다(「鄭在達·李載馥調書」, 김준엽·김창순 편, 『한국공산주의운동사(자료편1)』, 고려대학교출판부, 1979, 191~192쪽).
71) 고려공산당창립대회위준비위원회, 「제11회 회록」, 1924.6.12(РГАСПИ ф.495 оп.135 д.91).

들은 적극적으로 일하지는 않으나 방해할 위험은 결코 없다"[72]고 보고
했다.

이백초의 국내에 대한 정세보고를 청취한 뒤, '준비위'는 '13인회'는 조
선노농총동맹과 조선청년총동맹을 실현하였고 각 공산단체와의 연합에
도 크게 노력할 것이므로 정재달을 파견하여 '13인회'와 연합하여 당창
건 준비사업을 진행하라는 결정을 내렸다.[73]

오르그뷰로는 국내 '조직국('13인회')'과 연합을 하여 통일적인 당창건
사업을 진행할 예정이었으나 국내 '조직국' 즉 '13인회'와 통일적 당창건
사업을 협의하지 않았다. '13인회'는 서울파 5인(김사국, 이영, 정백, 김
유인, 이혁로)과 화요파 2인(신백우, 김재봉), 북풍파 3인(김약수, 김종
범, 변희용), 상해파 2인(유진희, 이봉수), 조선노동당(김연희) 등 5개 분
파의 13인의 대표자로 구성되었다.[74] '13인회'는 이와 같이 국내외에 존
재하는 사회주의 분파를 망라하여 단일한 통일적 조선공산당 창립을 목
표로 조직되었다.[75]

임경석은 다음과 같이 정재달, 이재복의 파견 목적과 그 결론에 대해
서 언급하고 있다. 이들은 국내에서 공산당 창립을 준비하는 것이었다.
국내외 공산그룹의 대표자들 사이에서 이 문제를 둘러싸고 두 개의 구

---

72) 고려공산당창립대회위 준비위원회, 위의 글.
73) 고려공산당창립대회위 준비위원회, 위의 글.
74) КимЕнман · Цойцаник, Исполкому Комунистического Интернационала, 1926.2(러시
아문서보존소 ф.495 оп.135 д.125)(김영만 · 최창익, 「코민테른집행위원회에게 : 서
울청년회 내부에 현존하는 공산주의조직 '고려공산동맹' 전권대표로부터」, 1926.2),
103쪽.
75) 이재복과 정재달은 '13인회' 즉 국내 당창건을 위한 조직국의 지시에 따르지 않고
블라디보스토크의 오르그뷰로의 지시에 기초하여 조선공산당 창립 가능성을 약속
하고 또 화요파는 국내 조직국('13인회')과의 관계를 단절하고 독자적인 당창건 활
동을 수행하게 되었던 것이다. 따라서 국내 조직국은 1924년 9월 5개월 만에 결렬되
고 말았다(КимЕнман · Цойцаник, 위의 글, 104~106쪽).

상이 충돌했다. 하나는 '노령 당준비회'(오르그뷰로)가 주도하는 '해외·내지 대합동론'이었다. 국내에 파견된 정재달, 이재복이 추진한 방안이었다. 다른 하나는 해외파를 배제한 '내지 대합동론'이었다. 서울파 공산그룹이 가장 열렬히 주장하고, '13인회'가 공식적으로 표방한 조직노선이었다.

양자 사이에는 세 가지 논점의 차이가 있었다. 첫째, 해외에 기반을 둔 공산그룹들을 공산당 창립에 참여시킬지 여부의 문제, 둘째, 창당 과정에서 국제당의 지도성을 인정할지 여부의 문제, 셋째, 창당대회 개최지를 조선 내지로 할 것인가 안전지대인 러시아로 할 것인가 하는 문제였다. 이 문제를 둘러싸고 13인회를 구성하고 있는 국내 공산그룹들 사이에는 미묘한 균열이 발생했다. 서울파 공산그룹은 완강하게 자기 주장을 고수했지만, 통합중립당과 상해파, 북성회 공산그룹은 신축적인 태도를 취했다.

교착 상태를 타개하기 위해서 새로운 구상이 나오기 시작했다. 예컨대 국내·해외 비중을 재조정하는 방안이 제기되었다. 노령 당준비회가 애초에 제시한 해외 우위 정책(4 대 3)을 변경하여 내지 우위 정책(4 대 5, 혹은 4 대 7)으로 변경하는 방안이 모색되었다. 또 '대합동론'을 포기하는 방안도 제기되었다. 결국 서울파 공산그룹을 배제하고 합동 가능한 여러 그룹들을 토대로 공산당을 창립한다는 '소합동론' 구상이 입안되었다.[76]

'정재달, 이재복의 고려공산당 창립준비위원회 사건'은 1925년 5월 조선에서 치안유지법이 시행되어 최초로 그 적용이 논의된 사건이었다.

........................................................

76) 임경석, 「두 밀사—경성지방법원 정재달·이재복 사건기록과 그 실제」, 『역사비평』 109호, 2014.11 참조.

당시 신문은 이 사건의 발단과 개요를 다음과 같이 적고 있다.

"로서아에 있는 조선인주의자 수령 이동휘, 한명서[77] 등과 같이 '막사과'(莫斯科)[78] 제삼국제공산당의 뜻을 받아가지고 조선주의자의 통일과 규합을 목적으로 고려공산당을 조직코저 그 본부를 해삼위(海參威)[79]에 두고 각 방면으로 활동하여 조직준비위원으로 로령(露領)에 두사람 중령(中領)에 두사람 조선 내지에 세사람 모두 일곱사람을 선정하여 놓고 자주 해삼위에 모이기를 통지하였으나 조선에서는 아무도 가지 아니함으로 그를 독촉하는 한편으로 여러 가지 사항을 조사하기 위하여 작년 여름에 조선으로 나왔다가 구월경에 종로경찰서에 검거되어 근 한달 동안이나 취조를 받고 십월 이십일경에 검사국으로 넘어가서 이래 일년동안이나 예심중에 있던 고려공산당 사건은 지난 칠월이십사일에 예심이 종결되는 동시 공판에 붙이게 되어 작일 일부터 경성지방법원 제7호 법정에서 제1회공판을 열게된 것이다."[80]

이처럼 이 사건은 1922년 12월 코민테른집행위원회의 결정에 의해 국내에 조선공산당을 조직하기 위해 꼬르뷰로(고려총국, 고려중앙국, 고려중앙총국, 1923.2~1924.2)가 만들어지고 그 후속으로 1924년 4월 15일 만들어진 오르그뷰로 즉 '고려공산당창립대표회준비위원회'[81]에서 국내에 파견된 정재달과 이재복을 중심으로 하는 '제령 제7호 위반사건'이었다.

이 사건은 정재달과 이재복이 종로경찰서에 검거되는 시점이 1924년

---

77) 한명세의 오류.
78) 모스크바.
79) 블라디보스토크.
80) 『동아일보』, 1925.9.2.
81) 강호출, 「재노령 고려공산당창립대표회준비위원회(오르그뷰로) 연구」, 『역사와현실』 제28권, 1998.6; 전명혁, 『1920년대 한국사회주의운동연구』, 선인, 2006 참조.

9월 15일이었고 그 당시에는 아직 치안유지법이 제정되기 이전이었기 때문에 정재달, 이재복 등 10인은 '大正8년制令제7호' 위반혐의로 검거되었다. 이들은 종로경찰서에서 사법경찰리 순사(巡査) 호소가미(細上玖市) 등의 입회하에 '피의자신문(訊問)'을 받았다. 1924년 10월 22일 종로경찰서 경부보 구로누마 리키야(黑沼力彌)는 경성지방법원 검사국 검사 가키하라(柿原琢郎)에게 "정재달, 이재복, 이봉수, 신백우, 원우관의 사건은 다이쇼 8년 제령 제7호를 위반한 범죄로 기소가능, 김두전(金枓全), 조동호는 동일 범죄이지만 소재불명으로 기소중지이며 김재봉, 유진희, 이성태는 증거불충분으로 불기소처분으로 사료된다"[82]는 검찰 송치 「의견서」를 보냈다.

이 사건은 1924년 10월 30일 경성지방법원검사국 검사 히라야마(平山正祥)로부터 정재달, 이재복 등 5인의 '제령 제7호 위반사건'에 대한 예심이 청구되었고,[83] 1925년 3월 9일 경성지방법원에서 예심 판사 후지무라(藤村英) 등이 참여하여 이재복 등에 대한 '피고인신문'이 개시되는 등 예심이 시작되었다.[84] 1925년 7월 16일 검사 사토미(里見寬二)가 경성지법 예심판사 후지무라(藤村英)에게 「예심종결처분에 대한 의견서」를 제출하였고,[85] 일주일 뒤 1925년 7월 24일 정재달, 이재복 등 5인에 대한 「예심종결서」가 결정되었고,[86] 사흘 뒤인 7월 27일 서대문형무소에 수감중인 정재달, 이재복 등 5인에게 전달되었다.[87]

--------

82) 京城地方法院, 「鄭在達·李載馥調書」, 1924~1925(김준엽·김창순 공편, 『한국공산주의운동사』 자료편 I, 고려대아세아문제연구소, 1979, 163쪽).
83) 京城地方法院, 「豫審請求書」, 1924.10.30(위의 자료, 167쪽).
84) 위의 자료, 168쪽.
85) 이 의견서에서 "이봉수, 신백우, 원우관에 대한 예심청구의 사실은 공판에 부칠 만큼 범죄 혐의가 충분하지 않다"고 판단하였다(위의 자료, 215~216쪽).
86) 京城地方法院 豫審掛 朝鮮總督府判事 藤村英, 「豫審終結決定」, 大正14年 7月 24日.
87) 경성지방법원, 「送達證書 : 정재달 외4인 예심종결결정서등본」, 1925.7.27 (고려대

무엇보다도 중요한 것은 이 「의견서」에서 "모두 사유재산제도를 부인하는 것을 목적으로 하는 고려공산당의 조직실현에 관하여 진췌(盡瘁)함으로써 안녕질서를 방해한 것이다. 위는 大正8年制令第7號 제1조 治安維持法 제1조 형법 제6조를 적용, 처벌할 것으로 관계되는 공판에 부치는데 범죄의 혐의 충분하다"[88]고 제령 제7호와 더불어 치안유지법 제1조를 적용할 것을 의견으로 제출한 것이다. 이는 1925년 5월 식민지 조선에 치안유지법이 공포된 이래 처음으로 그 적용이 언급된 것이다.

예심판사 후지무라의 「예심종결결정」의 내용은 1925년 7월 16일 사토미 검사가 예심판사 후지무라에게 제출한 「예심종결처분에 대한 의견서」와 거의 유사하였다. 「예심종결결정」은 이봉수, 원우관, 신백우 3인에 대한 공소사실은 공판에 부칠만한 혐의가 없으므로 면소하는 것으로 하였고 '의견서'의 내용을 그대로 수용하여 정재달, 이재복을 다이쇼 8년 제령 7호, 치안유지법 제1조 형법 제6조를 적용하여 처단할 것으로 인정하였다.[89]

1925년 9월 12일 경성지방법원 형사부의 판결문에 따르면 다음과 같이 법률을 적용하였다.

"법률에 비추어 보건대, 피고인 양명(兩名)의 판시 소위는 범죄 당시의 법령에 의하면 다이쇼 8년 제령 제7호 제1조 제1항[90] 본문에 해당하고, 신법에

-------

아세아문제연구소 소장 M/F자료).

88) 김준엽·김창순 공편, 앞의 책, 216쪽.

89) 京城地方法院 豫審掛 朝鮮總督府判事 藤村英, 「豫審終結決定」, 1925.7.24.

90) 「정치에관한범죄처벌의건」 [시행 1919.4.15] [조선총독부제령 제7호, 1919.4.15, 제정] 제1조 ①정치의 변혁을 목적으로 하여 다수공동으로 안녕 질서를 방해하거나 방해하고자 하는 자는 10년 이하의 징역 또는 금고에 처한다. 다만 형법 제2편 제2장의 규정에 해당하는 때에는 이 영을 적용하지 아니한다. ②전항의 행위를 하게 할 목적으로 선동한 자의 죄도 전항과 같다.

의하면 치안유지법 제1조 제2항 제1항[91])에 해당하는 범죄이므로, 형법 제6조, 제10조에 따라 각 소정 형을 비교하여 조금도 그 경중(輕重)이 없으므로 위 제령 제1조 제1항 본문을 적용하여, 소정의 징역형을 선택하여 그 형기 범위 내에서 피고인 양명(兩名)을 각 징역 3년에 처하는 것으로 한다. 이에 주문과 같이 판결한다."

이 사건으로 정재달, 이재복 2인은 1925년 9월 12일 경성지방법원 형사부 판사 미야모토(宮本 元), 와키(脇鐵一) 등에 의해 징역 3년을 받았다.[92]) 이 판결문 상단에는 "쇼와 2년 2월 7일 칙령 제12호에 의해 그 형을 징역 2년 3월로 변경한다"라고 경성지방법원 검사정 나가오(長尾戒三)의 날인이 찍혀 있었다. 1926년 12월 25일 사망한 일본의 다이쇼(大正) 천왕의 장례식을 맞아 1927년 2월 7일 칙령 제12호로 「감형령(減刑令)」이 내려져 정재달과 이재복은 2년 9개월의 옥고를 치르고 그해 겨울 12월 12일에 서대문형무소를 출소했다.

"적화선전사건으로 삼년전에 체포되어 삼년의 형을 받고 서대문형무소에서 복역중이던 정재달, 리재복 일명 리성 량씨는 만기되어 작십이일 아침 여덟시 삼십분에 여러 동지와 가족들의 환영 속에 출옥하였는바 리성씨는 원래 잘듣지 못하는데다가 오랫동안 옥중생활에 쪼들리었음인지 이농증(耳聾症)이 심하고 다리조차 잘 쓰지 못하며…"[93])

위 기사에 따르면 두 사람이 3년형을 받고 만기 출소한 것으로 되어

<hr>

91) 「치안유지법」[시행 1925.4.29] [조선총독부법률 제46호, 1925.4.21, 제정] 제1조 ①국체를 변혁하거나 사유재산제도를 부인하는 것을 목적으로 결사를 조직하거나 이에 가입한 자는 10년 이하의 징역 또는 금고에 처한다. ②전항의 미수죄는 벌한다.
92) 경성지방법원, 「정재달 이재복 판결」(大正14年刑公第830號), 1925.9.12.
93) 『동아일보』, 1927.12.13.

있는데 사실은 2년 3개월로 감형을 받았던 것이다. 그러나 그들은 1924년 9월 15일에 경찰에 검거되어 1924년 10월 30일 예심이 청구되어 1심판결이 날 때까지 미결(未決) 상태로 서대문형무소 구금되어 있었기 때문에 3년 3개월 가까이를 구금되어 있었던 것이다. 30대 초, 중반의 혈기 왕성한 두 남자는 3년여 감옥 생활에 귀도 잘 듣지도, 걷지도 못하는 반폐인이 되어버렸다.

## 2) 고윤상 외 94인 판결문
### (1927년 형공 제427호~439호·1059~1087호,
### 昭和2年刑公第427號~439號, 1059~1087號, 京城地方法院)

이 문서는 1,2차 조선공산당 사건에 대한 경성지방법원 형사부의 판결문이다.[94] 조선공산당 사건의 판결문의 내용을 살펴보면 다음과 같다.

경기도 京城府 樓上洞 135번지 高允相(28, 靴職工)

경기도 仁川府 外里 141번지 李承燁(23, 상업)

黃海道 載寧郡 재령면 일신리 李壽延(26, 무직)

全南道 順天郡 서면 幸町 209번지 朴炳斗(농업, 46)

全南道 同郡 順天面 梅谷里 李昌洙(무직, 43)

全南道 同郡 동명 동리 李榮珉(농업, 48)

慶北道 大邱府 達城町 13번지 文相直(농업, 36)

경기도 京城府 長沙洞 208번지 徐廷禧(無職, 52)

全南道 光陽郡 光陽面 龜山里 135번지 金完根(農業, 54)

同道 同郡 同面 仁西里 15번지 辛命俊(米穀商, 35)

---

[94] 1928년 2월 13일의 조선공산당에 대한 경성지방법원 판결문은『동아일보』, 1928.3.6~1928.3.10,『조선일보』, 1928.3.4~1928.3.26에도 전문이 실려 있고, 안동독립운동기념관에서 발행한『권오설1－신문기사와 신문·공판조서』(푸른역사, 2010)에도 일부가 실려 있다. 여기서는 高等法院檢事局,『朝鮮治安維持法違反事件判決(一)』(1928년)에 수록된 일본어 판결문을 기본 텍스트로 하여 동아일보, 조선일보에 실린 판결문을 참조하여 그 내용을 정리하였다.

同道同郡 同面 仁東里 151번지 鄭晋武(農業, 46)

咸南道 咸興郡 威與面 中荷里 91번지 蔡奎恒(農業, 32)

慶北道 安東郡 豊谷面 佳谷里 419번지 權五尙(延專生徒, 29)

全南道 光州郡 孝泉面 芳林里 313번지 薛炳浩(농업, 38)

京畿道 京城府 嘉會洞 五一 趙鏞周(무직, 38)

全南 光州郡 光州面 溪里 五七 趙俊基(농업, 39)

慶南 河東郡 河東面 邑內洞 1085번지 趙東赫(會社員, 45)

忠南 論山郡 楊村面 茅村里 450번지 愼杓晟(농업, 32)

慶南 釜山府 大新洞 三八九번지 南海龍(무직, 34)

全南 光州郡 光州面 錦溪里 五五번지 金有聲(무직, 36)

咸南 元山府 石隅洞 175번지 朴泰善(무직, 31)

京畿道 京城府 樓下洞 10번지의 3호 裵成龍(著述業, 33)

同道 京城府 寬勳洞 110번지 李浩(무직, 27)

同道 同郡 黃金町 四丁目 一三五번지 李殷植(靴下職工, 35)

同道 同府 社稷洞 一六六번지 李忠模(洋服職工, 35)

同道 同府 樓下洞 191번지 金東富(無職, 32)

慶北 大邱府 七星町 二一一번지 李相薰(商業, 34)

京畿道 京城府 堅志洞 八八번지 朴一秉(無職, 36)

경남 陜川郡 草溪面 官坪里 金正奎(明治大學生, 30)

京畿道 京城府 安國洞 七八번지 裴德秀(농업, 34)

同道 同府 苑洞 179번지 李鳳洙(早稻田大學生, 30)

慶南 晉州郡 晉州面 平安洞 320번지 朴台弘(농업, 37)

京畿道 京城府 鳳翼洞 一二번지 金昌俊(私立大東女學院 敎師, 29)

同道 同府 禮智洞 一二八번지 魚秀甲(時代日報 記者, 33)

同道 同府 中學洞 110번지 具昌會(무직, 32)

同道 同府 崇三洞 八一번지 柳淵和(時代日報 記者, 30)

同道 同府 齋洞 八四번지 李奎宋(無職, 30)

同道 同府 蓮建洞 二九八번지 姜均煥(印刷職工, 29)

同道 同府 齋洞 八四번지 金演羲(無職, 31)

全南 木浦府 湖南町 七번지 裴致文(無職, 38)

京畿道 高陽郡 恩平面 弘智里 九九번지 李敏行(無職, 40)

咸南 咸興郡 咸興面 荷西里 一九二번지 都容浩(무직, 34)

慶南 馬山府 石町 二一二번지 金明奎(無職, 39)

京畿道 京城府 仁寺洞 八四번지 廉昌烈(무직, 26)

同道 同府 貫鐵洞 二四五번지 朴來源(무직, 27)

同道 同府 樓下洞 九一번지 朴珉英(무직, 25)

同道 同府 敦義洞 125번지 李智鐸(中央青年기독학원 生徒, 28)

同道 同府 安國洞 二六번지 閔昌植(印刷職工, 30)

同道 同府 都染洞 三九번지 金璟載(朝鮮之光 記者, 29)

同道 同府 太平通 二丁目 九八번지 李炳立(무직, 25)

同道 同府 苑洞 104번지 盧相烈(무직, 32)

전남 光州郡 光州面 瑞南里 五八七번지 崔安爕(農業,26)

咸南 洪原郡 甫青面 松平里 權榮奎(농업, 29)

同道 同郡 同面 豊洞里 201번지 韓廷植(農業, 32)

同道 同郡 州翼面 南山中里 五六번지 吳淇爕(무직, 26)

慶南 馬山府 新町 一四번지 黃守龍(금융조합 서기, 22)

同道 同府 城湖洞 60번지 金直成(무직, 27)

同道 同府 元町 八번지 金琪鎬(理髮業, 34)

同道 同府 萬町 二一三번지 彭三辰(骨接業, 27)

同道 同府 午東洞 九四번지 金宗信(朝鮮日報 記者, 25)

京畿道 京城府 苑洞 一八五번지 鄭淳悌(時代日報 記者, 26)

全南 濟州島 濟州面 三佳里 崔一峯(自動車運轉手, 28)

同道 光陽郡 玉谷面 廣英里 三五二번지 鄭順和(農業, 26)

同道 求禮郡 上旨面 把道里 鄭泰重(朝鮮日報 求禮支局長, 28)

同道 順天郡 西面 雲坪里 370번지 許永壽(大工, 28)

同道 光州郡 光州面 錦溪里 五二번지 金載中(農業, 25)

同道 同郡 同面 須奇屋町 五六二번지 鄭洪模(新聞配達夫, 25)

慶南 馬山府 城湖洞 四六번지 姜宗祿(理髮業, 25)

同道 昌原郡 內西面 山湖里 二九一번지 尹允三(穀物商, 24)

同道 馬山府 萬町 五四번지 金容粲(理髮業, 23)

同道 同府 元町 40번지 李鳳壽(店員, 23)

京畿道 京城府 安國洞 二六번지 楊在植(印刷職工, 30)

同道 同府 天然洞 二九번지 李用宰(印刷職工, 24)

同道 同府 梨花洞 一二二번지 白明天(印刷職工, 33)

平北 新義州府 若竹町 六번지 金恒俊(無職, 32)

京畿道 仁川府 金谷里 一六번지 張順明(無職, 29)

同道 京城府 寬勳洞 三二번지 洪增植(無職, 33)

同道 京城府 관철동 一一九번지 林元根(無産者新聞社 記者, 29)

平北 新義州府 梅枝町 二번지 林亨寬(新聞記者, 26)

慶北 大邱府 西城町 二丁目 49번지 鄭雲海(無職, 36)

京畿道 京城府 桂洞 七九번지 3 李鳳洙(東亞日報 記者, 37)

平北 義州郡 光城面 麻田洞 獨孤佺(無職, 40)

京畿道 京城府 齋洞 八四번지 宋德滿(또는 宋奉瑀, 無職, 28)

同道 同府 崇仁洞 105번지 尹德炳(無職, 45)

同道 同府 堅志洞 八八번지 陳秉基(無職, 33)

慶南 馬山府 萬町 100번지 金尙珠(朝鮮日報社 馬山支局長, 27)

京畿道 京城府 都染洞 三九번지 兪鎭熙(無職, 35)

京畿道 京城府 齋洞 八四번지 金枓全(또는 金若水, 무직, 35)

同道 同府 樓下洞 一九一번지 全政琯(全燦, 全德, 無職, 30)

同道 同府 嘉會洞 金在鳳(無職, 38)

同道 同府 同洞 184번지 洪悳裕(朝鮮日報 地方部長, 42)

同道 同府 堅志洞 八八번지 李準泰(無職, 37)

同道 同府 長沙洞 五二번지 權五卨(무직, 31)

同道 同府 三角町 二八번지 姜達永(무직, 42)

慶北 大邱府 德山町 九三번지 申哲洙(무직, 25)


위 피고 권오설 박래원 양재식 민창식 이용재 백명천에 대한 치안유
지법 및 출판법 위반, 피고 홍덕유에 대한 치안유지법 위반 및 명예훼
손, 기타의 피고 등에 대한 각 치안유지법 위반 피고사건에 대하야 조선
총독부 검사 나카노 준스케(中野俊助)의 관여로 병합심리를 마치고 다
음과 같이 판결하였음.

### 주문(主文)

피고 김재봉 강달영 각 징역 6년에 피고 권오설을 징역 5년에 피고
김두전 유진희 김상주 진병기 이준태 홍증식을 징역 4년에 피고 전정관
임원근을 각 징역 3년 6월에 피고 독고전 정운해 이봉수(李鳳洙, 동아일
보 기자) 박래원 민창식 임형관 신철수를 각 징역 3년에 피고 홍덕유를
치안유지법 위반의 점에 대한 징역 2년 6개월에 다이쇼 8년 제령 제7호
위반의 점에 대한 징역 6월에 피고 윤덕병 송덕만 염창렬 박민영 이지

탁 김경제 노상렬 장순명을 각 징역 2년 6개월에 피고 김정규 어수갑 류연화 도용호 이병립 신명준 최안섭 김명규를 각 징역 2년에 피고 박태홍 박일병 김창준 구창회 김유성 배치문 채규항 정진무 이영민 황수룡 김직성 정순제를 각 징역 1년 6개월에 피고 이상훈 김동부 이충모 이은식 고윤상 강균환 김영희 배성룡 이승엽 남해룡 신표성 조동혁 이민행 조준기 조용주 권오상 김완근 오기섭 이창수 박병두 이수연 김기호 최일봉 정순화 정태중 허영수 김재중 정홍모 강종록 윤윤삼 김용찬 이봉수(李鳳壽) 김항준을 각 징역 1년에 피고 백명천을 징역 10월에 피고 양재식 이용재를 각 징역 8월에 각각 처함.

단, 피고 양재식 이용재에 대하여는 2년간의 집행을 유예함, 피고 홍덕유에 대한 공소 사실중 명예훼손의 점을 면소(免訴)함. 피고 이규송 이호 박태선 설병호 이봉수(李鳳洙, 李奭) 서정희 문상직 권영규 한정식 배덕수 팽삼진 김종신을 각 무죄로 함.

## 이유(理由)

피고 등은 이전부터 사회운동에 참가하고 그 대부분은 본래 공산주의에 공명하고 또는 조선민족주의자로부터 공산주의자로 전화된 자인데 모두 널리 아(我) 조선현대 사회제도에 대한 정사(精査) 고구(考究)를 위(爲)치 않고 도연(徒然)히 민족적 편견에 사로잡혀 겨우 편단(片端)만을 사시(邪視)하고 기(其) 사회조직에 기다(幾多) 심대(甚大)한 결함이 있어서 점차 필요적으로 조선 무산대중의 자멸을 부르고 있다고 망단(妄斷)하고 종전의 소위 조선민족해방운동에 의거해서는 도저히 그 소기의 목적을 달성하는 것이 불가능함을 깨닫고 오히려 순수한 이 민족해방운동과 대립하여 조선민족해방 관념에 공산주의사상을 혼화(混和)시킨 일

종의 공산주의운동을 감행함만 못하다고 하여 다음 1,2의 범행을 한 자로서,

1-1. 피고 김재봉은 다이쇼 13년(1924년) 8월중 러시아로부터 비밀리에 사명을 띠고 입선(入鮮)한 동지 정재달(鄭在達)로부터 조선에 공산당을 조직하라는 권유를 받고 이래(爾來) 김찬(金燦) 등과 함께 그 시기의 도래를 기다리던 중 마침 다이쇼 14년(1925년) 4월중 경성부 내에서 전선민중운동자대회를 개최하게 되었으므로 김찬, 조봉암 등과 이를 기회로 연래(年來)의 숙망(宿望)을 수행할 것을 모의하고 동인(同人) 등과 함께 알선한 끝에 피고 김재봉(金在鳳), 김두전(金枓全), 유진희(兪鎭熙), 김상주(金尙珠), 진병기, 윤덕병(尹德炳), 송덕만(宋德滿), 독고전(獨孤佺), 홍덕유, 정운해(鄭雲海)의 십 명은 조봉암, 김찬, 조동호, 최원택, 주종건 등과 동월 17일 오후 1시경 경성부 황금정(黃金町) 1정목(丁目) 중국인의 요리점 아서원(雅叙園)에 회합하여 조선에서 사유재산제도를 부인하고 공산제도를 실현케 하며 또 조선을 아(我) 제국의 기반(羈絆)으로부터 이탈(離脫)시킬 목적하에 먼저 피고 김재봉은 그 참집자 일동에게 대하여 지금부터 공산당조직의 협의를 하자는 뜻으로 인사를 하고 다음 피고 김두전(金枓全, 김약수)는 그 사회자로서 공산당 창설의 필요를 역설하자 일동은 이에 찬동하고 그 목적의 실행기관으로서 김찬의 발의에 기초하여 조선공산당이라고 명명(命名)하는 비밀결사를 조직하고 피고김재봉 및 조봉암, 김찬의 3명을 역원(役員)의 전형위원으로 선거하여 동 위원으로 비밀리에 피고 김재봉, 김두전(金枓全), 유진희, 정운해, 주종건, 조동호, 김찬의 7명을 중앙집행위원으로 피고 윤덕병, 송덕만(宋德滿, 송봉우), 조봉암 등 3명을 검사위원으로 각(各) 선임(選任)케 하고 그 중앙집행위원 등에 동 공산당의 직제 및 당칙 등의 제정

을 위탁하여 동 중앙집행위원회 7명은 다음날인 18일 경성부 가회동 김찬의 은가(隱家)에서 제1회 중앙집행위원회를 열고 비서부, 조직부, 정경부(政經部), 인사부(人事部), 조사부, 선전부, 노농부(勞農部)를 설치하고 각자의 담당 사무를 정한 후, 약 1개월 후 피고 김재봉, 김두전, 유진희, 김찬 등이 재차 동가에 집합하여 동 제2회 위원회를 개최하고 해(該) 공산당의 규약 등의 제정에 관하여 다소 협의하였으나 위원 등 사이에 의견의 저어(齟齬)함이 있어 의정(議定)함에 이르지 못하고 그 후 조동호를 동 공산당의 대표자로 하여 로국(露國) 막사과(莫斯科, 모스크바)의 제3인터내셔널(국제공산당, 코민테른)의 승인을 받게 할 교섭의 임무를 맡게 하고 또 피고 독고전으로 피고 김재봉과 당시 상해 여운형 집에서 체재중인 조동호와의 통신 연락을 하게 하는 일면으로 이로부터 피고 권오설은 동년 4월 19일경 피고 이준태는 동년 5월경 각각 경성부 내에서 김찬의 권유를 받고 그 사정을 요지(了知)하면서 동 공산당에 가입하고 피고 강달영 이봉수(李鳳洙, 동아일보 기자 일명 李哲)도 역시 홍남표(洪南杓), 김철수(金錣洙) 등과 같이 동년 12월 10일경 이전에 이미 동부(同府)에서 그 정을 숙지하면서 동당에 가입하고 있었는데 위 제2회 중앙집행위원회 당시로부터 동위원 간에 일어난 갈등은 일층 증진하기 때문에 이의 선후책을 강(講)하여 더욱 동당의 발전을 기획 중 불의에 관헌에 발각된 바 전기 간부의 일부가 검거되어 이후의 활약에 지장이 있음으로 피고 김재봉은 동월 10일경 당시 그 은가(隱家)인 낙원동 김미산(金美山)의 집에서 김찬과 숙의한 후 동월 15일경 동소(同所)에서 피고 강달영, 이준태 등과 각별히 회견하고 동인 등에 대하여 동 공산당의 현황을 고하며 홍남표 김철수 이봉수(일명 이철) 등과 함께 동 당 의 간부에 대하여 진전에 노력할 것을 종용한 결과 피고 강달영 이준태는 동월 하순경 동부 견지동 88번지 노농총동맹 사무소에 참집하

여 피고 리봉수(일명 이철) 및 홍남표 김철수 등에게 설파한 후, 함께
협력하여 의연 동당을 존속 발전케 할 것을 밀의하고 그 당시 피고 이
준태는 피고 이봉수(일명 이철) 및 홍남표를 피고 이봉수(일명 이철)는
김철수를 각 권설(勸說)하여 모두 찬동을 받고 일동이 동당의 중앙집행
위원이 되어 다이쇼 15년(1926년) 1월 하순경 이래(以來) 동부 경운동
(慶雲洞) 29번지 구연흠(具然欽)의 집 기타에서 중앙집행위원회를 열고
그 부서를 비서부, 조직부, 선전부의 3부로 개정하고 각자의 관장사무를
정하고 피고 전정관(全政琯)은 동년 삼월경 동부 삼각정(三角町) 28번지
피길 강달영 집에서 동인의 권유를 받아 그 내정(內情)을 알면서 동 공
산당에 가입하고 피고 이준태의 추천에 의하여 동월 5일 피고 권오설,
전정관도 또한 동중앙집행위원이 되어 각기 부서를 분담하여 이후 동년
5월 중순경까지의 사이에 피고 강달영의 방 기타에서 수회 동중앙집행
위원회를 열고 그 사이에 이미 체포된 피고 윤덕병 송덕만(宋德滿, 송봉
우)의 후임으로서 피고 홍덕유, 구연흠을 검사위원으로 선임하고 경성
부 내의 직업 혹은 신분별에 따라 제1 내지 제9의 '야체이카'(기본기관)
및 학생부, 노농부, 언론기관, 사상부, 여성부의 5개 '프라치'를 설치하고
이에 당원을 각 배속케 하여 그 각 '야체이카'에 대하여는 그 책임자를
정하고 경성부의 집행위원(간부)로서 피고 홍덕유 전정관(全政琯, 일명
전덕), 민창식(閔昌植) 및 전해(全海), 오희선 등을 전남도 도집행위원으
로서 피고 신명준(辛命俊) 및 김기수(金基洙), 신동호(申東浩)를 경남도
도집행위원으로서 피고 김명규(金明奎), 박태홍(朴台弘) 및 1명을 各 임
명하고 전기 중앙집행위원회의 결의에 기초 하여 동경에 일본부, 만주
에 만주부 상해에 상해부를 설치하고 김단야(金丹冶), 조동호(趙東祜),
김찬(金燦) 등 상해부에 배속시키고 오로지 국제공산당과의 연결 교섭
의 임무를 맡기었으나 그 후 상해부를 폐지 하고 만주부를 만주총국으

로 개명하고 동국(同局)에 상해부의 권한을 부여한 후 조봉암(일명 朴哲煥)을 그 책임비서로 선임하고 또 동공산당의 예산편성은 피고 강달영, 이준태 등 에게, 그 당칙의 작성은 피고 권오설, 이봉수에게 각 담임하기로 협정하여 피고 강달영은 피고 이준태와 함께 36만 3천8백 원 외 동당 예산안 동 예산안설명서, 동예산안청구서를 작성하여 이를 김찬의 손을 거쳐 국제공산당에 송치하고 피고 권오설, 이봉수(一名 이철)은 로국 공산당칙 및 영국 무산청년회 회칙을 참고로 조선공산당 당칙안을 작성 하고 피고 강달영 이준태 등에서는 오로지 당원 모집에 노력하여 고려공산청년회와 제휴하여 더욱더 그 발전에 광분하였다.

1-2. 피고 조동혁(趙東爀)은 다이쇼 14년(1925년) 4월 21일경 경성부 재동(齋洞) 북풍회관 내에서 피고 김두전, 정운해, 송덕만 및 마명(馬鳴) 등으로부터 피고 이상훈은 동월 중 경북 대구부에서 최원택(崔元澤)으로부터 피고 도용호(都容浩)는 동년 6월 중 동 부 낙원동 화요회 사무소에서 김찬으로부터 피고 신명준(辛命俊)은 동년 7월 중순경 전남 광양면 읍내리 광양노동회관에서 피고 정진무(鄭晋武)로부터 피고 강균환(姜均煥)은 동월 20일경 동부 인사동 신흥청년동맹 사무소 내에서 피고 권오설로부터 피고 박태홍은 동년 8월경 당시 경남 진주군 진주면 대안동(大安洞) 거주 피고 강달영 방에서 동인으로부터 피고 박일병(朴一秉)은 동월중 경성부 내에서 김찬으로부터 피고 김완근(金完根)은 동년 여름경 전남 광양군 광양읍내 피고 이영민(李榮珉)의 첩댁(妾宅)에서 동인으로부터 피고 이승엽(李承燁)은 동년 9월 하순경 경기도 인천부 외리(外里) 자댁에서 김단야로부터 피고 박래원(朴來源)은 동년 10월 초순경 경성부 파고다 공원 안 노상에서 김찬으로부터 피고 염창열(廉昌烈)은 동월 중순경 동부 재동(齋洞) 전해(全海) 방에서 피고 김창준(金昌俊)으

로부터 피고 구창회(具昌會)는 동년 11월경 동부 경운동 구연흠(具然欽) 방에서 홍남표로부터 피고 김유성(金有聲)은 동년 음 11월 중순경 전남 광주군 광주면 서광산정(西光山町) 광주노동공제회관 내에서 신동호(申東浩)로부터 피고 김정규(金正奎)는 동년 12월 하순경 당시 거주 동경 下淀橋町 栢木 320번지 3段 崎淸夫 방에서 최원택으로부터 피고 권오상(權五尙)은 다이쇼 15년(1926년) 2월 상순경 경성부 수창동(需昌洞) 97번지 동당원 조두원(趙斗元) 방에서 동인으로부터 피고 이은식(李殷植)은 동년 말경 당시 동부 동대문외 거주 피고 박래원(朴來源) 방에서 동인으로부터 피고 류연화(柳淵和), 이민행(李敏行)은 동월중 동부 경운동 구연흠 방에서 동인으로부터 피고 채규항(蔡奎恒)은 동년 2년 3월경 동부내에서 피고 이준태로부터 피고 조준기(曺俊基)는 동년 2년 3월경 전라남도 광주군 광주면 서남리(瑞南里) 신동호 방에서 동인으로부터 피고 배성룡(裵成龍)은 동년 3월경 동부 견지동 조선노농총동맹 사무소에서 피고 박일병에게서 피고 민창식은 동월 5일경 동부내에서 정달헌(鄭達憲)으로부터 피고 고윤상(高允相)은 동월 초순경 동부 안국동 피고 민창식 방에서 동인으로부터 피고 어수갑(魚秀甲)은 동월 초순경 동부 명치정 2정목 82번지 시대일보사 내에서 홍남표로부터 피고 박민영은 동월 중순경 동부 필운동(弼雲洞) 정달헌의 방에서 피고 권오설로부터 피고 이지탁(李智鐸)은 동월 중순경 동부 재동 전해(全海) 방에서 피고 김창준으로부터 피고 김경재(金璟載)는 동월 중 동부 가회동 홍덕유 방에서 동인으로부터 피고 이수연은 동월중 동부 내에서 홍남표로부터 피고 김명규는 동월중 동부 삼각정 28번지 피고 강달영의 집에서 동인으로부터 피고 김기호(金琪鎬)는 동월 중 경남 마산부 원정(元町) 8번지 자택에서 피고 김명규로부터 피고 최안섭(崔安燮)은 동월 중, 하순경 전라남도 광주군 광주면 서남리 신동호의 방에서 동인으로부터 피고 남해룡(南海龍)은 동월 말 혹은 4월 초순경 경남 부산부 대신동 389번지 이홍선(李興善) 방에서 피고 강달영으로부터 피고 김창준은 동년 4월 중순경 경성부 견지동 88번지 노농총동맹 사무소에서 피고 이준태로부터 피고 이병립(李炳立)은 동월 하순경 동부 수창동 조두원 방에서 정달헌으로부터 피고 김동부(金東富)는 동년 6월 상순경 동부 누하동 191번지에서 피고 전정관으로부터 각각 권유를 받고 피고 정진무는 다이쇼 14년(1925년) 7월 중순경까지의 사이에 피고 배치문(裴致文)은 동15년(1926년) 3월 5일 피고 신표성(愼杓晟)은 동월 11일 피고 이충모, 김연희, 조용주, 노상렬, 이영민, 이창수, 박병무는 조선공산당의 창설 후 경성부 내 혹은 조선 내에서 전부 그 정을 알면서 동당에 가입하고 피고 염창렬, 박래원, 박일병, 구창회(具昌會), 이은식, 류연화, 배성룡, 이승엽, 권오설, 이병립, 김유성은 전현(前顯) '야체이카' 및 프락치에 피고 김창준, 이지탁, 민창식, 김창준, 이민행, 고윤상, 강균환, 조용주는 동 '야체이카'에 각 예속되고 피고 김창준, 박일병, 민창식, 박래원은 각기 소속 '야체이카'의 책임자가 되고 피고 민창식은 경성부 집행위원 간부에 피고 김명규, 박태홍은 다이쇼 15년(1926년) 3월 26일 경남도 집행위원에 피고 김정규는 동년 4월 4일 전기 일본부의 책임비서에 각 임명하고 피고 신명준은 신동호, 김기수 등과 함께 전남도도 집행위원이 되고 그 위원회를 열고 비서부, 교양부, 조직부, 선전부를 설치하고 각자의 분장사무를 정하고 광주, 순천, 광양 3개소에 '야체이카'를 조직하고 피고 김유성, 조준기, 최안섭은 광주 야체이카에 피고 이영민, 이창수, 박병무는 순천 야체이카에 피고 정진무, 김완근, 신명준은 광양 야체이카에 각 배속하고 피고 김유성 이영민 정진무는 각기 소속 야체이카의 책임자가 되어 그 목적의 실행에 관하여 책동하였다.

2-1. 피고 권오설 홍증식은 박헌영 조봉암 김단야(일명 金泰淵) 김찬 등과 전시 전선민중운동자대회로 인하여 조선 각지로부터 경성에 사회운동자 등의 상경함을 기회로 다이쇼 13년(1924년) 8월경 이후 획책하여 왔던 비밀결사를 조직할 것을 밀의하고, 박헌영 조봉암 김단야 등이 주로 알선한 결과 피고 권오설, 홍증식, 임원근(林元根), 임형관(林亨寬), 김상주(金尙珠), 신철수, 장순명, 진병기(陳秉基)는 박헌영, 조이환(曺利煥), 박길양(朴吉陽), 김단야, 김찬, 조봉암, 정경창, 안상훈(安相勳), 김동명(金東明, 일명 金光) 등과 함께 1925년 4월 18일 오후 7시경 경성부 훈정동(薫井洞) 4번지 박헌영 방에 회합한 후 사유재산제도를 부인하고 공산주의의 선전과 투사의 교양에 힘써 조선에 공산제도를 실현시키고자 먼저 박헌영은 그 집회자 일동에게 이제부터 공산청년회 조직에 착수할 터이라는 인사를 한 후 다음으로 조봉암은 그 사회자가 되어 同 청년회 창설의 필요를 설명하고 여기에 김단야는 넓게 회원을 모집 교양하여 공산주의 선전에 노력하고 공산제도사회의 실현을 기하기 위하여 동 청년회를 조직한다는 뜻의 강령을 낭독하자 일동은 모두 여기에 찬성하고 일종의 교양기관으로서 조봉암의 발의에 따라 고려공산청년회라고 명명(命名)한 비밀결사를 조직하고 피고 홍증식 및 박헌영 조봉암 3명을 역원(役員)의 전형위원으로 선거하고 동 위원으로 피고 권오설 홍증식 신철수 및 박헌영 조봉암 김찬 김단야 7명을 중앙집행위원에, 피고 임형관 및 조이환 김동명 3명을 검사위원에 각 선임하였다. 同 중앙집행위원들에게 그 청년회의 직제와 회칙의 제정 등 일체를 위탁하였는데 피고 신철수가 동월 20일 이른바 적기사건(赤旗事件)으로 검거되었음으로 피고 임원근을 그 후임으로 중앙집행위원에 선정하였다. 同 중앙집행위원들은 1925년 5월 초순경 박헌영 방에 모여 동同 집행위원회를 개최하고 비서부 조사부 조직부 교양부 연락부 국제부를 설치하고

각자의 담당 업무를 정하며 회원의 연령은 30세 이하로 제한하여 그 모집에 노력하였다. 그리하여 피고 염창렬은 동년 4월중 동부(同府) 관수동 신흥청년동맹 사무소에서 조봉암으로부터 피고 이병립(李炳立)은 4월 하순경 경성부 낙원동 여성동우회 사무소에서 똑같이 조봉암으로부터 피고 김경재는 동년 7월 초순경 경성부 관철동 허헌 방에서 피고 임원근으로부터 각각 권유를 받아 모두 그 정황을 잘 알면서 앞의 고려청년회에 가입하였다. 한편 간부들은 조봉암을 러시아 모스크바로 파견하여 국제공산청년회에 가맹교섭을 하게 하였는데, 그 후 지나 상해로 귀래한 조봉암으로부터 학생을 모스크바에 유학케 할 뜻의 통보에 접하여 동인으로부터 그 학생파견비 1850원을 송보하여 온 것으로 인하여 피고 권오설 임원근은 박헌영 등과 협의한 끝에 공산운동의 전위투사를 양성하기 위하여 동년 9월중부터 동년 11월 초순경까지의 사이에 수회에 걸쳐 회원 안상훈 김명시(여자) 김응기 정경찰 최춘택 고명자(여자) 조용함 박지성 정병욱 정운림 이영조 김형관 장서산 권오직 김일성(金一星) 장도명 강한(姜翰) 등 17명으로 지나 安東縣 혹은 모지(門司) 또는 나가사키(長崎)로부터 승선케하여 상해를 경유하여 모스크바의 공산학교에 입학케 하고 또 군(郡)연맹을 조직하여 다음으로 도(道)연맹의 조직에 착수하여 此에 동지를 가맹케하여 점점 공산운동을 진전케하려고 책동중 의외로 간부의 대부분이 검거되어 이후의 비약에 일대 지오(支吾; 어긋남)을 가져오게 하였음으로 인하여 피고 권오설은 이를 우려하여 동년 11월 29일경 경기도 고양군 연희면 창천리의 동지 정달헌의 하숙방에서 김동명과 그 선후책을 논의한 후 동년 12월 10일 피고 염창렬 이병립에게 대하여 同 청년회의 현황을 고하고 동시에 활약할 것을 권하여 동 피고 등을 중앙집행위원 후보로 선거하고 피고 이지탁은 동년(1925년) 12월 하순 혹은 동 15년(1926년) 1월 초순경 동부 내자동 김동명의 은가에서 동인의 권유를 수하여 정을 지하면서 동 청년회에 가입하여 역시 중앙집행위원 후보에 임명되었으며 피고 박민영은 동 15년 (1926년) 3월 초순경 동부 필운동 정달헌 방에서 피고 권오설의 권유로 그 정을 알면서 동회에 가맹하여 똑같이 중앙집행위원 후보로 되고 피고 김경재도 또한 동월 하순경 피고 권오설로부터 동 집행위원 후보 등의 광장사무를 정하여 동년 5월 하순경까지 동부 수창동 97번지 조두원 방 기타에서 수회 중앙집행위원회를 개최하여 동 청년회의 발전책을 고구중 사실이 발각되었다.

2-2. 피고 박래원은 다이쇼 14년(1925년) 4월 20일경 경성부 낙원동 화요회 사무소에서 김동명의, 피고 오기섭은 다이쇼 15년 1월 10일경 동부 팔판동 242번지 조선인 하숙집에서 오희선의, 피고 민창식은 동년 2월 초순경 동부에서 정달헌의, 피고 최안섭은 동년 3월하순경 전남 광주군 광주면 서남리 신동호 집에서 동인의, 피고 최일봉은 동월 말일경 동면 서광산町 광주노동공제회관에서 피고 최안섭의, 피고 정홍모는 동월 말경 동면 須崎屋町 자택에서 피고 최안섭의, 피고 김재중은 동년 4월중위 신동호 집에서 피고 최안섭 노상렬의, 피고 정순제는 동월 30일 동도 순천군 순천면 행정(幸町) 농민연합회관에서 피고 최안섭 노상렬의, 피고 정순화는 동년 5월 초순경 동도 광양군 광양읍내 광양청년회관에서 피고 최안섭(일명 崔烽) 노상렬(일명 노명준)의, 피고 정태중은 동원 10일경 전시 농민연합회관에서 피고 노상렬(일명 노일석)의, 피고 허영수는 동년 봄 무렵 동도 순천군 순천읍내에서 피고 노상렬의 각 권유를 받고 모두 그 정을 알면서 전기 고려공산청년회에 가입하고 피고 최안섭 노상렬 정순제는 전라남고 도집행위원(도간부)으로 되어 광주 광양 순천 구례의 4개소에 '야체이카'를 설치하고 피고 최안섭 김재중 정홍모 최일

봉은 광주 야체이카에 피고 정순제 허영수는 순천 야체이카에 피고 정순화는 광양 야체이카에 피고 정태중은 구례 야체이카에 각 예속하였으며,

2-3. 피고 황수룡 김직성 김상주는 김형선의 발의에 기초하여 함께 다이쇼 13년(1924년) 8월 5일 경남 마산부(馬山府) 해안에 집합하여 밀의한 결과 조선에서 사유재산제도를 부인하고 공산제도를 실현케 할 목적으로서 마산공산청년회라 칭하는 비밀결사를 조직하고 피고 황수룡을 그 책임자로 선임한 후 이후 때때로 동부(同府) 만정(萬町) 피고 김상주 집 기타에서 집회를 열고 그 목적실행에 관하여 협의한 후 다이쇼 14년 8월 5일경 피고 황수룡 김상주는 김형선과 함께 위 김상주 집에 회합하여 동인의 발의에 따라 협의한 끝에 전기 고려공산청년회 조직의 목적을 알면서 이에 마산공산청년회를 합병하고 명칭을 고려공산청년회 마산 야체이카라고 고쳐 마산 제1, 2 야체이카를 설치하고, 피고 윤윤삼(尹允三, 일명 尹烈)은 동년 9월중 동부내(同府內)에서 피고 김상주로부터, 피고 김용찬은 다이쇼 15년 1월 중순경 동부 만정 김형선 방에서 동인으로부터, 피고 이봉수(李鳳壽)는 동년 4월경 동정(同町) 피고 김상주 방에서 김형선으로부터, 피고 강종록은 동년 6월 하순경 동부 석정(石町) 마산구락부에서 김형선으로부터, 각 권유를 받고 모두 그 정을 알면서 위 고려공산청년회에 가입하고 피고 강종록은 마산 제1 야체이카에 피고 김용찬 이봉수(李鳳壽) 윤윤삼은 마산 제2 야체이카에 각 예속하였다.

3-1. 피고 권오설은 고(故) 이왕전하(李王殿下)의 훙거 당시 이미 공산운동자와 조선민족주의자 등 간 상호제휴 책동코저하는 기운에 전화되

어 있음을 알고 김단야와 공모한 후 장래 신속히 同 민족주의자 등과의 제휴를 실현시켜 더욱더 공산운동을 발전시키기 위하여 同 전하의 국장(國葬)을 기회로 불온문서를 인쇄반포하여 소위 조선독립을 하도록 기획하고 다이쇼 15년(1926년) 5월 10일경 경성부 장사동 52번지 이수원 방에서 피고 박래원에게 그 정을 고하여 가담시켰다. 동 피고는 동월 14일경 경성부 안국동 26번지 피고 민창식 방에서 동인을 설득하여 그 기획에 참가시키고 또 당시 피고 양재식 이용재 등에 대해 불온문서를 인쇄살포시켜 조선독립운동을 하는 정을 알려 이에 가맹시키고 위 피고 권오설에게 그 내용을 고지(告知)하고, 피고 권오설은 출판에 대하여 관할 관청의 허가를 받지 않고 동월 15일경 위 이수원 방에서 '격고문'이라는 제목으로 "우리들은 이미 민족적 및 국제적 평화를 위해 1919년 3월 1일 대한독립을 선언했다. 우리는 역사적 복벽주의(復辟主義)를 반복하려는 것이 아니라 장래 우리가 잃어버린 국권을 회복하려는 것에 있고, 일본의 전 민중에게 적대하려는 것이 아니라 단지 일본의 통치를 벗으려는 데 있다. 우리의 독립선언은 실로 정의의 결정(結晶)이며 평화의 표상(表象)이다. 형제여, 자매여, 속히 나가 싸워서 완전한 독립의 회복을 기하자"고 운운하고, '대한독립만세'라는 제목으로 "조선은 조선인의 조선이다. 횡포한 총독정치의 굴레를 벗어나 일본인을 조선인의 영역에서 구축시키자"고 운운하고 '조선인 교육은 조선인 본위로'라는 제목으로 "보통학교 용어를 조선어로, 보통학교장은 조선인으로 대학은 조선인을 중심으로"라고 운운하고 '산업은 조선인 본위로'라는 제목으로 "동양척식회사를 철폐하자. 일본 이민제도를 철폐하자'고 운운한 불온문서 원고를 작성하였다. 이어 5, 6일 후 같은 장소에서 김단야의 통신문을 참조하여 '대한독립운동자여 단결하라'는 제목으로 "일체의 납세를 중지하라. 일본 物貨를 배척하라, 조선인 관리는 일체 퇴직하라, 일본인 공장의 직공은 총파업하라, 일본인 지주에게 소작료를 납부하지 말라, 在獄 革命囚를 석방하라"고 운운한 불온문서 원고를 작성하였다. 피고 박래원은 피고 권오설에게서 그 인쇄자금을 인수하고 피고 민창식 양재식 백명천 등과 함께 인쇄기 대소2대, 활자, 용지 기타 필수품(압수 제792호의 제9호 내지 16호, 제25호는 그 일부)을 구입 준비한 후 피고 박래원 민창식 양재식 3명은 동월 17일 이래 피고 이용재는 동월 21일 이후 그들은 동 24일까지 동부 안국동 36번지 피고 백명천의 차가(借家)에서 그 다음날로부터 동월 하순경까지의 사이에 전현(前顯) 피고 민창식 방에서 동 피고 등 4명이 공동으로 소형 인쇄기 기타 위 필요품(전기 제9호 내지 제15로 그 일부—4호는 활자를 용해한 것)을 사용하여 전기 격고문 1만 2천 매(압수 제792호의 제1, 2호) 대한독립만세 2만 매(동제3호) (이상의 2종은 백명천의 차가에서 인쇄한 것) 조선인교육은 조선인본위 및 산업은 조선인본위로 각 6천 매(동 제4호, 5호) 대한독립운동자여 단결하라 8천 매(동 6호)를 각 인쇄하여 피고 백명천의 조각(彫刻)한 대한독립당의 인장을 동 격고문의 약 반수에 압날(押捺)하고 불온문서의 살포방법으로 동문서와 김단야가 보낸 '곡복(哭服)하는 민중에게 격(檄)함'이라는 제목의 "이조 최후의 군주 이척(李拓)은 거(去) 4월 25일 장서(長逝)하였다. 오인은 차기를 이용하여 일본제국주의를 구축할 투쟁력을 부식하고 병(倂)하여 일보일지라도 그 구축을 목표로 투쟁을 시작하여 읍(泣)하는 민중이여 일단(一團)이 되어 혁명단체의 깃발아래(旗下)에 집단하라. 금월 곡복(哭服)하는 충성과 의분을 다하여 오인의 개방투쟁을 봉(奉)하고 일본제국주의를 박멸하라 운운"의 불온문서(압수 제792호의 제24호)를 합하여 차를 절반하여 그 반은 전선을 철도선에 의하여 4분하여 피고 박래원을 호남선 경부선의 중심지 대전에 피고 민창식을 경의선의 중심지 사리원 혹은 평양 및 경원선의 중심지 원산에 파견하여 도청 기타 관아청년단체에 대하여 개벽 신여성 신민(新民) 등의 각 잡지 내에 약간 매씩 삽입하여 우송배부하기로 하고 그 잔여는 약간 매씩 피고 박래원 민창식 이용재 양재식 등으로 하여금 상점의 광고 우편으로 총독부 재판소 경기도청 기타 경성부 내의 관아에 우송 반포키로 하고 기타의 절반은 동년 6월 10일 국장에 제하여 피고 권오설 박래원 민창식 이용재 양재식이 학생, 구두직공 및 인쇄직공 등을 사주하여 함께 그 장례가 통과하는 연도에 군중중에 살포하고 일제히 조선독립만세를 고창할 것을 결정하고 치안을 방해하기로 하였다.

피고 백명천은 피고 박래원 등이 조선독립운동을 획책하고 차에 관한 불온문서를 인쇄살포할 것을 실지(悉知)하고 동 피고의 명에 따라 동 5월 16일경 경성부내에서 위 인쇄에 사용할 잉크 2관(罐)과 인텔95)10개 및 호모판(護謨板: 고무판) 1매를 매수하고 동월 22, 23일경 전현(前顯) 차가(借家)에서 동 피고의 요청에 따라 대한임시정부의 인장(압수 제792호의 제18호) 및 대한독립당의 인장 각 1개를 조각 교부하여 동 피고 등의 전시 독립운동 및 인쇄의 범행을 방조하였다.

3-2. 피고 김항준(金恒俊)은 전게 '哭服하는 민중에 격함'이라는 제목의 불온문서가 이왕전하의 국장에 際하여 조선독립운동을 위한 목적으로 반포하려는 정을 알면서 다이쇼 15년(1926년) 5월 27일경 지나 안동현 구시가에서 김단야의 사자 김필성(金必成)으로부터 피고 홍덕유에게 송부하도록 위탁받고 이를 수취하고 곧 안동현 堀割 南通 9정목 1번지 삼성운송점(三成運送店)에 부(赴)하여 오래된 옷장 안에 은닉하고 그 점원 강연

95) interline의 약자. 활자조판에서 행간에 적당한 넓이를 주기 위해 삽입하는 나무 또는 금속제의 얇은 판자.

천에 대하여 인월(刋越)<sup>96)</sup> 하물이라고 사칭하여 그 발각을 우려하여 또 평북 선천군 선천 읍내 창운송점으로 발송하고 그 후 동월 30일경 동인을 소개하여 동 운송점으로부터 경성삼성운동점으로 전송하기 위해 동년 6월 3일 그 화물 인환증을 휴대하고 상경하여 경성부 수표정 조선일보사에 도착하여 피고 홍덕유에게 위 하물 발송의 전말을 알리고 그 인환증을 교부하고 피고 홍덕유는 그 정을 알면서 피고 김항준으로부터 동 인환증을 수령하고 즉일 동부 장사동 피고 권오설 방에 이르러 이를 동인에게 교부함으로써 동 피고 등의 전시 독립운동의 범행을 방조하였다.

그리고 피고 김상주 진병기 권오설 염창렬 박래원 박민영 이지탁 민창식 김경재 이병립 노상렬 최안섭 황수룡의 전기 치안유지법 위반의 점, 피고 권오설의 불온문서의 저작, 피고 박래원 양재식 민창식 이용재의 동 문서의 인쇄 및 피고 백명천의 방조행위는 모두 범의(犯意) 계속 하에 행한 것으로 피고 김재봉은 다이쇼 10년(1921년) 6월 3일 경성지방법원에서 다이쇼 8년(1919년) 제령 제7호 위반죄로 징역 6월에 처해지고, 피고 김두전은 다이쇼 12년(1923년) 11월 5일 동법원에서 상해협박죄로 징역 5월의 처분을 받고 동 13년(1924년) 1월 26일 칙령 제10호<sup>97)</sup>에 의해 징역 4월 9일로 감형되고, 피고 유진희는 다이쇼 12년(1923년) 1월 16일 동법원에서 다이쇼 8년(1919년) 제령 제7호위반 및 신문지법 위반죄로 징역 1년 6월의 처분을 받고 동 13년(1924년) 1월 26일 칙령 제10호에 의거 징역 1년 3월 5일로 감형되고, 피고 진병기는 다이쇼 12년(1923년) 12월 22일 평양복심법원에서 다이쇼 8년 제령 제7호 위반죄로 징역 1년의 처분을 받고 동 13년 1월 26일 칙령 제10호에 의해 징역 9월로 감형되

---

96) 이사.
97) 히로히토 황태자의 결혼기념 감형령을 말한다.

고, 피고 강달영은 다이쇼 8년 9월 6일 대구복심법원에서 출판법 및 보안법 위반죄로 징역 3년의 처분을 받고 다이쇼 9년 칙령 제120호[98])에 의해 징역 1년 6개월로 감형되었고, 피고 이봉수(동아일보 기자, 일명 이철)은 다이쇼 11년 7월 27일 평양복심법원에서 아편취체령 위반죄[99])로 징역 1년에, 피고 임원근은 동년 10월 28일 평양복심법원에서 다이쇼 8년 제령 제7호 위반죄로 징역 1년 6월에 처하고, 피고 류연화는 다이쇼 8년 8월 28일 고등법원에서 출판법 위반 및 보안법 위반죄로 징역 3년의 처분을 수하고 동 9년(1920년) 4월 28일 칙령 제120호에 의하여 징역 1년 6월에 감형되고, 피고 도용호는 다이쇼 12년 8월 2일 신의주지방법원에서 다이쇼 8년 제령 제7호 위반죄로 징역 1년의 처분을 수하고 동 13년 칙령 제10호에 의하여 징역 9월에 감형되고 모두 그 당시 각기 형의 집행을 종료하고, 피고 장순명 신철수는 다이쇼 14년 6월 8일 경성지방법원에서 보안법 위반죄로 각 징역 8월에 피고 오홍섭은 동년 7월 30일 함흥지방법원에서 상해죄로 벌금 20원에 동년 11월 28일에 출판법 위반죄로 벌금 20원에, 피고 강균환은 동년 9월 15일 경성지방법원에서 협박죄로 벌금 30원에 피고 홍덕유는 다이쇼 15년 1월 14일 동법원에서 명예회복죄로 벌금 50원에 피고 이병립은 쇼와 2년(1927년) 4월 1일 경성복심법원에서 다이쇼 8년 제령 제7호 위반죄로 징역 1년 6월에 처한 자이다.

---

98) 1920년 4월 27일 왕세자 이은(李垠)과 마사코(方子)의 결혼기념 감형령을 말한다.
99) 조선아편취체령은 조선총독부제령 제15호로 1919.6.11. 제정되어 6.15. 시행된 법령으로 "제1조 아편을 제조하고자 하는 자는 행정관청의 허가를 받아야 한다. 제2조 ①전조의 허가를 받은 자가 아니면 앵속을 재배할 수 없다. ②행정관청의 허가를 받아 학술연구 또는 관상을 위하여 앵속을 재배하는 자에게는 전항의 규정을 적용하지 아니한다." 등 총 20개 조항과 부칙으로 되어 있다.

증거에 대해 살펴보면[100] 판시 제1의 (1) 사실 중 피고 김재봉이 김찬 등과 공모 알선하기까지의 점은 사법경찰관의 피의자 김재봉 제1회 신문조서 및 코시오(越尾) 예심판사의 피고 김재봉 제1회 신문조서의 각 공술기재와 고이(五井)[101] 예심판사의 피고 김두전 신문조서에 조선공산당의 발기인은 김재봉 김찬 조봉암의 3명이란 뜻의 공술기재한 것을 종합하여 인득(認得)할 수 있고 피고 정운해 및 최원택 이외의 자 등이 판시일시 장소에 집합하여 판시 방법(김찬의 명령을 除함)에서 조선공산당을 조직하고 역원의 전형위원 3명을 거하여 판시 중앙집행위원 7명 및 검사위원 3명을 선임한 것은 고이 예심판사의 김재봉 제1회 신문조서에 동일 취지의 공술기재되었다고 코시오 예심판사의 피고 김약수(김두전) 제1회 신문조서 및 고이 예심판사의 피고 유진희 김상주 진병기 독고전에 대한 각 신문조서에 각각 자기 등이 조선공산당을 조직한 내용의 공술기재된 데 의하여 피고 정운해가 동 공산당 조직에 참가한 것은 고이 예심판사의 피고 홍덕유 제1회 신문조서 및 사법경찰관의 피의자 윤덕병 제1회 신문조서에도 동일한 취지의 공술기재에 의하여 최원택도 또한 동당의 조직에 관여한 일은 동 윤덕병 신문조서 및 고이 예심판사의 피고 김상주 제4회 신문조서 중 각 그 내용의 공술기재가 있음에 의하여 전형위원이 판시 3명인 것과 또 김찬의 발의로 조선공산당이라고 명명한 것 및 중앙집행위원회에 동당의 강령 규약 등의 규정을 위탁한 것은 위 유진희신문조서 중 같은 내용의 공술기재되어 이를 인정하기에 충분하고 고이 예심판사의 피고 김재봉 제1회 신문조서의 공

---

100) 일본어 판결문에서 이 부분(증거입증 부분)은 생략되어 동아일보, 조선일보에 게재된 판결문을 참조하였다.
101) 고이(五井節藏) 경성지방법원 예심판사. 1919년 부산지방법원 진주지청 판사, 1920년 광주지법 판사, 1921년 경성지법 판사, 1923~1925년 부산지방법원 판사, 1927~1930년 경성지방법원 판사 역임.

술기재에 의하면 판시 제2회 중앙집행위원회개최의 월일의 점을 제하고는 판시와 如히 내용의 위원회를 2회나 개최하였다는 것은 명백한 사실이오 제2회 위원회가 제1회 위원회의 약 1개월 후 개최된 것도 피고 김재봉의 당공판정에서 그 내용의 자진(自陳)에 의하여 인정함(다이쇼 14년 4월 20일 경성부내에 소위 적기사건이 발발하여 이미 동지자가 일부 체포되어 경찰관문에서 엄중히 그 범인의 검거에 노력한 고로 그 위험을 범하고라도 피고 김두전 유진희 등의 변해(辨解)함과 여(如)히 동월 18일의 제1회위원회의 수일 후에 제2회 위원회를 개최한 것으로 인(認)하기 난(難)하며 판시와 여히 약 1개월 후에 개최한 것으로 확신함) 또 고이(五井) 예심판사의 피고 강달영 제1회 신문조서에 자기는 김재봉으로부터 조선공산당이 노국의 국제공산당과 연락을 취하고 있다는 것을 문지(聞知)하였다는 공술기재와 사법경찰과의 피의자 김재봉 제1회 신문조서 및 고시오 예심판사의 피고 김재봉 제1회 신문조서의 각 공술기재를 종합하면 조동호에게 판시 임무를 담당한 것을 인득할 수 있고 조선공산당이 판시 목적하에 조직되어 그 조직자가 이를 요지한 것은 고이 예심판사의 피고 김재봉(제1, 3회) 동 김상주 동 홍덕유(제1회)에 대한 각 신문조서 공술기재에 의하여 인정되고 피고 독고전이 판시 통신연락을 한 것은 피고 권오설이 판시와 같이 입당한 것은 동 관(官)의 동 피고 제2회 신문조서의 장소의 점을 제하고 동일 취지의 공술기재에 의하여 피고 이준태도 또한 판시와 같이 입당한 것은 동 피고의 당공정에서 자기는 김찬의 권유로 조선공산당에 가입한 내용의 자공(自供) 및 검사의 피의자 이준태 제2회 신문조서의 공술기재에 의하여 피고 강달영 이봉수(일명 이철)가 홍남표 김철수 등과 같이 적어도 다이쇼 14년 12월 10일경 이전에 조선공산당에 가입한 것은 고이 예심판사의 피고 김재봉 제1회 신문조서의 공술기재에 의하여 피고 강달영,

이봉수(일명 이철)가 입당할 무렵 그 정을 알고 있었음은 동관의 피고 강달영 제5회, 동 이준태 제3회, 동 권오설 제5회 신문조서의 각 공술기재에 의하여 차를 인정하기에 충분하고 피고 김재봉이 판시와 같이 피고 강달영 이준태에 대하여 조선공산당의 발전에 노력하자고 간청한 것은 동관의 피고 김재봉 제1회 신문조서의 공술기재와 동관의 피고 강달영 제2회, 동 이준태 제1회 신문조서의 각 공술기재(월, 일 및 장소의 점을 除함)에 의하여, 피고 강달영 이준태의 양명(兩名)이 판시와 같이 동당 존손발전을 밀의하고 피고 이봉수(이철) 및 홍남표 김철수 등을 설득하고 일동 중앙집행위원이 된 것은 당공정에서 피고 이준태의 자기 등은 김재봉이 조직한 조선공산당을 인계한 것으로 새로 창설한 것이 아니오 또 자기는 경찰서 이래 이봉수(李鳳洙)라고 신립(申立, 신청)한 자는 지금 지시된 동아일보사의 이봉수와 상위(相違) 없음을 피고 강달영의 지금 지시한 동아일보사의 기자 이봉수는 중앙집행위원에 상위가 없다는 내용의 각 공술과 고이(五井) 예심판사의 피고 이준태 제1회, 제3회 신문조서의 각 공술기재에 의하여 각기 인정할 수 있고 압수 제978호의 제2, 제3, 제4호의 회록일지가 피고 강달영이 기재한 것으로 그 기재사항이 동 제53호의 역문과 상위(相違) 없음은 동관의 동 피고 제2회 신문조서에 동일 취지의 공술기재가 있음에 의하여 명백한 것으로 다이쇼 15년 1월 하순경 이래 동년 5월 중순경까지에 판시와 같이 중앙집행위원회를 개최한 것은 동관의 피고 이준태 제1회 신문조서의 공술기재와 동 제2호 동 제53호의 회록의 기재에 의하여, 피고 강달영 이준태 이봉수(일명 이철)가 홍남표 김철수 등과 중앙집행위원회를 열고 판시와 같이 부서를 개정하여 각자의 분담을 정한 것은 동관의 피고 강달영 제2회 신문조서에 동 취지의 공술기재가 있음에 의하여 피고 전정관이 판시와 같이 입당한 것과 아울러 피고 전정관 권오설이 중앙집행위원이 되어 각자 부서를 담임한 것은 고이(五井) 예심판사의 피고 전정관 제1회(입당월일을 除함) 동 권오설 제2회 신문조서의 각 공술기재와 피고 이준태의 당공정에서 자기는 피고 권오설 전정관을 중앙간부에 추천한 내용의 공술 및 전시 제2호 제53호의 회록의 기재를 종합하여 각 인정할 수 있고, 피고 홍덕유가 구연흠과 함께 검사위원이 된 것은 동관의 피고 이준태 제1회 강달영 제2회 신문조서의 각 공술기재에 의하여 경성부 내에 판시와 같은 '아체이카' '프락치'를 설치하고 경성부의 집행위원을 선임한 것은 동관의 피고 홍덕유 제1회, 동 강달영 제2회 신문조서에 각 동일 취지의 공술기재와 전게 제2, 제3, 53호의 회록일지의 기재에 의하여, 전라남도 및 경상남도에서 집행위원의 선임 및 해외부의 설치(가) 판시와 같이 된 것은 동관의 피고 강달영 제2회 동 이준태 1회 신문조서의 각 공술기재와 위 제2, 제4, 제53호, 압수 제978호의 제11, 12, 40호의 각 문서의 기재에 의하여 이를 인정하기에 충분하고 예산의 편성 및 당칙의 작성에 대하여 판시 협정이 있었음은 동관의 피고 강달영 제2회 신문조서에 같은 내용의 공술기재에 의하여, 피고 강달영, 이준태가 판시와 같이 예산에 관한 서류를 작성하여 국제공산당에 송부한 것은 동관의 피고 강달영 제2, 제3회 동 이준태 제2회 신문조서의 각 공술기재 및 동 제2, 53호, 압수 제978호의 제8, 44호 문서의 각 기재에 의하여, 피고 권오설 이봉수(이철)이 판시 방법으로 조선공산당칙안을 작성한 것은 피고 권오설의 당공정에서 조선공산당칙은(을) 초안한 내용의 자공(自供) 및 동관의 피고 권오설 제2회 신문조서 공술기재에 의하여, 피고 강달영 이준태 등이 오로지 당원의 모집에 진력한 것은 피고 이준태의 당공정에서의 그 내용의 자공에 의하여, 조선공산당이 고려공산청년회와 연락 제휴를 취한 것은 고시오(越尾) 예심판사의 피고 권오설 제3회 검사의 피의자 신문조서, 강달영 제2회 신문조서의 각 공술기재에 의하여 각 이를 인정할 수 있음으로써 위 서술을 종합하면 판시 제1의 (1)의 범행을 인정하기에 충분하다.

판시 제1의 (2) 사실 중 피고 염창렬의 지정(知情) 이외의 판시 사실은 고이(五井) 예심판사의 동 피고 제1회 신문조서에 '야체이카' '프락치'에 배속의 점을 제외한 그 밖의 동일 취지의 공술기재된 것과 동관의 피고 강달영 제2회 신문조서의 공술기재 및 앞에서 현시(顯示)한 압수 제978호의 제23, 53호의 회록일지의 각 기재에 의하여 그 지정의 점은 동관의 피고 염창렬 제2회 동 강달영 제5회 동 권오설 제5회 신문조서의 각 공술기재에 의하여 각 인득(認得)할 수 있고 피고 박래원이 판시와 같이(知情은 除함) 입당한 것은 동 피고의 당공정에서 그 내용의 자공(自供)에 의하여 인정하기에 충분하고 동관의 동 피고 제2회 동 강달영 제2회 신문조서의 각 공술기재에 의하면 피고 박래원이 판시 '야체이카' '프락치'에 속하고 그 소속 '야체이카'의 책임자인 것이 명백하고 그 지정의 점은 동관의 피고 박래원 제1, 2회 동 피고 권오설 제5회 신문조서의 각 공술기재에 의하여 이를 인정하고 피고 박민영의 판시 입당의 점은 동관의 피고 제1회 신문조서에 동 내용의 공술기재에 의하여 동 피고의 지정 및 판시가 공술기재에 의하여 동 피고의 지정 및 판시 '야체이카' 배속의 점은 동관의 동 피고 제1, 2회 신문조서의 각 공술기재에 의하여 각각 인정하겠고 피고 이지탁에 대한 지정을 제(除)한 판시 사실은 동관의 동 피고 제1회 신문조서에 그 내용의 공술기재에 의하여 그 지정의 점은 검사의 피의자 이지탁 신문조서 및 고이(五井) 예심판사의 피고 이지탁 제2회 동 권오설 제5회 신문조서의 각 공술기재에 의하여 각각 차를 인정하겠고 피고 민창식의 판시 입당의 점은 고이 예심판사의 동 피고 제1회 신문조서에 동 내용의 공술기재에 의하여 그 지정의 점은 동 신문조서 및 동관의 권오설 제5회 신문조서의 각 공술기재에 의하여 피고 민창식이 판시 '야체이카'에 속한 책임자인 것은 동관을 동 피고 제2회 신문조서 및 검사의 피의자 민창식 제2회 신문조서의 각 공술기재에 의하여 또 동 피고가 경성부의 간부가 되어 고이 예심판사의 피고 홍덕유 제1회 동 강달영 제2회 신문조서에 동일 취지의 각 공술기재에 의하여 모두 차를 인정하기에 충분하고 피고 김경재에 대한 판시 사실은 동관의 피고 제1회 신문조서 중 자기는 홍덕유가에서 동인으로부터 **의 **를 **하고 사유재산제도를 부인하는 목적으로 조직된 조선공산당에 가입하라는 권유를 수한 내용의 공술기재와 동관의 피고 강달영제2회 동 권오설 제2회 동 홍덕유 제1회 신문조서 중 피고 김경재도 조선공산당이라는 내용의 각 공술기재와 전시 제3호 53호의 일제에 다이쇼 15년(1926년) 3월 24일 피고 김경재의 입당을 결정한 내용의 기재를 종합하여 차를 인정하기에 충분하고 피고 박태홍이 판시 일시 장소에서 피고 강달영의 권유를 수하여 조선공산당에 가맹한 것은 사법경찰관의 피의자 박태홍신문조서에 동 내용의 공술기재가 있음에 의하여 또 피고 박태홍이 판시와 같이 도집행위원이 된 것은 고이(五井) 예심판사의 피고 강달영 제2회 동 이준태 제1회 신문조서의 각 공술기재와 위 제3호, 53호의 일지에 그 내용의 기재있음에 의하여 각각 차를 인정하겠고 피고 김정규가 판시 일시 장소에서 최원택의 권유를 수(受)하여 조선공산당에 가입한 것은 동관의 동 피고 제1회 신문조서에 동일 취지의 공술기재가 있음에 의하여 동 피고가 판시와 같이 일본부의 책임비서가 된 것은 피고 이준태의 당공정에서이 그 내용의 자공(自供)과 동 제32호, 53호의 일제에 동 취지의 기재있음에 의하여 그 지정의 점은 동관의 피고 김정규 제1, 2회 동 권오설 제5회 신문조서의 각 공술기재에 의하여 각각 차를 인정하였고 피고 박일병이 판시 일시 장소에서 김찬의 권유를 받고 동당에 가입한 것은 사법경찰관 사무취급의 피의자 박일병 제2회 신문조서 중 동 내용의 공술기재와 고이(五井) 예심판사의 피고 강달영 제2회 동 이준태 제3회 동 전정관 제2회 신문조서 중 모두 피고 박일병이 조선공산당원이라는 내용의 공술기재에 의하여 피고 박일병 판시와 같이 '야체이카' '프락치'에 속하고 '야체이카'의 책임자인 것은 동관의 동 피고 제1회 동 전정관 제3회 동 강달영 제2회 신문조서의 각 공술기재 및 전기 제3, 53호의 회록일지의 각 기재에 의하여 그 지정의 점은 검사의 피의자 박일병 제2회 고이 예심판사의 피고 권오설 제5회 신문조서의 각 공술기재에 의하여 차를 인정하고 피고 김창준이 판시 일시 장소에서 피고 이준태의 권유를 받아 조선공산당에 입당한 것은 고이 예심판사의 피고 김창준 제1회 신문조서에 그 내용의 공술기재에 의하여 동 피고 판시와 같이 '야체이카'에 속한 그 책임자인 것은 동관의 피고 강달영 제2회 신문조서에서 동 내용의 공술기재와 전현(前顯: 앞에서 언급한) 제2, 3, 53호의 회록일지의 각 기재에 의하여 각 인정하기에 충분하고 피고 어수갑 판시 일시 장소에서 홍남표의 권유를 받아 조선공산당에 가입한 것은 동관의 피고 제1회 신문조서에 그 내용의 공술기재에 의하여 동 피고 판시와 같이 '야체이카' '프락치'에 속하여 '야체이카'의 책임자가 된 것은 동관의 동 피고 제2회 강달영 제2회 신문조서의 각 공술기재 및 동 제2, 3, 53호 회록일지의 각 기재에 의하여 그 지정의 점은 동관의 피고 어수갑 제1회 권오설 제5회 신문조서의 각 공술기재 등에 의하여 각 인정하고 피고 이상훈 판시 일시 장소에서 조선공산당에 가입한 것은 사법경찰관 사무취급의 피의자 이상훈 제2회 신문조서의 공술기재와 검사의 피의자 강달영 제3회 고이(五井) 예심판사의 피고 이준태 제2회 신문조서에 피고 이상훈이 동 당원인 내용의 각 공술기재에 의하여 인정할 수 있고 피고 김동부(金東富)에 대한 지정의 除한 판시의 사실은 사법경찰관의 피의자 김동부 제4회 신문조서에 동일 취지의 공술기재에 의하여 차를 인정하기에 충분하고 피고 이충모 (李忠模)가 조선공산당에 가입한 것은 고이 예심판사의 피고 강달영 제 2회 신문조서중 피고 이충모가 동당원이 된 내용의 공술기재된 것과 전시 제2호, 53호 압수 제978호의 제16, 18호의 각 문서의 기재에 의하여 차를 확인할 수 있고 피고 구창회(具昌會)가 판시와 같이 지정(知情)의 후(後) 조선공산당에 가입한 것은 검사의 피의자 구창회 제2회 신문조서 중 동일취지의 공술기재에 의하여 동 피고 판시 '야체이카' '프락치' 에 속한 것은 고이(五井) 예심판사의 피고 강달영 제2회 신문조서 중 동 내용의 공술기재된 것과 위 제2, 3, 53호의 회록일지의 각 기재에 의하여 각 차를 인정하고 피고 이은식 판시 일시 장소에서 피고 박래원의 권유를 수하여 조선공산당에 가입한 것은 고이 예심판사의 피고 이은식 제1회 신문조서의 공술기재에 의하여 동 피고 판시 '야체이카' '프락치' 에 속한 것은 동관의 동 피고 제1회 동 피고 강달영 제2회 신문조서의 각 공술한 기재 및 동회록 일지 각 기재에 의하여 그 지정의 점은 동관 의 피고 이은식 제1회 동 권오설 제5회 신문조서의 각 공술기재에 의하 여 모두 차를 인정할 수 있고 피고 류연화(柳淵和) 이민행이 판시 일시 장소에서 구연흠의 권유를 수하여 조선공산당에 가입한 것은 사법경찰 관102)의 피의자 류연화 제2회 신문조서에 자기 및 이민행은 다이쇼 15년 2월 일 불상(不詳) 판시와 같이 권유를 수하여 입당하였다고 공술 기재된 것과 전게 제2, 53호 회록에 류연화에 대한 다이쇼 15년 2월 26일

........................................

102) 당시 사법경찰관은 「조선형사령」 제5조에 그 역할이 규정되어 있었고 '검사가 직무 상 발하는 명령'에 따라 범죄를 수사하는 역할을 하였다. 사법경찰관의 직무에 관 해서는 「사법경찰관리집무규정」(다이쇼 12년 11월 총독부훈령 제52호)을 참조할 수 있다. 그 제1조는 "사법경찰관은 범죄의 수사를 하는 것을 그 직무로 한다"라고 규정되어 있다. 또한 그 19조는 "수사는 범죄의 증거를 수집하고 범인을 검거하고 공소의 제기 및 실행의 자료를 획득함을 그 목적으로 한다"라고 규정되어 있었다.

입당을 허가한 내용의 기재와 고이(五井) 예심판사의 피고 강달영 제5회 신문조서 중 피고 류연화 이민행이 조선공산당원인 내용 동 피고 홍덕유 제1회 신문조서 중 이민행은 조선공산당원이라고 생각한다는 내용의 각 공술기재된 것과 동관의 피고 구창회 신문조서의 공술기재에 의하여 피고 류연화 이민행을 판시와 같이 '야체이카' 또는 '프락치'에 배속한 것은 동관의 피고 강달영 제2회 신문조서에 동 내용의 공술기재에 의하여 피고 류연화의 지정의 점은 동관의 동 피고 제1회 동 권오설 제5회 신문조서의 각 공술기재에 의하여 각 차를 인정하기에 충분하고 피고 고윤상 판시 일시장소에서 피고 민창식의 권유를 수하여 조선공산당에 가입한 것은 동관의 동 피고 제1회 신문조서의 판시와 같이 권유를 수한 내용의 공술기재된 것과 사법경찰관 사무취급의 치의자 고윤상 신문조서 중 자기는 민창식의 권고에 의하여 조선공산당에 가입한 내용의 공술기재된 것과 고이(五井) 예심판사의 피고 강달영 제2회 동 권오설 제2회 신문조서 중 모두 피고 고윤상이 조선공산당원이 된 내용의 각 공술기재에 의하여 피고 고윤상이 판시 '야체이카'에 속한 것은 동관 피고 강달영 제2회 신문조서 중 동 내용의 공술기재에 의하여 각 차를 인정하기에 충분하고 피고 강균환(姜均煥)이 판시 일시 장소에서 피고 권오설의 권유를 수하여 조선공산당에 가입한 것은 동관의 피고 강균환 제1회 신문조서에 동 피고의 공술로서 자기는 판시와 같이 권유를 수(受)한 내용의 기재와 사법경찰과 사무취급의 피의자 강균환 신문조서의 자기는 권오설의 권유에 의하여 조선공산당에 가입한 내용의 공술기재가 있고 고이(五井) 예심판사의 피고 강달영 제2회 신문조서 중 피고 강균환이 조선공산당원이라는 내용의 공술기재가 있음에 의하여 피고 강균환이 판시 '야체이카'에 속한 것은 동 강달영 신문조서에 같은 내용의 공술기재가 있는데 의하여 각각 이것을 인정하며 또 동관의 피고 강달영 제4회 신문조서의 공술기재에 의하면 압수 제978호의 제16호의 보고서는 피고 강달영이 김찬의 손(手)을 경과하여 국제공산당에 송치한 보고서의 전제로 소위 정권(停權)이라는 것은 조선공산당으로서 유(有)한 발언권, 선거권 등을 어느 기간 정지하는 것임을 인정할 수 있으며 차와 동 제16호의 보고 중 김연희를 이충모와 함께 정권 처분한 내용의 기재가 있다고 동관의 피고 김연희 제1회 신문조서에 자기는 공산주의에 공명하고 조선의 **(독립 – 필자)을 희망한다는 내용의 공술기재를 종합하면 피고 김연희가 조선공산당에 가입하였다고 단정하기에 충분하다. 피고 배성룡이 판시 월일 장소에서 박일병의 권유를 받고 조선공산당에 가입한 것은 검사의 피의자 배성룡 제2회 신문조서에 자기는 판시 월일 박일병으로부터 조선공산당에 가입하도록 권유를 받은 내용의 공술기재 및 고이(五井) 예심판사의 피고 강달영 제2회 신문조서에 피고 배성룡은 동당원이라는 내용의 공술기재가 있으며 검사의 피의자 홍덕유 제2회 신문조서중 배성룡은 아마 입당하였다고 생각한다는 내용의 공술기재가 있으며 사법경관 사무취급의 피의자 배성룡 제2회 신문조서에 자기는 판시일 노농동맹 사무소(조선노농총동맹 사무소의 오기라 인정함)에서 박일병으로부터 비밀회합에 가입하도록 권유를 받은 내용의 공술기재 있음에 의하여 피고 배성룡이 판시 '야체이카' 및 '프락치'에 속하여 있는 것은 고이 예심판사의 피고 강달영 제2회 신문조서의 공술기재 및 전시 제3호, 5호의 일지의 기재에 의하여 각각 이것을 인정하고 피고 이승엽(李承燁)에 대한 '프락치' 소속의 점을 제한 판시 사실은 동관의 동 피고 제1회 신문조서에 동일 취지의 공술기재가 있으며 위 제2, 3, 53호의 회록, 일지의 각 기재에 의하여 동 피고가 판시 '프락치'에 속한 것은 동관의 피고 강달영의 제2회 신문조서의 공술기재 및 동 제3호, 53호 일지의 기재에 의하여 각각 이것을 인정할 수 있으며 피고 배치문(裵致文)이 판시 월일 조선공산당에 가입한 것은 동관의 피고 강달영 제5회 신문조서에 배치문이 조선공산당원이라는 내용의 공술기재가 있음과 전게 제2호, 53호에 판시 월일 간부회를 열고 배치문을 당원에 승인한 내용의 공술기재가 있음에 의하여 차를 인정하기에 족하다. 피고 남해룡(南海龍)에 대한 지정 이외의 판시 사실은 사법경찰관 사무취급의 피의자 남해룡 제3회 신문조서에 그 내용(大新町은 大新洞의 誤記로 인정함)의 공술기재가 있음과 고이(五井) 예심판사의 피고 강달영 제5회, 동 전정관 제2회 신문조서 중에 피고 남해룡이 조선공산당원인 내용의 각 공술기재가 있음에 의하여 명백하다. 또 피고 신표성이 판시 월일 조선공산당에 가입한 것은 동관의 피고 강달영 제5회 신문조서 중 피고 신표성이 동 당원이라는 내용의 공술기재가 있음과 전시 제2호, 53호의 회록에 판시 월일 조선공산당 중앙집행위원회에서 신표성을 당원으로 승인한 내용의 기재가 있음에 의하여 인정하며 피고 조동혁에 대한 지정을 제외한 판시 사실은 사법경찰관의 피의자 조동혁 신문조서에 동 내용의 공술기재가 있음과 압수 제978호의 제18호의 보고서에 동 피고가 조선공산당으로부터 출당 처분을 받은 내용의 기재가 있음에 의하여 인정할 수 있으며 피고 조용주가 조선공산당에 가입한 것은 고이(五井) 예심판사의 피고 강달영 제2회, 동 홍덕유 제1회 신문조서에 조용주가 조선공산당원이란 내용의 각 공술기재가 있음에 의해 피고 조용주가 판시 '야체이카'에 속한 것은 동 강달영 신문조서에 동 내용의 공술기재가 있음과 위 제2, 3, 53호의 회록일지의 기재에 의하여 각각 이것을 인정하기에 충분하다. 피고 권오상(權五尙)이 판시 월일 장소에서 동당원 조두원의 권유를 받아 조선공산당에 가입한 것은 사법경찰과의 피의자 권오상 제1회 신문조서에 동 내용의 공술기재가 있음과 고이(五井) 예심판사의 피고 강달영 제2회 신문조서 중 권오상은 조두원과 같이 조선공산당원이라는 내용의 공술기재가 있음에 의하여 피고 권오상이 판시 '야체이카' '프락치'에 속한 것은 동 강달영 신문조서에서 그 내용의 공술기재가 있음에 의하여 피고 권오상의 점은 동관의 동 피고 제1회 동 권오설 신문조서의 각 공술기재에 의하여 어느 것이든지 인정할 수 있으며 피고 채규항(蔡奎恒)이 판시 월일경 이준태의 권유에 의하여 조선공산당에 가입한 것은 동관의 피고 제3회 신문조서에 동 내용의 공술의 기재가 있음과 동관의 피고 강달영 제2회 신문조서에 채규항이 동 당원인 내용의 공술기재가 있음과 검사의 피의자 강달영 제3회 신문조서에 자기는 이준태로부터 채규항이 입당한 것을 문지(聞知)하였을 뿐 아니라 채규항으로부터 조선공산당에 경비곤란한 고로 송금하여 달라는 서면이 왔음으로 당원이 상위없다는 내용의 공술기재가 있음과 전게 제3호 53호의 일지에 다이쇼 15년 3월 27일 함흥의 채동지로부터 여비곤란의 서면이 왔다는 내용의 기재 있음에 의하여 이것을 인정하며 피고 도용호에 대한 지정(知情) 이외의 판시 사실은 사법경찰과의 피의자 도용호 신문조서에 그 내용의 공술기재있음과 고이(五井) 예심판사의 피고 강달영 제2회 동 이준태 제2회 신문조서에 도용호가 조선공산당원인 내용의 각각 공술기재 있음에 의하여 그 지정의 점은 동관의 피고 도용호 제1회 동 권오설 제5회 신문조서의 각 공술기재에 의하여 각각 이것을 인정하기에 충분하다.

피고 이병립의 지정을 제한 판시 사실은 동관의 동 피고 제1회 신문조서의 동 내용의 공술기재 및 동관의 피고 강달영 제2회 신문조서의 공술기재에 의하여 그 지정의 점은 동관의 피고 이병립 제12회 신문조서의 각 공술기재에 의하여 각각 이것을 인정하며 피고 노상렬이 조선공산당에 가입한 것은 동관의 피고 전정관 제3회 신문조서에 노상렬이 조선공산당원인 내용의 공술기재가 있을 뿐 아니라 동관의 피고 신명준 제1회 신문조서에 노일석(일명 노상렬)이 동 당원인 내용의 공술기재가 있음에 의하여 피고 노상렬의 지정의 점은 동관의 동 피고 제2회 동 권오설 제5회 신문조서의 각 공술기재에 의하여 이것을 인정함에 충분하다. 피고 이수연(李壽延)에 대한 지정(知情) 이외의 판시사실은 동 피고의 당공정의 壽延과 秀淵과는 조선어로 동음이라는 내용의 공술과 사법경찰과 사무취급의 피의자 이수연 제2회 신문조서에 자기는 홍남표와 상당히 친한 사이로 다이쇼 15년 3월 중 경성에 와서 동인과 면회하고 로국행(露國行)을 상의한 내용의 공술기재가 있음과 고이(五井) 예심판사의 피고 강달영 제5회 신문조서 중 이수연이 홍남표의 권유에 의하여 조선공산당에 가입한 내용의 공술기재 있음과 전기 제2호, 제53호[103]의 회록에 다이쇼 15년 3월 11일 조선공산당 중앙집행위원회에서 이수연(李秀淵, 황해 載寧)의 입당을 승인한 내용의 기재가 있음을 종합하여 이것을 확인하며 피고 김유성이 판시 일시 장소에서 신동호의 권유를 받아 조선공산당에 가입한 것은 고이(五井) 예심판사의 피고 제1회 신문조서에 자기는 판시와 같이 신동호로부터 조선공산당에 가입하도록 권고를 받은 취지의 공술기재가 있음과 사법경찰관의 피의자 김유성(金有聲) 제1회 신문조서에 자기는 신동호의 권유에 의하여 동당에 입당한 내용의 공술기재가 있을 뿐 아니라 고이(五井) 예심판사의 피고 강달영 제5회 신문조서에 김유성이 동 당원인 내용의 공술기재가 있음에 의하여 피고 김유성이 판시 경성부의 '야체이카' 및 '프락치'에 속한 것은 동관의 피고 강달영 제2회 신문조서에 그 내용의 공술기재가 있음과 동관의 피고 이은식 제1회 신문조서의 공술기재 및 전시 제2, 제3, 53호의 회록, 일지

103) 『조선일보』, 1928.3.19, 「朝鮮共産黨判決書全文」(九); 『동아일보』에는 제35호, 제30호로 되어 있다(『동아일보』, 1928.3.9, 「朝鮮共産黨判決原文」(四)).

의 각 기재에 의하여 피고 김유성이 광주 '야체이카'에 속하고 그 책임자되는 것은 동관의 피고 신명준 제1회, 동 최안섭 제1회 신문조서에 동일 취지의 각 공술기재가 있음에 의하여 피고 김유성의 지정의 점은 동관의 동 피고 제2회, 동 권오설의 제5회 신문조서의 각 공술기재에 의하여 어느 것이든지 명료하다. 또 피고 조준기에 대한 지정을 제하고 판시 사실은 사법경찰관의 피의자 조준기 제2회 신문조서에 판시 일시 장소에서 신동호로부터 조선공산당에 가입하도록 권고를 받은 내용의 공술기재가 있음과 고이(五井) 예심판사의 피고 김유성 제1회 신문조서에 조준기가 조선공산당원인 것을 신동호로부터 문지(聞知)한 내용의 공술기재가 있을 뿐 아니라 동관의 피고 최안섭 제2회 신문조서에 조준기가 조선공산당에 가입하여 광주 '야체이카'에 속하여 있는 내용의 공술기재 있음에 의하여 인정하기에 충분하다. 피고 정진무가 전시 월일 조선공산당에 가입하여 광양 야체이카에 속하여 그 책임자된 것은 동관의 피고 신명준 제1회 신문조서에 자기는 다이쇼 14년 7월 중순경 정진무의 권유를 받아 조선공산당에 가입했으나 동인은 광양 야체이카의 책임자인 내용, 동관의 피고 김완근 제1회 신문조서에 정진무가 동 당원인 내용, 동관의 피고 노상렬 제2회 신문조서에 정진무가 광양 야체이카에 속한 내용의 각 공술기재 등 있음을 종합하여 이것을 인정하며 피고 신명준의 지정을 제한 판시 사실은 동관의 동 피고 제1회 신문조서에 동일 취지의 공술기재가 있음에 의하여 그 지정의 점은 동 신문조서의 공술기재 및 동관의 피고 권오설 제5회 신문조서의 공술기재에 의하여 각각 차를 인정할 수 있고 피고 김완근이 판시 월일 장소에서 이영민의 권유를 받아 조선공산당에 가입한 것은 동관의 피고 김완근 제1회 신문조서에 그 내용의 공술기재가 있음에 의하여 동 피고가 판시 야체이카에 속한 것은 동관의 피고 신명준 제1회 신문조서에 동 내용의 공술기재가 있음에 의하여 피고 김완근의 지정의 점은 동관의 피고 제1회 동 권오설 제5회 신문조서의 각 공술기재에 의하여 각각 차를 인정함에 충분하다. 피고 최안섭의 지정을 제한 판시 사실은 동관의 피고 제1회 신문조서 중 차에 조응할 공술기재가 있음에 의하여 그 지정의 점은 동관의 동 피고 제1회, 동 권오설 제5회 신문조서의 각 공술기재가 있음에 의하여 차를 인정할 수 있다. 피고 이영민, 이창수, 박병두가 조선공산당에 가입하여 순천 야체이카에 속하고 피고 이영민이 그 책임자인 것은 동관의 피고 신명준 제1회 신문조서에 동일 취지, 동관의 피고 김완근 제1회 신문조서에 자기는 조선공산당원 이영민의 권유를 받은 내용, 동관의 피고 노상렬 제2회 신문조서에 이영민, 이창수, 박병두는 동 당원으로서 순천 야체이카에 속하여 있는 내용의 공술기재 등이 있는 것을 종합하여 차를 인정하고 피고 김명규(金明奎)에 대한 지정 이외의 판시 사실은 검사의 증인 김명규 신문조서에 자기는 다이쇼 15년 3월 중 강달영의 권유로 조선공산당에 가입한 내용, 검사의 피의자 강달영 제3회 신문조서에 자기는 판시 장소에서 김명규에게 입당하기를 권하였던 바 즉시 승낙한 내용 고이(五井) 예심판사의 피고 강달영 제2회 동 이준태 제1회 신문조서에 김명규를 판시와 같이 도집행위원으로 임명한 내용의 각 공술기재가 있다고 전게 제3호, 53호의 일지에 다이쇼 15년 3월 26일 김명규를 경남도 간부에 임명한 내용의 기재 등이 있음에 의하여 피고 김명규의 지정의 점은 동관의 동 피고 제1회 동 권오설 제5회 신문조서의 각 공술기재에 의하여 각각 차를 인정하고 피고 김기호(金琪鎬)에 대한 지정 이외의 사실은 동관의 동 피고 제1회 신문조서에 자기는 다이쇼 15년 1월 초순경(동년 3월 중의 오류를 인정함) 자택에서 김명규의 권유에 의하여 조선공산당에 가입한 내용, 검사의 증인 김명규 신문조서중에 자기는 다이쇼 15년 3월 중 동당에 가입한 내용의 각 공술기재 등이 있는 것을 종합하여 차를 인정하고 피고 김기호의 지정의 점은 고이(五井) 예심판사의 피고 제1회 동 권오설의 제5회 신문조서의 각 공술기재에 명백하여 피고 박태홍 김창준 이상훈 김동부 이충모 이민행 고윤상 강균환 김연희 배성룡 배치문 남해룡 신표성 조동혁 조용주 채규항 이수연(李壽延) 조준기 정진무 이영민 이창수 박병두의 지정의 점에 대하여는 동관의 피고 이준태 제3회 동 권오설 제5회 신문조서의 각 공술기재에 의하여 전부 차를 인정함으로 이상을 종합하여 판시 제1의 (2)의 범행을 인정한다.

판시 제2의 (1) 사실 중 피고 권오설 홍증식 등 판시와 같이 모의한 것은 고이(五井) 예심판사의 피고 권오설 제1회 신문조서의 공술기재 및 코시오(越尾) 예심판사의 피고 박헌영 제1, 4회, 피고 홍증식 제1회 신문조서의 각 공술기재에 의하여, 박헌영 조봉암 김찬 김단야 등이 주로 알선한 것은 동 피고 박헌영 제4회, 피고 홍증식 제1회 신문조서의 각 진술기록에 의거하여 각각 이를 인정한다. 피고 권오설 외 16명이 판시 일시, 장소에 회합한 사실은 고이(五井) 예심판사의 동 피고 제1회 신문조서에서 같은 내용의 진술기록 및 동관(同官)의 피고 박헌영 신문조서의 진술기록과 코시오(越尾) 예심판사의 피고 임원근 제1회,[104] 고이(五井) 예심판사의 피고 임형관·홍증식·신철수·장순명·김상주·진병기 신문조서 가운데 모두 '자신이 고려공산청년회 조직자의 일원'이라는 내용의 각 진술기록이 있었음을 종합하여 이를 인정한다. 또 판시 방법에서 고려공산청년회라는 비밀결사를 조직한 사실은 고이(五井) 예심판사의 피고 박헌영·홍증식·권오설(제4회) 신문조서의 각 진술기록

----

104) 『동아일보』의 「朝鮮共産黨判決原文」(四)에는 임원근 제8회 신문조서로 되어있다(『동아일보』, 1928.3.9).

에 의하여, 그 조직의 목적도 또한 판시와 같다는 사실은 동관의 피고 권오설 제5회, 피고 임형근·홍증식·김상주 신문조서의 각 공술기재에 의하여, 판시 3명이 전형위원에 선임된 사실은 동관의 피고 박헌영 신문조서 가운데(같은 내용의) 공술기록이 있고 피고 신철수의 당 공정에서의 박헌영 홍증식이 동 위원이었다는 내용의 공술에 의하여, 중앙집행위원 7명 및 검사위원 3명이 판시와 같이 선임된 사실은 코시오(越尾) 예심판사의 피고 박헌영 제4회 신문조서에 같은 내용의 공술기재가 있음에 의하여, 중앙집행위원에 판시와 같이 일체를 위탁했다는 사실은 고이(五井) 예심판사의 피고 박헌영 신문조서의 공술기재에 의하여, 각각 이를 인정하기에 충분하다.

피고 신철수가 판시 월일경 검거된 사실은 동 피고가 당 공정에서 그 내용을 스스로 진술한 내용에 의하여, 피고 임원근이 피고 신철수를 대신하여 중앙집행위원이 된 사실은 코시오(越尾) 예심판사의 피고 박헌영 제4회 신문조서에 같은 내용의 공술기재가 있는 것과 동관의 피고 임원근 1회 신문조서 가운데 '자신은 중앙집행위원으로서 교양부를 담당했다'는 취지의 공술기재에 의하여,[105] 중앙집행위원들이 판시와 같이 그 위원회를 열어 그 부서를 정했다는 사실은 피고 홍증식이 당 공정에서 했던 같은 내용 진술에 의하여, 그 부서는 판시와 같이 6부로 하고 각자 담임사무를 정했다는 사실은 고이(五井) 예심판사의 피고 박헌영, 코시오(越尾) 예심판사의 피고 임원근(제1회) 신문조서에 같은 내용의 각 공술기재에 의하여 모두 이를 인정한다. 동 회원은 30세 이하의

---

[105] 『동아일보』의 「朝鮮共産黨判決原文」(四)에는 이 부분이 "동관의 피고 홍증식의 당 공정에서의 同旨의 供述에 의하여"라고 되어 있는데, 원문을 확인해 본 결과 조선일보의 판결문 내용이 올바르게 되어 있다(『조선일보』, 1928.3.20, 「朝鮮共産黨判決書全文」(十)).

사람으로 제한하고 그 모집을 했다는 사실은 피고 권오설이 당 공정에서 했던 같은 내용의 공술에 의하여 명백하고 피고 염창렬이 판시 월일·장소에서 조봉암의 권유를 받고 고려공산청년회에 가입한 사실은 동 피고가 당 공정에서 말한 '자신은 판시와 같이 조봉암의 권유를 받았다'는 내용의 공술과 고이(五井) 예심판사의 피고 염창렬 제1회 신문조서에서 '자신은 조봉암의 권유에 의해 동 청년회106)에 가입했다'는 내용의 공술기재가 있음에 의하여, 피고 염창렬의 지정(知情)의 점107)은 동 신문조서 및 동관의 피고 권오설 제5회 신문조서의 각 공술기재에 의하여, 피고 이병립이 판시와 같이 고려공산청년회에 가입한 사실은 동관의 동 피고 제1회 신문조서 가운데 같은 내용의 공술기재에 의하여, 동 피고의 지정의 점은 동관의 동 피고 제1, 2회 신문조서의 각 공술기재에 의하여, 피고 김경재가 판시와 같이 고려공산청년회에 가입한 사실은 동관의 동 피고 제1회 신문조서에 조응하는 공술기재가 있음에 의하여, 동 피고가 정황을 알고 있었던 점은 동관의 동 피고 제1, 2회 피고 권오설의 제5회 신문조서의 각 공술기재에 의하여, 피고 김경재가 권오설의 권유에 따라 중앙집행위원후보가 된 사실은 동관의 피고 김경재 제1회 신문조서의 공술기재와 동관의 피고 권오설 제1회 신문조서 가운데 '김경재는 중앙집행위원후보'라는 내용의 공술기재가 있음에 의하여 각 이를 인정한다. 또 조봉암을 모스크바에 파견하여 판시 교섭을 한 사실은 동관의 피고 권오설(제4회), 동 홍증식, 코시오(越尾) 예심판사의 피고 임원근 제1회 신문조서의 각 공술기재에 의하여, 학생을 판시와 같이 모스크바 공산학교에 입학시킨 사실은 피고 권오설의 당 공정에서의 공

106) 고려공산청년회.
107) 정황을 알고 있었던 점.

술(제15, 16회 공판 조서 참조, 파견비 금액의 점을 제외), 코시오(越尾) 예심판사의 피고 박헌영 제1회(학생수의 점을 제외), 제2, 제7회, 동 임원근 제1, 4, 5회(모두 학생수의 점을 제외), 동 임형관 제3회 신문조서의 각 공술기재에 의하여, 판시 군연맹 및 도연맹에 관한 점에 대해서는 코시오(越尾) 예심판사의 피고 박헌영 제1, 5, 6회, 동 임원근 제4회, 동 권오설 제2회 신문조서의 각 공술기재에 의하여 각 이를 인정하기에 충분하다. 피고 권오설이 판시와 같이 김동명과 밀의한 사실은 동 피고의 당 공정에서의 공술에 의하여, 피고 권오설이 판시와 같이 피고 염창렬, 이병립을 설득하여 중앙집행위원후보에 선임한 사실은 피고 권오설이 당 공정에서 '자신은 판시 창천리 정달헌 집에서는 피고 염창렬·이병립 2명에게만 그 권유를 해 승락을 얻었다'는 내용의 공술과 고이(五井) 예심판사의 피고 권오설·염창렬 각 제1회 신문조서의 공술기재에 의하여, 각 이를 인정하기에 충분하고 또 피고 이지탁(李智鐸)이 정황을 알았던 점은동관의 동 피고 제1, 2회, 동 권오설의 제5회 신문조서의 각 공술기재에 의하여, 피고 박민영에 대한 지정(知情)의 점(정황을 알았다는 점)을 제외한 판시 사실은 동 피고가 당 공정에서 '자신은 판시 월일·장소에서 피고 권오설에게서 이면(裏面) 운동에 참가하도록 권유를 받았다'는 내용의 공술과 검사의 피의자 박민영 신문조서 가운데 '자신은 권오설의 권유에 의해 고려공산청년회에 가입했다'는 내용의 검사의 피의자 권오설 제2회 신문조서 가운데 '다이쇼 15년(1926년) 3월 김동명이 상해로 도주했기 때문에 자신은 박민영을 추천해서 고려공산청년회에 가입시키고 후보위원으로 삼았다.'는 내용의 각 공술기재에 의하여, 피고 박민영의 지정의 점은 고이(五井) 예심판사의 동 피고 제2회, 동 권오설 제5회 신문조서의 각 공술기재에 의하여, 전부 이를 인정할 수 있다. 피고 권오설을 비롯하여 판시 중앙집행위원후보 등이 각자의 담임 사무를 정하고 판시와 같이 위원회를 개최하고 고려공산청년회의 발전에 대하여 협의한 사실은 동관의 피고 권오설, 박민영, 이지탁 각제1회 신문조서의 공술기재에 의하여, 이를 인정하겠음으로 판시 제2의 (1)의 범행을 인정하기에 충분하다.

판시 제2의 (2) 사실 가운데 피고 오기섭에 대한 지정 이외의 사실은 고이(五井) 예심판사의 동 피고 제2회 신문조서에 같은 내용의 공술기재가 있음에 의하여, 공 피고 지정의 점은 동관의 동 피고 권오설 제5회 신문조서의 각 공술기재에 의하여 각각 이를 인정하고 피고 박래원에 대한 판시 사실은 동 피고의 당 공정에서 '자기는 판시 월일경 화요회관에서 김동명으로부터 고려공산청년회에 가입하라는 권유를 받았다.'는 내용의 자공(自供)과 고이(五井) 예심판사의 동 피고 제1회 신문조서 가운데 판시 장소를 제외한 동일 취지의 공술기재가 있음에 의하여, 이를 인정하기에 충분하다. 피고 민창식이 판시 월일 정달헌의 권유를 받아 고려공산청년회에 가입한 것은 동관의 동 피고 제1회 신문조서에 같은 내용의 공술기재가 있음에 의하여, 동 피고의 지정의 점은 동관의 피고 제5회 신문조서의 공술기재에 의하여, 각각 이를 인정할 수 있고 피고 최안섭이 판시 월일 장소에서 신동호의 권유에 따라 지정(知情)의 후 고려공산청년회에 가입한 것은 동관의 동 피고 제1회 신문조서에 그 내용의 공술기재가 있음에 의하여, 피고 노상렬이 판시 월일 장소에서 동 청년회에 가입한 것은 동관의 피고 제1회 신문조서에 동일 취지의 공술기재가 있음에 의하여, 동 피고의 지정의 점은 동관의 동 피고 제2회 신문조서의 공술기재에 의하여, 또 피고 정순제(鄭淳悌)가 판시와 같이 지정한 후 동 청년회에 가입한 것은 동관의 동 피고 제1회 신문조서에 같은 내용의 공술기재가 있음에 의하여, 각각 이를 인정하기에 충분하고 피고 최안섭, 노상렬, 정순제가 전라남도의 도간부로 선임된 것은 동관의 피고 최안섭 제1, 2회, 동 정순제 제1회 신문조서의 각 공술기재에 의하여, 전라남도에 판시 야체이카를 설치하고 판시와 같이 회원이 각각 배속된 것은 동관의 피고 노상렬 제1회 신문조서에 같은 내용의 공술기재가 있는 것과 동관의 피고 최안섭 제1회 신문조서 가운데 광주 야체이카에 판시자 등이 배속되었다는 내용의 공술기재가 있음에 의하여, 각각 이를 인정하고 피고 최일봉이 판시 월일 장소에서 최안섭의 권유에 의하여 고려공산청년회에 가입한 것은 사법경찰관 사무취급의 피의자 최일봉 제1회 신문조서에 '자기는 판시 월일 장소에서 최안섭으로부터 조선에서 비밀히 운동할 결사가 있으니 가입하라는 권고를 받고 승낙하였다.'는 내용의 검사의 피의자 최일봉 제1회 신문조서 가운데 자기는 고려공산청년회에 가입하였다는 내용의 공술기재가 있음과 고이(五井) 예심판사의 피고 최안섭 노상렬 각 제1회 신문조서에 최일봉은 동 회원이라는 내용의 공술기재가 있음에 의하여 모두 이를 인정하기에 충분하다. 피고 정순화에 대한 야체이카 배속 이외의 판시 사실은 고이(五井) 예심판사의 동 피고 제1회 신문조서에서 동일 취지의 공술기재 및 동관의 피고 노상렬 제3회 신문조서의 공술기재에 의하여, 피고 정태중에 대한 야체이카의 배속을 제하고 판시 사실은 동관의 동 피고 제1회 신문조서에 자기는 정태중을 권유하여 입회시킨 내용의 공술기재가 있는 것에 의하여 각각 이를 인정하기에 충분하다. 피고 허영수가 피고 노상렬의 권유를 받아 고려공산청년회에 가입한 것은 동관의 피고 노상렬 제1회 신문조서에 그 내용의 공술기재가 있음과 동관의 피고 최안섭, 정순제 각 제1회 신문조서에 허영수가 동 회원인 내용의 각 공술기재가 있음에 의하여 각각 이를 인정하고 피고 김재중(金載中)에 대한 지정(知情) 및 야체이카 배속 이외의 판시 사실은 검사의 피의자 제4회 신문조서에 자기 및 노상렬은 다이쇼 15년 4월경에 김재중을 권유하여 고려공산청년회에 가입시킨 내용의 공술기재가 있음과 고이(五井) 예심판사의 피고 최안섭 제2회 신문조서 가운데에 자기 및 노상렬이 신동호 집에서 김재중을 권유하여 입회시킨 내용의 공술기재가 있음과 동관의 피고 노상렬에 의하여 각각 이를 인정하기에 충분하다. 피고 정홍모가 판시 일시 장소에서 최안섭의 권유를 받아 고려공산청년회에 가입한 것을 동 피고의 당공정에서의 같은 내용의 공술기재와 고이(五井) 예심판사의 피고 최안섭, 노상렬 각 제1회 신문조서 가운데 정홍모가 동회원인 내용의 각 공술기재 등이 있음에 의하여 또 피고 최일봉 허영수 김재중의 지정의 점은 동관의 피고 노상렬 제2회, 동 권오설 5회 신문조서의 각 공술기재에 의하여 각각 이를 인정할 수 있음으로서 이상을 종합하면 판시 제2의 (2)의 범행을 단정 할 수 있다.

판시 제2의 (3) 사실 가운데 피고 황수룡 김직성 김상주에 대한 마산공산청년회 조직의 목적 이외의 사실은 고이(五井) 예심판사의 피고 황수룡 제1회 신문조서에 동일 취지의 공술이 있는 것과 동관의 피고 김상주 신문조서 가운데에 자기는 다이쇼 13년 8월 5일 판시 장소에서 김형선 황수룡 김직성 등과 마산공산청년회를 조직한 내용의 검사의 피의자 김직성 제2회 신문조서 가운데에 자기는 다이쇼 13년 8월 김상주 황수룡 김형선 등이 마산공산청년회를 설치한다 하여 이를 찬성한 내용의 각 공술기재 등이 있음에 의하여 또 마산공산청년회가 판시 목적으로 조직된 것은 검사의 피의자 황수룡 동 김직성 각각 제1회 신문조서의 공술기재에 의하여 각각 이를 인정할 수 있고 피고 강종록에 대한 판시 사실은 고이(五井) 예심판사의 판시 월일 장소에서 김형선으로부터 이면운동을 할 비밀결사에 가입하기를 권유받고 승낙한 내용, 동관의 피고 황수룡 제1회 신문조서 중에 고려공산청년회는 '사유재산제도를 부인하는 공산제도를 실현'[108]시킬 목적하에 조직된 것으로서 강종록은 김형선의 소개로 동회에 가입하여 마산 제1야체이카에 속한 입회 권유의 무렵에는 반드시 그 목적을 고지한 내용의 각 공술기재에 의하여 이를 인정하고 피고 윤윤삼에 대한 지정(知情) 및 야체이카 배속 이외의 사실은 동 피고의 당공정에서의 같은 내용의 공술에 의하여 동 피고의 지정 및 야체이카 예속의 점은 고이(五井) 예심판사의 동 피고 및 피고 황수룡 각 제1회 신문조서의 공술기재에 의하여 각각 이를 인정할 수 있고 피고 김용찬에 대한 판시 사실은 동관의 동 피고 제1회 신문조서 가운데 동일 취지의 공술기재가 있음에 의하여 이를 인정함에 충분하다. 피고 이봉수(李鳳壽)에 대한 야체이카 예속을 除한 판시 사실은 동관의 동 피고 제1회 신문조서의 같은 내용의 공술기재가 있음에 의하여 동 피고 야체이카 배속의 점은 동관의 피고 윤윤삼, 김용찬 각 제1회 신문조서의 공술기재에 의하여 각각 이를 인정할 수 있음으로서 이상을 종합하여 판시 제2의 (3)의 범죄를 인정한다.

판시 제3의 (1) 사실 가운데 피고 권오설이 판시와 같이 김단야와 조선○○운동[109]하기를 기획한 것은 고이(五井) 예심판사의 동 피고 제3회 검사의 피의자 권오설 제2회 신문조서의 각 공술기재와 압수 제978호의 통신문의 기재에 의하여 이를 인정하고 피고 권오설이 판시와 같이 피고 박래원을 가담시킨 것은 고이(五井) 예심판사의 각 공술기재에 의하여 피고 민창식도 또한 판시와 같이 가맹한 것은 동관의 피고 박래원, 민창식 각 제1회 신문조서의 각 공술기재에 의하여 전부 차를 인정할 수 있고 피고 권오설이 판시와 같이 불온문서의 원고를 저작한 것 및

---

108) '사유제산제도를 부인하는 공산제도를 실현'시킨다는 부분은 『조선일보』(1928.3.23)에는 기록되어 있는데 『동아일보』 판결문에는 ○○으로 처리되어 있었다(『동아일보』, 1928.3.9).
109) '조선독립운동'으로 추정된다.

同 문서의 인쇄에 대하여 허가를 받지 아니한 것은 당 공정에서의 동 피고의 동일취지의 자공(自供) 및 피고 박래원의 그 인쇄에 대하여 관할 관청의 허가를 받지 아니한 내용의 진술 및 압수 제792호의 제1호 내지 6호의 불온문서의 각 기재에 의하여 명백하고 피고 박래원이 판시와 같이 양재식, 이용재를 가맹시킨 것은 고이(五井) 예심판사의 피고 박래원, 양재식, 이용재의 각 제1회 동 민창식 제2회 신문조서의 각 공술기재에 의하여 피고 박래원이 권오설에게 피고 민창식 양재식 이용재 등의 가맹을 씀한 것은 동관의 피고 권오설 제6회 신문조서에 같은 내용의 공술기재가 있음에 의하여 각각 이를 인정하기에 충분하다. 또 피고 박래원이 판시와 같이 인쇄자금을 받아 그 인쇄의 준비를 하고 피고 박래원 민창식 양재식 이용재 등이 판시 인쇄를 한 것은 피고 박래원의 당공정에서의 격고문 및 ****만세[110]라는 불온문서는 피고 백명천의 차가에서 인쇄하고 **** 라는 불온문서는 피고 민창식 방에서 인쇄한 내용의 공술과 동관의 피고 박래원 민창식 이용재 백명천 각 제1회 신문조서의 공술기재에 의하여 '대한독립당'의 인장을 판시 격고문에 압날(押捺)한 것은 피고 박래원의 당 공정에서의 그 내용의 자공과 동관의 피고 민창식 양재식 각 제1회 신문조서의 공술기재에 의하여 또 피고 권오설 박래원 등이 판시와 같이 불온문서의 살포계획을 한 것은 동관의 피고 권오설 제3 제6회 동 박래원 제1회 신문조서의 각 공술기재에 의하여 각각 이를 인정하고 피고 백명천에 대한 판시 사실은 동 피고의 당 공정에서의 자기는 박래원의 의뢰에 의거하여 판시 물품을 매수한 내용의 공술과 동관의 피고 백명천 제1회 신문조서에 같은 취지의 공술기재가 있음에 의하여 이를 인정할 수 있음으로써 판시 제3의 (1)의 범

---

110) '대한독립만세'로 추정된다.

행을 시인함에 넉넉하다.

판시 제3의 (2) 사실 가운데 피고 김항준에 대한 사실은 고이(五井) 예심판사의 동 피고 제1회 신문조서에 불온문서 및 선천(宣川), 경성의 운송점명을 제한 동일 취지의 공술기재가 있음과 당 공정에서의 피고 홍덕유의 김항준이 자기에 대하여 김단야로부터 권오설에게 발송한 선전문의 화물인환증을 교부하고 권오설에 인도하여 달라는 내용, 피고 권오설의 자기는 홍덕유로부터 판시 불온문서의 화물인환증을 수취한 내용의 각 공술 및 검사의 피의자 강연천 제2회 신문조서에 자기는 김항준의 의뢰를 받아 판시 방법으로 하물을 발송한 내용의 공술기재가 있는 것에 의하여, 다이쇼 15년 2월경에 피고 권오설로부터 만일 김단야로부터 서면이 오면 자기에게 보내달라는 의뢰를 받고 있었는데 피고 김항준이 판시 장소에 와서 김단야로부터 권오설에게로 발송한 선전문의 물화인환증이니 권오설에게 보내달라 함으로 이를 수취하여 판시와 같이 동인에게 교부한 내용, 피고 권오설의 자기는 홍덕유로부터 판시 일시경 판시 불온문서의 화물인환증을 판시 장소에서 수취한 내용의 각 공술과 고이(五井) 예심판사의 피고 김항준 제1회 신문조서에 자기는 판시 장소에서 피고 홍덕유에 대하여 불온문서를 묶은 쟝[古簞笥]에 넣어 인월하물(引越荷物)[111]과 같이 포장하여 발송하였다 고(告)하고 그 화물인환증을 주어 그 전달을 위탁한 내용의 공술기재가 있음과 사법경찰관 사무취급의 피의자 김항준 제8회 신문조서 가운데 자기는 판시 월일 조선일보사에 가서 화물인환증을 보이고(니) 이 안에는 김필성이 발송한 불온문서가 들어있다고 고(告)한 내용의 공술기재 등이 있음에 의하여 이를 인정하였음으로 판시 제3의 (2)의 범행 또한 그 증명이 충분하다.

....................................................

111) ひっこしにもつ[引越し荷物], 이삿짐의 일본어.

그리고 피고 김상주 진병기 권오설 염창렬 박래원 박민영 이지탁 민창식 김경재 이병립 노상렬 최안섭 황수룡 양재식 이용재 백명천의 판시 의사(意思) 계속(繼續)의 점은 전부 단기간 내에서 동종의 행위를 반복 누행(累行)한 사적에 의하여 각각 이를 인정하고 또 피고 김재봉 김두전 유진희 진병기 강달영 이봉수(李鳳洙, 일명 이철) 어수갑 류연화 도용호 임원근의 판시 수형 사실은 동 피고 등의 당 공정에서의 각기 당해 부분 같은 내용의 각 자공(自供)에 의하여 실로 명백한 것이다.

법에 비추건대 피고 김정규의 소위(所爲)는 치안유지법 제1조 제1항,[112] 제7조[113]에 피고 김재봉 김두전 유진희 윤덕병 송덕만(송봉우) 독고전 정운해 강달영 이준태 이봉수(동아일보기자 일명 이철) 전정관 박태홍 박일병 김창준 어수갑 이상훈 김동부 이충모 구창회 이은식 류연화 이민행 고윤상 강균환 김연희 배성룡 이승엽 배치문 남해룡 신표성 조동혁 조용주 권오설 채규항 도용호 오기섭 이수연 김유성 조준기 정진무 신명준 김완근 이영민 이창수 박병두 김명규 김기호 김직성 강종록 윤윤삼 김용찬 이봉수(李鳳壽) 임원근 임형관 홍증식 신철수 장순명 정순제 최일봉 정순화 정태중 허영수 김재중 정홍모의 소위 및 피고 홍덕유의 판시 제1의 (1)의 소위는 각 동법 제1조 제1항에, 피고 김상주 진병기 염창렬 박민영 이지탁 김경재 이병립 노상렬 최안섭 황수룡의 소위 피고 권오설의 판시 제1의 (1), 제2 (2)의 소위 및 피고 박래원 민창식의 판시 제1의 (2), 제2의 (2)의 소위는 각 동법 제1조 제1항 형법 제55조[114]

---

112) [시행 1925.4.29] [조선총독부법률 제46호, 1925.4.21, 제정] 치안유지법 제1조 1항은 "국체를 변혁하거나 사유재산제도를 부인하는 것을 목적으로 결사를 조직하거나 이에 가입한 자는 10년 이하의 징역 또는 금고에 처한다."라고 규정되어 있다.

113) 치안유지법 제7조 "이 법은 이 법의 시행구역 외에서 죄를 범한 자에게도 적용한다."

에 각 해당함에 의하여 모두 징역형을 선택하고, 피고 홍덕유 이준태 강균환 이병립 오기섭 장순명 신철수의 소위는 동 피고 등의 판시 전과의 여죄(餘罪)인 고로 각 형법 제50조[115]를 통용하고, 피고 김재봉 김두전 유진희 강달영 이봉수(일명 이철) 어수갑 류연화 도용호 임원근의 소위는 누범이므로 각 동법 제56조[116] 제57조[117]에 의하여 각기 법정 가중을 하여 피고 권오설 박래원 민창식 이외의 위 피고 등에 대하여는 각기 범위에서 양형하겠고, 피고 권오설 박래원 민창식 양재식 이용재의 치안을 방해하고자 한 소위는 각 다이쇼 8년 동 제7호 제1조 제1항 본문에 피고 권오설의 문서저작의 소위 가운데 격고문 '****** 및 ****운동자여 **하라'[118] 하는 불온문서 저작의 점은 융희2년[119] 법률 제6호 출판법 제11조 제1항 제1호,[120] 조선형사령 제42조[121]와 기타의 불온문서 저작의 점은 동 출판법 제11조 제1항 제3호,[122] 동령 제42조에 피고 박래원 민

114) 형법 제55조 "연속한 수개의 행위로 동일 죄명에 觸할 때는 一罪로서 이를 처단한다."라고 규정되어 있다.
115) 형법 제50조 "병합죄 가운데 이미 재판을 경과한 죄와 아직 재판을 경과하지 않은 죄가 있을 때는 또 재판을 경과한 죄에 붙여 처단한다."
116) 형법 제56조 "징역에 처해 진 자가 그 집행을 마치고 또는 집행의 면제된 날부터 5년 내에 다시 죄를 범하여 유기징역에 처해질 때는 이를 재범으로 한다".
117) 형법 제57조 "再犯의 刑은 그 죄에 대하여 定한 징역의 長期의 2배 이하로 한다".
118) '대한독립만세 및 대한독립운동자여 단결하라'라는 제목의 전단과 격고문이었다.
119) 출판법은 융희 2년(1908년)이 아니라 융희 3년(1909년) 법률 제6호에 의해 제정, 공포되었다(『관보』 제4311호, 융희 3년(1909년) 2월 26일).
120) 출판법 제11조 1항은 다음과 같다. "허가를 得치 아니하고 출판한 저작자, 발행자는 左의 구별에 의하여 처단함. 1항 國交를 저해하거나 정체를 變壞하거나 國憲을 紊亂하는 문서 도서를 출판한 時는 3년 이하의 役刑."
121) [시행 1924.1.1] [조선총독부제령 제14호, 1922.12.7, 일부개정] 조선형사령 제42조 "이 영 시행 후 효력을 가지는 구 한국법규의 형은 다음 예에 따라 이 영의 형명으로 변경한다. 다만, 형의 기간 또는 금액은 그러하지 아니하다. 구한국법규의 형이 영의 형 사형 사형, 종신역형 무기징역, 종신유형 무기금고, 15년 이하의 역형 유기징역, 15년 이하의 유형 또는 금옥 유기금고, 벌금 벌금, 구류 구류, 과료 과료, 몰입 몰수, 태형 20일 이하의 구류 또는 과료."

창식 양재식 이용재의 문서 인쇄의 소위 가운데 격고문, '****** 및 ****운동자여 **하라' 하는 불온문서 인쇄의 점은 각 동 출판법 제11조 제2항[123] 제1항 제1호 동령 제42조에 기타의 불온문서 인쇄의 점은 각 동 출판법 제11조 제2항 제1항 제1호 동령 제42조에 기타의 불온문서 인쇄의 점은 각 동 출판법 제11조 제2항 제1항 제3호 동령 제42조에 각 해당하고 피고 권오설의 불온문서의 각 저작 피고 박래원 민창식 양재식 이용우의 동 문서의 각 인쇄는 각각 연속범으로 이들의 저작 및 인쇄와 위 치안을 방해코저 한 소위와는 일개의 행위로서 수개의 죄명에 촉(觸)함으로써 각 형법 제54조 제1항 전단(前段),[124] 제55조, 제10조[125]를 적용하여 모두 중(重)한 제령 위반죄형에 따라 그 소정 형 중 각 징역형을 선택하고 피고 권오설 박래원 민창식의 소위는 병합죄에 관계하므로 각 동법 제45조[126] 제47조[127] 제10조를 적용하여 각기 중한 치안유지법 위반죄의 형에 따라 가중을 행하여 모두 그 형기 범위 내에 양형처단하겠고

----

122) "國憲을 紊亂하는 문서 도서를 출판한 時"에 해당한다.
123) 출판법 제11조 2항은 다음과 같다. "외교와 군사의 기밀에 관한 문서 도서를 출판한 時는 2년 이하의 役刑."
124) [大正10年4第77號 改正] 형법 제54조는 다음과 같다. "1개의 행위로서 수개의 죄명에 촉하거나 또는 범죄의 수단 또는 결과된 행위로 타의 죄명에 觸한 때는 그 가장 중형으로 처단한다."
125) 형법 제10조 "主刑의 경중은 전조 기재의 순서에 의한다. 단, 무기금고와 유기징역은 금고로서 중함으로 하고 유기금고의 장기가 유기징역의 장기의 2배를 넘을 때는 금고로서 重함으로 한다." 형법 제9조 "사형, 징역, 금고, 벌금, 구류 및 과료를 主刑으로 하고 몰수를 부가형으로 한다."
126) 형법 제45조 "확정재판을 경과하지 않은 數罪를 倂合罪라고 한다. 만약 어떤 죄에 대해 확정재판이 있던 때는 아직 그 죄와 그 재판 확정 전에 범한 죄를 병합죄로 한다."
127) 형법 제47조 "병합죄 가운데 2개 이상의 유기 징역 또는 금고에 처함이 가능한 죄가 있을 때는 그 가장 중한 죄에 대하여 定한 형의 長期에 그 반수를 더한 것으로써 장기로 한다. 단 各罪에 대하여 定한 형의 장기를 합산한 것을 넘는 것은 할 수 없다."

피고 백명천의 소위중의 조선**운동 방조의 점은 다이쇼 8년 제령 제7호 제1조 제1항[128] 본문 형법 제62조 제1항에 인쇄 방조의 점은 전시(前示) 출판법 제11조 제2항 제11항 제1호 제3호 조선형사령 42조 형법 제62조 제1항[129]에 각각 해당한 바, 인쇄의 방조는 연속범이므로 형법 제55조 제10조에 따라 그 중(重)한 동 출판법 제11조 제2항 제1항 제1호 동령 제42조의 1죄로 하고 또 종범(從犯)인 고로 각 형법 제63조[130] 제68조 제3호[131]를 적용하여 각기 감형을 행하고 위 **운동방조와 인쇄방조와 는 일개(一個)의 행위로 이개(二個)의 죄명에 촉함으로써 동법 제54조 제1항 전단 제10조에 의하여 기(其) 중(重)한 **운동방조죄의 형에 따라 징역형을 선택 처단하겠고 피고 홍덕유 김항준의 판시 제3의 (2)의 소위 는 각 다이쇼 8년 제령 제7호 제1조 제1항 본문 형법 제62조 제1항에 해 당하여 모두 징역형을 선택하고 오히려 종범이므로 각 형법 제63조 제 68조 제3호를 적용하여 각기 감형을 한 범위 내에서 처단하고 피고 홍 덕유에 대하여는 전게 치안유지법 위반죄의 형과 다이쇼 8년 제령 제7 호 위반의 형을 병과하겠고, 주문 제2항 기재의 피고 정운해 이병립을 제(除)한 타(他) 피고 등에 대하여는 모두 형법 제21조[132]를 적용하고

---

128) 「정치에관한범죄처벌의건」[시행 1919.4.15] [조선총독부제령 제7호, 1919.4.15, 제 정]의 전문은 다음과 같다. "제1조 ①정치의 변혁을 목적으로 하여 다수공동으로 안녕 질서를 방해하거나 방해하고자 하는 자는 10년 이하의 징역 또는 금고에 처 한다. 다만 형법 제2편 제2장의 규정에 해당하는 때에는 이 영을 적용하지 아니한 다. ②전항의 행위를 하게 할 목적으로 선동한 자의 죄도 전항과 같다. 제2조 전조 의 죄를 범한 자가 발각 전에 자수한 때에는 형을 경감하거나 면제한다. 제3조 이 영은 제국 외에서 제1조의 죄를 범한 제국신민에게도 적용한다."

129) 형법 제62조 "正犯을 방조한 자는 從犯으로 하고 從犯을 교사한 자는 從犯에 準한 다."

130) 형법 제63조 "從犯의 刑은 正犯의 형에 비추어 減輕한다."

131) 형법 제68조 "법률에 따라 형을 감경할 수 있고 一個 또는 數個의 이유가 있을 때 는 좌의 예에 따른다." "3항 유기의 징역 또는 금고를 감경할 때는 그 형기의 1/2을 감한다."

각기 미결 구류일수 중 주문 게기(揭記)의 일수를 각기 본형에 산입하겠고 피고 양재식 이용재에 대하여는 각기 범정(犯情)에 감(鑑)하여 각 동법 제25조133) 형사소송법 제358조 제2항에 의하여 주문 게기의 기간 내 각기 형의 집행을 유예함을 지당하다 하고 압수물건 중 다이쇼 15년 압수 제792호의 제1호 내지 제6호는 피고 권오설 박래원 민창식 양재식 이용재의 판시 제3의 (1)의 범행으로부터 생(生)한 것, 동 제9호 내지 제16호 제18, 20, 21, 24, 25호는 동 범죄행위의 용(用)에 공(供)하고 혹은 공(供)하려든 것, 동 제18호는 피고 백명천의 범행으로부터 생(生)한 것, 동 제24호는 피고 김항준의 범행을 조성한 것으로서 전부 범인 이외의 자에 속하지 아니한 것으로 인정함으로 형법 제19조에 의하여 주문 게시와 같이 이를 몰수할 것으로 함.

그리고 본건 공소 사실 중 피고 이규송 이호 박태선 설병호 이석(또는 李鳳洙) 서정희 문상직 권영규 한정식 배덕수가 판시 조선공산당의 창립 후 그 목적을 숙지하면서 동당에 가입하고 피고 배덕수 이외의 위 피고 등이 경성부의 야체이카 혹은 프락치에 배속한 사실, 피고 권영규 한정식이 판시 고려공산청년회 창립 후 그 목적을 요지하면서 동회에 가입한 사실 및 팽삼진 김종신이 마산공산당의 목적을 숙지하면서 동당에 가입하고 그 후 피고 김상주 등과 함께 조선공산당조직의 정(情)을 실지(悉知)한 후 동당으로 병합하기로 결의하고 동당에 가입하였다는 사실은 전부 이를 인정할 만한 증명이 없기 때문에 각 형사소송법 제362조에 따라 동 피고 등에 대하여 무죄의 언도를 하였고 또 피고 오

132) 형법 제21조 "미결구류의 일수는 그 전부 또는 일부를 본형에 산입함 得한다."
133) 형법 제25조 "左에 기재한 자 2년 이하의 징역 또는 금고의 언도를 受한 때는 정상에 인하여 재판확정의 일부터 1년 이상 5년 이하의 기간 내 그 집행을 유예함을 得한다."

기섭이 조선공산당의 창립 후, 그 목적을 지하면서 동당에 가입하여 경성부의 야체이카 프라치에 예속하였다는 점, 피고 김명규 황수룡 김상주 김직성 김기호가 김형선과 공(共)히 다이쇼 13년 8월 17일 경상남도 마산부 성호동 김명규방에 집합하여 피고 김명규의 발의로 "조선에서 사유재산제도를 부인하고 공산제도에 실현을 기할 목적으로써"[134] 마산공산당인 비밀결사를 창설하여 피고 김명규를 그 책임자에 추(推)하고 이후 시시로 집회를 열고 목적의 실행에 관하여 협의하고 그 후 다이쇼 14년 8월경 조선공산당 조직의 목적을 실지하면서 마산공산당을 병합하자고 결의하고 명칭을 조선공산당 마산 야체이카로 개(改)하여 피고 김명규 황수룡 김직성의 3명이 조선공산당에 가입하였다는 점 및 피고 김직성이 황수룡 김상주 김형선 등과 공(共)히 피고 김상주의 발의로 일동 협의한 후 고려공산청년회에 그 목적을 숙지하고 마산공산청년회를 병합하고 고려공산청년회 마산야체이카라고 개명하고 마산 제1, 제2의 야체이카를 설(設)하고 회원 모집 기타 목적의 실행에 관하여 협의하였다는 점도 또 이를 인정할 증명이 없으나 동 피고 등의 판시 범죄와 연속(連續) 일죄(一罪)의 관계가 있는 것임으로 기소된 것인데 특히 이 점에 관하여 무죄의 언도를 하지 않고 또 피고 홍덕유에 대한 명예훼손의 공소는 동 피고가 조선일보사에 근무하고 지방부장으로서 편집사무를 담당 중 다이쇼 14년 4월 18일부 조선일보 조간 제1682호 동북판 제2면에 '도박단 및 강탈단'이라는 제목하에 김창원 김낙봉 외 2명은 도박을 업으로 하는 부랑의 도(徒)로서 도전(賭錢)에 궁(窮)한 결과 동년 4월 8일 영흥군 순령면 풍동리 김동길 집에서 이경수의 처 모(某)의 의상을 벗기고 그 소지금 40원을 강탈한 내용의 허위 사실을 공연히 적시

---

134) 이 부분은 『동아일보』에는 ○○으로 처리되어 있었다(『조선일보』, 1928.3.26).

하여 김창원 김낙봉의 명예를 훼손하였다 함에 있어서 위 범행이 있다 할지라도 일 신문기자로서 피해자 4명의 비행을 적발한 까닭에 견련일죄(牽連一罪)를 구성함에 불과하다 할 수 있다. 그런데 동 피고는 그 피해자의 일인인 김부학의 고소에 기초하여 다이쇼 15년 4월 29일 당 법원에 위 사실에 대하여 명예훼손의 공소를 제기하였으나 동 고소인이 고소 취소하였기 때문에 동년 5월 17일 당원에서 공소기각의 판결을 받고 동 판결확정한 자이므로 전시 공소 사실에 대하여 기히 확정 판결을 경한 자로서 형사소송법 제363조 제1호에 의하여 이 점에 대하여 면소의 언도를 할 것이라 함에 의하여 주문과 같이 판결함.

쇼와 3년 2월 13일 경성지방법원 형사부
재판장 조선총독부 판사 야모토 쇼헤이(矢本正平)
조선총독부 판사 와키데츠 하지메(脇鐵一)
조선총독부 판사 나카지마 히토시(中島仁)


## 해 제

이 문서는 1928년 2월 13일 고윤상(高允相, 33세) 외 94인에 대한 '1, 2차 조선공산당 사건'에 대한 경성지방법원의 판결문으로 사건번호는 昭和2年刑公第427號-439號 · 第1059-1087號이다. 이 사건에 관여한 판사는 재판장 조선총독부 판사 야모토 쇼헤이(矢本正平), 와키데츠 하지메(脇鐵一), 나카지마 히토시(中島仁) 등 3인이다.

일제강점기 조선공산당에 대한 검거는 4차례에 걸쳐 이루어졌다. 1925년 11월 신의주 사건에 따른 1차 조선공산당 사건과 1926년 6월 6 · 10만세운동에 의한 2차 조선공산당 사건, 그리고 1928년 2월의 3차 조선공산당 사건('ML당 사건'), 1928년 7월 4차 조선공산당 사건이 그것이다. 이 판결문은 1925년 11월에 발생한 '신의주 사건'(1차 조선공산당 사건)과 1926년 6월에 발생한 '6·10만세운동 사건'(2차 조선공산당 사건)의 병합 사건에 대한 판결문이다. 1,2차 조선공산당 사건에 대한 판결문은 국가기록원에는 소장이 확인되지 않아서 고등법원검사국에서 발행된 『朝鮮治安維持法違反事件判決(一)』과 1928년 3월 발행된 동아일보와 조선일보에 게재된 판결문 등을 참조하였다.[135]

조선공산당 사건은 1911년 '105인 사건' 또는 '데라우치총독 암살미수 사건'과 1919년 3·1운동과 더불어 일제하 3대사건 가운데 한 사건이었다. 1,2차 조선공산당 사건의 검거에서 판결에 이르는 과정은 다음과 같다.[136]

1925년 11월 22일 신의주에서 신만청년회원 김경서가 친일변호사를 구타하는 사건이 발생하였다. 일제 경찰은 그 사건을 조사하는 과정에서 박헌영이 상해에 있는 조봉암에게 보내는 비밀문서가 발각나면서 조선공산당과 고려공산청년회가 조직된 사실을 알게 되었다. '신의주 사건'(제1차 조선공산당 사건)이 발생한 것이다. 이로 인해 조선공산당 초대 책임비서 김재봉과 고려공산청년회 초대 책임비서 박헌영 등을 비롯하여 전국적으로 조선공산당 핵심인물 100여 명이 일제히 일제 경찰에게 검거되었고 이로 인해 조선공산당은 거의 궤멸상태에 이르게 되었다.[137]

......................................................

135) 1928년 2월 13일의 조선공산당에 대한 경성지방법원 판결문은 『동아일보』, 1928.3.6~1928.3.10, 『조선일보』, 1928.3.4~1928.3.26.에도 전문이 실려 있고, 안동독립운동기념관에서 발행한 『권오설1 – 신문기사와 신문·공판조서』(푸른역사, 2010)에도 일부가 실려 있다.
136) 전명혁, 「6·10만세운동 시기 조선공산당과 고려공산동맹의 활동」, 『歷史學硏究』 제58호, 2015.5 참조.
137) 김준엽·김창순, 『한국공산주의운동사』 2권, 청계연구소, 1986 참조.

6·10만세운동은 1925년 11월 '신의주 사건'을 계기로 한 일제의 조선 공산당에 대한 첫 번째 탄압에 이어 두 번째 탄압을 일으켰다. 6월 6일 천도교 개벽사의 제본부(製本部) 직원 손재기(孫在基)[138]의 집에 비밀리에 숨겨 논 선전문이 우연히 발견됨으로써 조선공산당에 대한 대대적 검거가 시작되었다. 1926년 6월 6일부터 민창식, 박래원, 손재기, 양재식 등이 '불온계획 및 불온문서발견의 건'으로 검거되고 다음날 6월 7일 권오설 등이 검거되었다.

이 사건을 담당한 1926년 7월 12일 경성지방법원 검사국의 사토미(里見寬二) 검사는 권오설을 비롯한 16인을 치안유지법 위반과 출판법 위반으로 기소하는 동시에 이들에 대한 예심을 청구하였다.[139] 1926년 7월 17일 제2대 조선공산당 책임비서 강달영까지 일본 경찰에 검거되어 1926년 8월 8일까지 80여 명이 조선공산당 관련자로 일경에 체포되었다.[140]

권오설 등은 1926년 7월 2일, 강달영 등은 8월 10일 종로경찰서에서 경성지방법원 검사국에 송치되어 치안유지법 위반혐의로 예심을 받게 되었다.[141] 강달영은 1926년 8월 10일 종로경찰서에서 첫 번째 검사의 신문을 받고 같은 날 '치안유지법 위반 피의사건'으로 예심검사에게 송치되어 서대문형무소로 송치되어 구류되었다. 1926년 12월 29일 종로경찰서는 경성지방법원 검사국으로 강달영 등에 대한 의견서를 제출했다.[142]

한편, 일제는 1926년 7월 10일 조선총독 사이토 마코토(齋藤實)의 명

---

138) 손재기는 의암(義庵) 손병희의 종손으로 1892년 서울에서 태어났다.
139) 기소된 16인 가운데 확인할 수 있는 사람은 "권오설, 박민영, 이지탁, 김항준, 강연천, 염창렬, 박래원, 민창식, 양재식, 이용재, 백명천, 손재기" 등 12인이다(『시대일보』, 1926.7.13).
140) 京城鐘路警察署(京鍾警高秘第9838號), 「朝鮮共産黨檢擧ノ件」, 1926.8.8.
141) 京城鍾路警察署, 「意見書」, 1926.8.30.
142) 京城鍾路警察署, 「意見書－李壽延 外二名」, 1926.12.29.

령으로 '1차 조선공산당 사건'으로 신의주지방법원에서 예심이 진행 중인 김재봉, 박헌영 등 21명을 경성지방법원 예심으로 이송할 것을 명령했다.[143] 이에 따라 7월 21일 박헌영과 윤덕병이 신의주형무소에서 서대문형무소로 이감되었고[144] 7월 22일에는 임원근과 진병기가, 7월 23일에는 독고전과 임형관[145]이, 7월 24일 김재봉과 김상주가 서울로 압송되어 서대문형무소로 이감되어[146] '1차 조공' 책임비서 김재봉을 비롯하여 박헌영, 임원근, 김약수, 송봉우, 유진희, 김상주, 진병기, 윤덕병 임형관 박길양 신철수 장순명 홍증식 조이환 독고전 송덕만 주종건 서정희 김상주 김경서 조동혁 등 20명이 신의주형무소에서 서대문형무소로 이감되었다.[147]

'1차 조선공산당 사건'과 '2차 조선공산당 사건'이 병합, 심리되어 1925년 11월 22일 검거가 시작된 이래 1926년 9월 7일 검사국에 사건이 송치될 때까지 220명이 검거되었다. 이중에서 치안유지법과 '다이쇼 8년 제령 7호' 그리고 출판법 위반으로 101명이 재판에 회부되어 83명이 유죄판결을 받았다. 이 사건의 예심 취조기록은 무려 4만여 쪽에 달했다. 그러나 이 중대한 사건은 일제의 보도통제로 1927년 3월 31일 예심이 종결되는 날까지 일체 보도되지 않은 가운데 진행되었다.[148]

143) 조선총독 齋藤實, 「法秘 35호」, 1926.7.10(임경석, 『이정 박헌영 일대기』, 역사비평사, 117쪽 참조).

144) 『동아일보』, 1926.7.22.

145) 『동아일보』, 1926.7.23.

146) 『동아일보』, 1926.7.25.

147) 김희곤, 『조선공산당 초대책임비서 김재봉』, 경인문화사, 2006, 74쪽; 신의주지방법원, 「김재봉 외 19인조서(1)」, 1926.4.24. 이외에 이창수는 1886년 전남 순천 출신으로 순천노동조합연합 위원장을 역임하고 조선공산당에 입당하여 '신의주 사건'이 발생하기 이전인 1925년 7월 '순천사건'으로 일본경찰에 검거되어 1928년 2월 23일 '1차, 2차 조선공산당 사건'에서 징역 1년을 선고받았다.

148) 임대식, 「사회주의운동과 조선공산당」, 『한국사』 15, 한길사, 2000.

'1차 조선공산당 사건'으로 구속된 박헌영은 1927년 9월 13일 조선공산당 사건 제1차 공판에서 사람들의 예상을 뛰어넘어 과감히 발언하기 시작했다. 자신들의 행위는 "한국의 민족 해방과 정의의 실현"을 위한 것이며 따라서 무죄라고, 취조 도중에 사망한 동지들을 살려내라고 울부짖었다.[149] 1926년 7월 박순병[150]은 경찰 신문과정에서 1927년 12월 백광흠[151]은 고문 후유증으로, 1928년 1월 19일 박길양[152]이 고문으로

149) 임경석, 「박헌영과 김단야」, 『역사비평』 53, 2000.11, 136~138쪽.
150) 박순병(朴舜秉, 1901~26) 朴純秉. 함북 온성 출신으로 박일병(朴一秉)의 동생이다. 1921년 고려공산당 선전부원이 되었고, 고학생갈돕회의 간부로 활동했다. 1922년 10월 경성무산청년회 결성에 참여했다. 1923년 2월 전조선청년당대회 후원회 결성에 참여했고 3월의 대회에 대종교중앙청년회 대표의 일원으로 참석했다. 8월 신흥청년단 결성준비위원으로 활동했고 1924년 2월 신흥청년동맹 결성에 참여하여 상무집행위원이 되었다. 이 무렵 경기도청년연맹 상무집행위원, 한양청년연맹 상무집행위원, 화요회원, 혁청당(革淸黨) 당원, 『무산자신문』 경성(京城)지국장, 『청년대중(靑年大衆)』 조선지국장을 지냈다. 1925년 4월 고려공산청년회 창립대회에 참가하고 중앙위원 후보로 선임되었다. 11월 조선학생과학연구회 결성에 참여했다. 1926년 『시대일보』 사회부 기자로 재직했고 조선공산당에 입당하여 경성부 제4야체이카, 언론기관 프랙션에 배속되었다. 7월경 '제2차 조공 검거사건'으로 체포되어 신문 도중 고문으로 사망했다(강만길·성대경 편, 『한국사회주의운동인명사전』, 창비사, 1996 참조).
151) 백광흠(白光欽, 1894~1927). 경남 동래 출신으로, 1920년 조선노동공제회 집행위원을 지냈다. 그 후 동래청년회 집행위원장, 마산노동동우회 집행위원, 삼산(三山)노농연합회 집행위원을 역임했다. 1922년 1월 서울에서 무산자동지회 결성에 참여했다. 10월 조선노동연맹회 결성에 참가하여 상임집행위원이 되었다. 1923년 6월 꼬르뷰로(조선공산당 중앙총국) 국내부 동래야체이까 책임자가 되었다. 1924년 2월 신흥청년동맹 회원이 되었고 4월 조선노농총동맹 중앙집행위원으로 선출되었다. 11월 화요회에 가입했다. 1925년 2월 동래 대표로서 전조선민중운동자대회 준비위원으로 선임되었다. 이 무렵 조선공산당, 고려공산청년회에 가입했다(강만길·성대경 편, 위의 책 참조).
152) 박길양(朴吉陽, 1894~1928). 경기도 강화에서 대한제국 시기 참위(參尉)를 지낸 박제수(朴齊秀)의 아들로 태어났다. 1908년 강화도 사립 보창학교(普昌學校)를 졸업했다. 1910년 서울의 상동(尙洞)청년학원 중등과에 입학했고 졸업한 후 3년간 강화도 소재 사립학교 교사로 근무했다. 그 후 2년간 서울 광정상회(廣井商會)에서 근무했으며, 잡화상을 경영하기도 했다. 1921년 상해(上海) 대한민국임시정부 독립공채 모집운동에 참여했다가 일본경찰에 검거되어 12월 경성지법에서 제령(制令) 7호 위반 혐의로 징역 1년 6월을 선고받았다. 1922년 11월 출옥 후 귀향하여 『시대일보』

1928년 6월 권오상[153]이 병보석 이후 사망하고 권오설[154]은 1930년 4월 옥사했다.

1927년 3월 31일 경성지방법원 예심계에서 취조를 받아오던 조선공산당 사건 관련자 '권오설 외 103인'[155]의 예심이 종결되었다.[156] 예심에서 김경서, 조동근, 김세연, 김영희, 백기호 등 5인은 증거불충분으로 면소되고, 박순병은 사망으로 공소기각되어 권오설 등 99명이 유죄로 제령 7호 및 치안유지법 위반혐의로 기소되었다.[157] 당시 예심종결서는 조선일보 등 일간지에 게재되었다.[158] 그 내용은 판결문의 내용과 거의 유

---

강화지국을 경영했다. 1924년 3월 강화중앙청년회를 결성하고 간부가 되었으며, 그해 화요회에 참여했다. 1925년 2월 강화도 대표로서 전조선민중운동자대회에 준비위원으로 참여했다. 4월『동아일보』강화도지국 기자로서 서울에서 개최된 전조선기자대회에 참석하고 고려공산청년회 창립대회에 참석했다. 8월『시대일보』강화지국장이 되었다. 12월 '제1차 조선공산당 검거사건' 때 검거되어 복역 중 1928년 1월 19일 고문 후유증으로 옥사했다(강만길·성대경 편, 위의 책 참조).

153) 권오상(權五尙, 1900~28). 權五敦. 경북 안동에서 서당 훈장의 아들로 태어났다. 1924년 중앙고등보통학교 재학 중 신흥청년동맹에 가입했다. 1925년 연희전문학교에 입학하고 그해 고려공산청년회, 조선공산당에 입당했다. 그 후 조선학생과학연구회 결성에 참여하고 집행위원이 되었다. 1926년 6·10만세운동 당시 태극기와 조선독립만세기를 만들고 격문을 작성하여 살포하며 시위에 참여했다. 이 사건으로 종로경찰서에 검거되어 징역 1년을 선고받았다. 복역 중 고문 후유증으로 고생하다가 1928년 5월 보석으로 석방되어 6월 3일 사망했다(강만길·성대경 편, 위의 책 참조).

154) 권오설(權五卨, 1899~1930). 경북 안동에서 서당 훈장의 아들로 태어났으며, 권오직(權五稷)의 형이다. 1925년 4월 고려공산청년회 결성대회에 참가하여 중앙집행위원이 되었고 12월 책임비서가 되었다. 1926년 조선공산당 중앙위원이 되어 조공 당칙을 기초하고 고려공청 회칙을 작성했다. 그해 4월 천도교 구파와 함께 6·10만세운동을 계획하고 선전물을 작성, 인쇄했다. 6월 '제2차 조공 검거사건'으로 종로경찰서에 검거되어 1928년 2월 경성지법에서 징역 5년을 선고받았다. 복역 중 고문 후유증으로 폐렴에 걸려 고생하다가 1930년 4월 17일 옥사했다(강만길·성대경 편, 위의 책 참조).

155) 일제경찰에 의해 총105명이 검거되었으나 1926년 7월 경찰의 신문도중 박순병이 사망하여 104명이 되었다.

156) 경성지방법원, 「권오설 외 103인 예심결정서」, 1927.3.31.

157) 『東亞日報』, 1927.4.2.

사하였다. 즉 예심종결서에 의거하여 조선공산당의 판결문이 작성되었음을 알 수 있다.

예심결정 이후 정운해, 배덕수가 추가 검거되어 총 101인에 대한 1차 공판이 재판장 야모토 쇼헤이(矢本正平), 배석판사 와키 데츠이치(脇 鐵一), 나카지마(中島仁), 열석검사 나카노 준스케(中野俊助), 95인의 관련자와 변호인 후루야 사다오(古屋貞雄), 후세 다츠지(布施振治), 이인, 김병로, 허헌 등이 출두하여 1927년 9월 13일 시작되어 총 48회 공판이 열렸다.[159] 1925년 11월 '1차 조선공산당 사건' 발생으로부터 1년 4개월 만에 또 1926년 6·10만세운동(2차 조선공산당 사건)으로부터 9개월 만에 예심이 종결되었고 예심이 종결된 지 6개월 만에 1심공판이 열렸던 것이다.

1927년 9월 13일 경성지방법원에서 열린 조선공산당 사건의 첫 번째 공판이 개최되었을 때, 동경조선노동총동맹 중앙집행위원장 정남국(鄭南局), 신간회 동경지회 간사 강소천(姜小泉), 교토지회(京都支會) 간사 송을언(宋乙彦) 기타 6명이 公判을 감시키 위하여 귀국하였다. 또 일본인 인권변호사 후세 다츠지(布施辰治), 후루야 사다오(古屋貞雄), 가토(加藤貫一) 등이 일본에서 변호를 위해 건너와서 공판공개, 고문고소, 언론압박규탄 사법권침해 등을 성토했다. 이날 이후 공판공개에 관해 조선변호사협회, 법률전선사 등에서 비판연설회 개최를 기도하였으나 모두 금지당했다.[160]

한편 1927년 9월 23일 조선총독폭압정치반대 동경지방동맹 창립대회는 조선공산당 사건의 공판진행에 대하여 다음과 같은 항의문을 재판장

---

158) 『조선일보』, 1927.4.3~1927.4.6, 「조선공산당사건 예심종결서」.
159) 京城地方法院檢事局 思想部, 「조선공산당사건(秘)」, 1930.5, 22~23쪽.
160) 『高等警察關係年表』.

과 총독부에 발송했다.

"今回의 朝鮮共産黨事件 公判은 一般民衆에게 傍聽을 禁止하게 되었다. 101人인 多數의 青年이 警察의 神權에 依하야 一綱 檢擧되어 爾來 2年 3年이 된 長時日을 豫審이라는 口實로 監禁하고 治安維持法 制令의 條文을 適用하여 今番 公判에서도 또 事實審理를 一般民衆앞에 公開아니하는 것은 分明히 事件의 處理를 法官個人의 任意 獨斷에 附하고 一般民衆의 視聽의 自由를 根本的으로 封鎖하려고 하는 意識的 反動政策이라고 아니 할 수 없다. 所謂 法治當局으로서 何故로 全民衆의 要求를 無視하고 全民衆의 不平不滿을 極度로 激起하는 것인가

我 同盟大會는 朝鮮 全民衆의 正當한 要求를 體認하여 公開禁止의 無理 至極한 事實을 指摘하고 法治國이라고 自任하는 日本政府 當局에게 嚴肅히 抗議함. 1927年 9月17日朝鮮總督暴壓政治反對 東京地方同盟 創立大會, 內閣 總理大臣 · 朝鮮總督 · 京城地方法院長 殿[161]

1927년 9월 20일 조선공산당 사건 제 4일째 공판에서 염창열(廉昌烈)이 공판중 졸도하였으며 박헌영은 중도에서 퇴정했다. 9월 22일 조선공산당 사건 제5일째 공판에 박헌영은 출정을 거부하고 옥중에서 절식투쟁을 전개했다.[162]

1927년 9월 27일 조선공산당 사건의 변론을 담당한 변호사들은 긴급 회의를 열고 피고를 취조한 경찰관이 특별방청석에 입회(立會)하는 것은 피고들의 자유로운 공술을 방해하는 것이며 사법권을 침해하는 것인 즉 조선공산당 사건 변론을 더 이상 담당할 수 없다고 결의하고 변호인을 사임할 것을 결의했다. 또한 김병로(金炳魯) 이하 5명의 대표를 선출

---

161) 『東亞日報』, 1927.9.24, 「抗議文」.
162) 『東亞日報』, 1927.9.23.

하여 고등법원장 복심법원장 지방법원장과 검사정 정무총감, 법무국장을 방문하여 사법권 침해에 대한 대책을 강구케 하기로 하였으며 경관 입회의 경위를 경무국장에게 알아보기로 결정했다.[163]

1927년 10월 7일 조선변호사협회는 10월 9일의 조선공산당 사건 공판 과정에서 사법권이 침해를 당한 진상을 공표하기 위하여 경성회당과 중앙기독교청년회관에서 두 차례에 걸쳐 사법권침해탄핵 대연설회를 개최키로 하고 사법계 및 언론계의 중진 15명(김병로 한국종 권승렬 리인 김태영 정구영 후루야(古屋) 허헌 후세 다츠지(布施辰治) 이창휘 최진 안재홍 한위건 민태원 김용무)을 연사로 결정했다.[164]

1927년 10월 14일 후세 다츠지(布施辰治), 김병로, 허헌(許憲), 후루야(古屋) 변호사가 서대문형무소를 방문하고 피고인 독고전 신철수 김상주 김항준 서정희 임형관 송봉우 박일병 등 13인을 면회했다. 10월 15일 후루야 변호사는 검사정과 재판장을 방문하여 매일 재판할 것과 병중 피고의 보석을 요구했다. 이와같이 조선공산당 사건을 둘러싸고 조선인 변호사와 일본인변호사 사이의 긴밀한 협력이 이루어졌다.

그리고 이것은 1927년 10월 16일 마침내 변호사들은 경성지방법원 검사국에 고소장을 제출했다. 당시 피고들을 취조한 종로경찰서 고등계의 주임경부 미와(三輪和三郎), 경부보 요시노(吉野藤藏), 김면규(金冕圭), 순사부장 오오모리(大森秀雄) 등 악명높은 고문경찰 5인에 대한 고소장을 제출하였던 것이다. 고소인의 명의는 권오설 강달영 전정관 홍덕유 이준태의 5인이었고 고소대리인은 후세 다츠지(布施辰治), 후루야(古屋), 김병로, 이인(李仁), 김태영(金泰榮), 허헌, 한국종 7인이었다.[165]

163) 『東亞日報』, 1927.9.29.
164) 『東亞日報』, 1927.10.7.
165) 한인섭, 『식민지법정에서 독립을 변론하다－허헌 김병로 이인과 항일 재판투쟁－』,

7인의 변호사들은 5인의 고문 경찰관이 형법 제195조[166]에 해당하는 폭행 능욕을 한 범죄행위가 있다고 확신하고 엄정한 사법권활동의 심리와 처벌을 요구하기 위해 고소를 제기한다고 하였다.

1927년 10월 21일 일본의 자유법조단은 동단회관에서 임시 총회를 개최하고 조선공산당공판에 대하여 다음과 같이 결의하다.

1. 京城地方法院에서 暴露된 共産黨事件에 對하여 警察官으로서 그 職務를 行한 三輪 以下의 警官이 被疑者에 加한 不法手段은 憲法에 保證하는 人權을 蹂躙하고 또 刑事訴訟이 保護하는 被疑者의 辯護權을 無峴하고 法을 破壞하는 法律, 人道上 容許치 못할 重大 犯罪로 認함.
2. 擔當 辯護士로부터 訴訟한 것은 正當한 措置로 認하고 그 將來를 監視하는 同時에 嚴正 迅速한 起訴處分을 望함.
3. 前記 被疑者에 對한 當局의 態度 怠慢을 認하고 裁判所의 反省을 求함.
4. 朝鮮共産黨事件에 對하여 辯護士 各位가 橫暴한 官憲과 鬪爭하여 참으로 그 使命을 發揮하였음에 對하여 敬意를 表하고 倂하여 朝鮮辯護士 自由法曹團의 組織을 希望함.[167]

이어 1927년 10월 22일 조선공산당 사건 담당 변호사 김병로 이인 허헌 후루야(古屋) 가토(加藤) 등 5명은 고등법원장 및 경성복심법원장을 방문하고 조선공산당 공판담당 고이(五井) 예심판사의 기피신청을 제출했다.[168]

경인문화사, 2012, 347쪽.

166) 형법 제195조 "재판 검찰 경찰의 직무를 행하고 또는 그를 보조하는 자가 그 직무를 행함에 당하여 형사피고인 기타에 폭행 또는 능욕의 행위를 행한 시는 3년 이하의 징역 또는 금고에 처함. 법령에 인하여 구금된 자를 간수 또는 호송하는 자가 피구금자에 대하여 폭행 또는 능욕의 행위를 행한 시는 또는 동일함."
167) 『東亞日報』, 1927.10.22.
168) 『東亞日報』, 1927.10.23.

1927년 11월 13일 조선공산당 사건 담당 변호인 등은 회합을 열고 증거수집을 위한 위원으로 김병로 김태영 이인 허헌 후루야(古屋貞雄) 등 5인을 선정했다. 11월 16일 조선공산당 사건 변호사 후루야(古屋貞雄)가 재판장에게 피고 측 증인으로 49명을 선정 제출했다. 1927년 11월 17일 조선공산당 사건 담당 변호사가 신청한 49명의 증인을 재판장이 각하하자 변호사들이 전부 퇴정하고 야모토(矢本) 재판장에 대한 기피 신청서를 경성지방법원장에게 제출했다. 1927년 11월 25일 조선공산당 사건의 피고 권오설 외 4명이 제기한 '종로경찰서 고문경관 고소사건'이 불기소되자 변호사단에서는 증인 3명을 첨가하여 경성복심법원에 항고했다.

1928년 1월 14일 조선공산당 사건 일심 공판이 재판 5개월만에 종료되었다. 1928년 2월 13일 조선공산당 사건 판결 언도 공판이 경성지방법원에서 개최되었다. 입건한 지 2년 2월의 심리를 걸친 동사건은 피고 102인 중 95인에게 언도한 바 12인을 제하고는 모두 유죄를 판결하였다. 형량은 최고 6년 최하 8월을 언도했다. 마지막 선고 공판은 1928년 2월 23일 '1, 2차 조선공산당 사건 관련자' 101인 중 재판과정 중 백광흠과 박길양이 사망하여 최종 재판을 받은 사람은 총 99인이었다. 그 가운데 박헌영 주종건 조이환 이재익은 병보석으로 사건이 분리되어 최종적으로 95인에게 판결이 선고되었다.

'1, 2차 조선공산당 사건'의 수사 및 재판과정에서 앞서 언급하였듯이 박순병, 백광흠, 박길양, 권오상, 권오설 등 5인이 일제의 고문으로 사망하였다. 조선공산당 공판과정에서 정신이상 징세를 보였던 박헌영은 형무소 의사로부터 '심신상실'의 진단을 받아 1927년 11월 22일 보석으로 출감하였다. 이후 그는 부인 주세죽과 1928년 11월 15일 함경도에서 국경을 넘어 모스크바로 망명을 했다.

조선공산당 사건의 수사과정에서 일제의 고문에 대한 기록은 당시 권오설에 대한 '공판조서'169)를 통해 생생히 이를 알 수 있다.

"재판장은 변호인 김병로가 질문을 요구하자 피고인 권오설에 대하여
문: 경찰에서 고문당한 사실이 있는가? 있다면 그 상세한 내용 및 예심판사
    의 신문조서에는 임의로 서명하고 무인(지장)을 찍었는지 여부를 진술하
    라.
답: 경찰에서 취조를 받은 것은 마침 여름이었는데 처음에는 학대당하지 않
    았지만 일주일 정도 지난후 무엇이든 숨김없이 말하라며 둥근 의자를 옆
    으로 쓰러뜨려 그 위에 나를 앉혔다. 그때 요시노(吉野) 경부보가 나의
    무릎 끝을 발로 차서 나는 앞으로 쓰러져 앞니를 부딪쳤다. 그 이후에는
    앞니가 끄덕끄덕 움직여 바람이 스치면 고통스러웠다. 그 후 웬 지는 모
    르겠지만 동대문경찰서로 연행되었을 때였는데 아무리 기다려도 저녁밥
    을 주지 않아서 요구를 했더니 종로경찰서에서 가지고 올 때까지는 주지
    말라고 하니 줄 수 없다고 하여 결국 다음날까지 식사를 하지 못했다. 다
    음날 요시노 경부보가 와서 또 나를 종로경찰서로 연행하여 계단 위 동
    쪽 끝 방에서 창문 유리를 신문지를 펴 거리에서 실내가 보이지 않도록
    한 뒤 또 둥근 의자를 옆으로 넘어뜨려 나를 그 위에 앉히고 양손을 목
    뒤로 접고 끈으로 결박하였다. 요시노 경부보 외 5, 6명의 경관이 각자
    죽도로 나를 마구 구타했다. 이어서 앉은 다리의 안쪽에 각목 2개를 끼우
    고 하루 밤낮을 계속 고문했다. 다음날 각목 1개는 빼냈지만 그것으로 인
    해 상반신이 붓고 다리가 마비되어 접고 펴는 것이 부자유스럽게 되고
    머리가 어지러워 잠을 잘 수가 없었다. 그러자 '책임자도 별 수 없군'이라
    던가 뭔가를 말하며 또 구타하였다. 그리고서 또 다리에 이전과 마찬가
    지로 각목을 끼우고 그것이 이틀 밤낮 계속되었다. 그리고 나서 고등과

---

169) 京城地方法院刑事部,「高允相外九十一名 公判調書(第一七回)」, 1927.10.22; 안동독
    립운동기념관,『권오설1 – 신문기사와 신문·공판조서』, 푸른역사, 2010 참조; 한인
    섭,『식민지법정에서 독립을 변론하다 – 허헌 김병로 이인과 항일 재판투쟁 – 』, 경
    인문화사, 2012, 356~357쪽.

의 아랫방에 집어넣고 일주일 정도 가두어 두었다. 조사하는 사이 사이에 부채와 손바닥으로 뺨을 수백 회나 때렸다. 또 손가락 사이에 부채를 끼워 양 방향에서 쥐었는데 그것은 맞는 것보다 더 고통스러웠다. 그런 고문을 받았기 때문에 경찰에서는 묻는 대로 거의 엉터리만 말했다. 마지막으로 검사정, 예심정에 가서도 경찰에서 진술한 그대로 진술하라고 말했다."

이러한 고문으로 결국 조선공산당 2대 책임비서를 역임한 강달영은 1933년 만기출옥한 후 1942년 병사했다. 6년형을 선고받은 조선공산당 초대 책임비서 김재봉은 옥중에서 폐병으로 신음하다가 1931년 11월 18일 출옥하였으나 이후 해방을 1년 앞둔 1944년 사망했다.[170]

---

[170] 김희곤, 『조선공산당 초대 책임비서 김재봉』, 경인문화사, 2006 참조.

## 3) 최원택 외 27인 판결문(1928년 형공 제541호, 542호, 543호, 昭和3年刑公第541號, 542號, 543號, 京城地方法院)

이 문서는 1927년 10월 발생한 제1차 간도공산당 사건에 대한 경성지방법원 형사부의 판결문이다. 이 사건의 판결문의 내용은 다음과 같다.[171]

본적 경상북도 대구부 수정(壽町) 78번지

주거 지나 길림성 영안현 영고탑

농업, 서상필(徐相弼), 김성덕(金聲德), 최원택(崔元澤)(33세) (만주총국 조직부장)


본적 경상북도 안동군 풍서면(豊西面) 가곡리(嘉谷里) 42번지

주거 지나 간도 연길현 용지향(勇智鄕) 룡정촌 제2구 3동

무직 정재연(鄭在淵), 안기성(安基成, 31) (동만구역국 책임비서)


본적 함경북도 경성군 주을온면(朱乙溫面) 주촌(朱村)

주거 지나 간도 연길현 용지향 룡정촌 제4구

신문기자 이철관(李徹觀) 이주화(李周和, 30세) (현 용정촌 제2세포원)


본적 함경북도 성진군 학중면(鶴中面) 농성동(農城洞)

---

171) 1928년 4월 30일 간도공산당 사건의 경성지방법원의 예심종결서에는 29명을 치안유지법 위반혐의로 기소하였다. 「예심종결서」에는 기소된 29인의 명단과 '간도공산당'의 지위가 언급되어 있어 이를 같이 기술하였다.

주거 지나 간도 연길현 용지향 용정촌 제3구 5동

농업, 방동진(方東進), 박전(朴全), 현칠종(玄七鍾, 31세) (동만구역국 선전부장)


본적 함경남도 단천군 파도면(坡道面) 은호리(銀湖里) 179번지

주거 지나 간도 연길현 용지향 용정촌 제4구

대성학교 교사 김소연(金素然, 35세) (현 용정촌 제4세포원)


본적 함경남도 홍원군 보청면(甫靑面) 송흥리(松興里)

주거 지나 간도 연길현 용지향 용정촌 제4구 대통로(大通路)

삼성의치원(三星義齒院)방 대성중학교(大成中學校) 교사 임상춘, 임윤상, 임계학(林啓學, 44세) (현 용정촌 제1세포원)


본적 함북 길주군 장백면 11동

주소 함북 회령군 회령면 오산동(鰲山洞) 115번지

무직 박재하(朴載廈, 35세) (세포연합회책임자)


본적 함북 온성군 영와면(永瓦面) 용남동(龍南洞)

주거 지나 간도 연길현 숭례향(崇禮鄕) 소명월구 구세동(救世洞)

사립영창(永昌)소학교 교사 박일무(朴一茂, 26세) (현 연길현 소명월구 제16세포책임자)


본적 함경북도 성진군 학동면(鶴東面) 성하리

주거 지나 간도 연길현 지인향(志仁鄕) 국자가(局子街) 하장리(下場里)

대서업 김규극(金奎極, 40세) (현 국자가 제9세포원)

본적 함북 청진부 포항동

주거 지나 간도 연길현 용지향 동성용(東盛湧)

간민교육회(墾民敎育會) 총무 장시철(張時澈, 35세) (현 용정촌 제4세
포원)


본적 함북 경성군 주남면 용암동

주거 지나 간도 연길현 지인향 화연리

무직 이영근(李英根, 24세) (현 용정촌 제3세포책임자)


본적 함남 정평군 주이면(朱伊面) 동봉리(東峯里)

주거 지나 간도 왕청현(汪淸縣) 춘융향(春融鄕) 백초구(百草溝)

상부지향(商埠地鄕) 서기 한일(韓一, 35세) (현 왕청현 소백초구 제10
세포원)


본적 함경북도 부령군(富寧郡) 청암면(靑岩面) 자작동(自作洞)

주거 지나 간도 연길현 상의향(尙義鄕) 제4갑 대북구(大北溝)

농업 현동불사(現銅佛寺) 차만승(車萬承)(車鍾洙, 32세) (제12세포원)


본적 함경북도 경흥군 웅기면 웅상동(雄上洞)

주거 지나 간도 화룡현 지신사(智新社) 명동촌(明東村)

농업 송산우(宋山雨, 28세) (현 화룡현 대납자(大拉子) 제11세포원)


본적 함경북도 성진군 학상면(鶴上面) 수사동(水使洞)

주거 지나 간도 연길현 수신향(守信鄕) 내풍동(來豊洞) 기성촌(基成村)

농업 김홍계(金洪桂, 26세) (현 연길현 수신향 제6세포원)

본적 함경북도 길주군 양사면(陽社面) 신풍리(新豊里)

주거 간도 간도 연길현 상의향(尙義鄕) 동불사(銅佛寺) 소북구(小北溝)

농업 방훈(方薰, 29세) (제12세포원)


본적 함경남도 북청군 신창면(新昌面) 신풍동(新豊洞) 449번지

주거 지나 간도 연길현 수신향 수평동(水坪洞)

교원 정성기(鄭聖基, 29세) (현 연길현 수신향 제6세포원)


본적 충청남도 보령군 천북면(川北面) 신죽리(新竹里)

주거 지나 간도 연길현 용지향 용정촌 제4구 욱가통(旭街通) 이규열(李圭烈) 방

대성학교 교사 정일광(鄭寅哲, 38세) (현 용정촌 제2세포원)


본적 평안남도 용강군 용월면(龍月面) 광덕리(廣德里) 195번지

주거 지나 간도 연길현 용지향 용정촌 제4구

대성중학교 교사 천영일(千永一 ; 하리환(河利煥), 30세) (현 용정촌 제3세포원)


본적 함북 부령군(富寧郡) 산해면(山海面) 수평동(水坪洞)

주거 지나 간도 연길현 지인향 국자가 하방장리(下方塲里)

여관업 방명준(方明俊, 26세) (현 국자가 제9세포원)


본적 함북 경성군 어랑면(漁浪面) 이양리(梨陽里)

주거 지나 간도 연길현 지인향 국자가 수남용암동(水南龍岩洞)

사립용진소학교 교사 임동원(林東元, 32세) (현 국자가 제9세포원)

본적 함북 명천군 상가면(上加面) 자가동(慈加洞)
주거 지나 간도 연길현 수신향 이도구 장사평(藏思坪)
농업 이주봉(李柱鳳, 23세) (현 연길현 수신향 제7세포원)


본적 전라남도 영암군 영암면 교동리
주거 지나 간도 연길현 지인향 국자가 상부지(商埠地)
한약상 이종회(李鍾繪, 39세)


본적 함경북도 부령군 하무산면(下茂山面)
주거 지나 간도 연길현 지인향 의란구(依蘭溝)
농업 박중래(朴重來)(黃一甫, 40세) (현 국자가 제9세포원)


본적 함경남도 북청군 북청면 실포리(實浦里) 184번지
주거 지나 간도 연길현 용지향 용정촌 제4구 이주화(李周和) 방
김동명(金東明)(金澤義, 金知宗, 27세) (만주총국 선전부장)


본적 함경남도 함흥군 상지천면 오노리
주거 지나 길림성 반석현 괴자갱
무직 박성춘, 김정환(22세)


본적 함북 종성군 남산면(南山面) 삼봉동(三峯洞)
주거 지나 간도 연길현 지인향 국자가 상부지(商埠地) 신시가(新市街)
과자제조업 남병석(南秉錫, 34세)


본적 함북 회령군 운두면 수성동(綏成洞)

주거 지나 간도 연길현 상의향 팔도구 성교촌(聖敎村)
농구판매업 진종완(陳宗琓, 26세)

위 자에 대한 치안유지법 위반 피고사건에 대해 조선총독부 검사 모
토하시(元橋曉太郞) 관여로 심리를 마치고 판결함이 다음과 같다.

## 주문

피고인 최원택을 징역 6년에 처한다.
피고인 안기성, 김지종을 각 징역 5년에 처한다.
피고인 이주화, 현칠종, 김소연, 임계학, 김정환을 각 징역 4년에 처한다.
피고인 황일보를 징역 2년 6월에 처한다.
피고인 박재경, 장시철, 이영근, 한일, 방훈을 각 징역 2년에 처한다.
피고인 김규극, 차종수, 송산우, 김홍계, 정성기, 정인석, 하리환, 방명
　　준, 임동원, 이주봉을 각 징역 1년 6월에 처한다.
피고인 박일무, 이종회, 남병석, 진종완을 각 징역 1년에 처한다.
피고인 김정환에 대해서는 미결구류 일수 중 90일을, 피고인 남병석
　　에 대해서는 미결구류 일수 중 60일을 기타의 각 피고인에 대
　　해서는 미결구류 일수 중 150일을 각각 위 본 형에 산입한다.
피고인 박일무, 이종회, 남병석, 진종완에 대해서는 3년간 각 위 형의
　　집행을 유예한다.

압수물건 중 압제(押第) 1536호의 증 제1호의 임시규정은 피고인 최
원택에 대해 압 동호의 증 제2호의 당원 주의사항, 압 동호의 증 제7호
의 동만구역국 간부의 인장(印章)은 피고인 이주화, 김소연, 임계학에

대해 압 동호의 증 제3호의 1, 3, 5, 7, 9, 11, 13, 15, 17, 19, 21의 집행위원회 회록은 피고인 현칠종, 안기성에게 각 이를 몰수한다.

## 이유

피고인(황일보 제외) 등은 모두 공산제도의 구가자로서 현시 우리나라의 경제조직에 있어서는 일반사회 특히 우리 조선에서의 빈부격차가 심하여 부자는 더욱 그 부를 쌓아 올리고, 가난한 자는 더욱 가난에 빠지기 때문에 유산, 무산의 계급은 서로 적대시하고 그 투쟁이 항상 끊이지 않는 것이라고 속단하고 이러한 사회의 현상은 필경 우리 제국에서 사유재산제도를 인정하는데 기인하는 것이니 이러한 제도는 파괴하고 이를 대신하여 공산제도를 실현하는 것이 상책이라고 확신했다. 특히 피고인 최원택(崔元澤), 안기성(安基成), 이주화(李周和), 현칠종(玄七鍾), 한일(韓一), 장시철(張時澈), 박재하(朴載夏), 김규극(金奎極), 정성기(鄭聖基), 김홍계(金洪桂), 정인석(鄭寅晳), 박일무(朴一茂), 이영근(李英根), 송산우(宋山雨), 차종수(車鍾洙), 방훈(方薰), 진종완(陳宗琓), 남병석(南秉錫), 김정환(金正煥), 김지종(金知宗) 등은 우리 일본제국은 사유재산제도를 구가하는 국가로써 조선에서 그 제도를 부인하고 공산주의를 실현하려는 것은 도저히 용납할 수 없는 것이므로 이의 실현을 바란다면 조선을 일본제국의 굴레로부터 이탈시키고 조선의 독립을 꾀하는 것이 상책이라고 생각하고 있던 자인데,

제1. 피고인 최원택은 김재봉(金在鳳), 김두전(金枓全), 진병기(陳秉基), 유진희(兪鎭熙), 주종건(朱鍾建), 김상주(金尙珠), 윤덕병(尹德炳), 홍덕유(洪悳裕), 김찬(金燦), 독고전(獨孤佺), 조봉암(曺奉岩), 송봉우(宋

奉瑀), 조동우(趙東祐)[172] 등과 함께 다이쇼 14년(1925년) 4월 17일 오후 1시경 경성부 황금정 1가 중국요리점 아서원에서 회합을 갖고 조선을 우리 일본 제국의 굴레로부터 이탈(국체변혁)시키고 또한 조선에서 사유재산제도를 부인하고 공산 제도를 실현시킬 목적으로 조선공산당이라는 비밀결사를 조직하여 그 자리에서 조동우 조봉암 김찬 3명을 간부 전형위원으로 천거하여 동 전형위원으로 하여금 중앙집행위원 7명 검사위원 3명을 각 선정하여 이들 위원에게 해(該) 공산당 각각 선정하고 이들 위원에게 해 공산당의 직제 및 당칙 제정 등 기타 일체의 당무 처리를 위임하였다. 그 후 다이쇼 15년(1926년) 2월 말경 중국 상해(上海)로 건너가 당시 조선공산당 상해지부(또는 해외부)의 책임비서의 임무를 맡고 있는 김찬 및 조봉암 등과 회견하고 조선공산당 중앙집행위원회의 결의에 기초하여 동인 등과 숙의한 결과 조봉암과 함께 만주에 조선공산당 지부를 설치하는 임무를 띠고 동년 4월경 만주로 건너가 북만주(北滿洲) 길림성(吉林省) 위사현(葦沙縣) 일면파(一面坡)에 머물면서 피고인과 동일하게 공산주의에 공명한 관계로 잘 알고 있는 김철훈(金哲勳) 김하구(金河球) 윤자영(尹滋英)과 함께 동년 5월 16일 동성 동현 일면파의 여관 중국인 아무개 집에서 회합하고 자기의 책무를 말하고 조선공산당 지부를 만주에 설치할 것을 종용했다. 동인 등이 이를 쾌히 승낙하자 그날 그곳 일면파의 들판에서 그 설치에 관한 총회를 열고 조선공산당 지부로써 전시와 동일한 목적으로 하는 만주총국을 설치하고 지도자의 임무에 종사하고 또 동시에 집행위원의 임무에 대해서 비서부 조직부 선전부를 설치하고 그 조직부장에 취임하여 간부가 되고 조봉암은 책임비서, 윤자영은 선전부장이 되었다. 또한 만주를 동만(東

172) 조동호(趙東祜)의 오자.

滿), 남만(南滿), 북만(北滿) 3구로 구분하여 조선공산당 만주총국(滿洲總局) 지부로써 동만에는 동만구역국(東滿區域局), 남만에는 남만구역국(南滿區域局), 북만에는 북만구역국(北滿區域局)을 설치할 것을 협의하고 위의 만주총국의 임시 규정(압제 1536호)의 증 제1호의 1)을 제정하고 또한 동국의 본거지를 중국 길림성 영안현 영고탑에 둔 이후 쇼와 2년(1927년) 9월 2일까지 사이에 당원을 모집하는 한편 당원 한응갑(韓應甲)을 동만주에 파견 동만주구역국 설치에 최선을 다할 것을 명하였다. 또한 전후 2회에 걸쳐 영고탑의 별판에 모여 집행위원회를 열고 협의한 후 위 총국에 군사부를 설치하고 당원 박윤서(朴允瑞)를 그 부장에 임명하고 기타 당의 목적 달성을 획책하고,

제2. 피고 이주화 김소연(金素然) 임계학(林啓學) 등 3명은 위의 만주총국의 당원 한응갑 김 용락(金龍洛) 및 채세진(蔡世振) 박두환(朴斗煥) 이순(李淳) 김복만(金福萬) 임민호(林珉鎬) 등과 다이쇼 15년 10월 28일 밤 중국 길림성 연길현 용지군 용정촌 조선인 부락 삼리촌의 박두환 집에서 회견하고 한응갑 김용락의 권유에 응하여 위 만주총국은 조선공산당의 지부로써 위와 같은 목적으로 설치된 것이라는 점을 잘 알면서도 이에 가입하여 당원이 되고 이에 일동의 혐의 후 용정촌에 만주총국의 지부로 상기와 같은 동일 목적의 동만구 지국을 설치하여 지도자인 임무에 종사하고 비서부 선전부 조직부 검열부 표면부를 설치했다. 피고 이주화 김소연 임계학은 모두 집행위원이 되고 또한 피고인 이주화 김소연은 동시에 함께 표면 부원이 되어 피고인 3명 모두 그 임원이 된 후 쇼와 2년 3월 20일경까지의 사이에 피고인 이주화 김소연은 동현 동향 용정촌 제4구 전용락(全龍洛) 집 기타에서 개최된 집행위원회에 참석하여 당의 발전에 대해 협의를 했다. 위 용정촌에 4개 길림성 연길현 용지

향 동성용에 1개, 동현 수신향 오도구에 1개, 동현 숭례향 옹성낙자에 1개, 동현 동향 소명원구에 1개, 동현 지인향 국자가에 1개, 동성 왕청현 춘경향 나자구에 1개, 동현 춘명향 왕청에 1개, 동성 홍춘현 수선향 혼춘에 1개, 동성 화룡현 지선사 명동촌에 1개, 합계 13개의 세포단체를 만들고 당원을 이에 배속시키고 또한 당원 주의사항(압제 1536호의 증 제2호)을 제정하고 조선공산당 동만구 지국 간부 도장(압제 1536호의 증 제7호)를 만들고 기타 당의 목적 달성에 획책하고,

제3. 피고인 현칠종은 당원 김철동(金哲東)의 권유로 다이쇼 15년 10월 중순경 피고인 안기성은 당원 김하구(金河球)의 권유로 동년 11월 10일경 만주총국은 조선공산당의 지부로써 위의 목적으로 설치된 비밀결사라는 것을 잘 알면서도 이에 가입하고 각 그 당원이 되었다. 그 후 피고인 안기성은 쇼와 2년(1927년) 3월 28일 동만구역국 책임비서, 피고 현칠종은 동년 5월 하순경 동국의 선전부장이 되어 각 그 임원으로서 당무에 종사하게 되었다. 특히 피고 안기성은 오로지 당내 쇄신에 힘을 기울이고 동년 4월 9일 이후 동년 9월 4일까지 수십 회에 걸쳐 연길현(延吉顯) 용지향 동흥촌 당원 이순의 집 기타에서 집행위원회를 개최하고 피고인 현칠종은 물론 이주화 김소연은 그간 집행위원으로서 그 위원회에 참석하였다. 압제 1536호의 증 제3호의 1, 3, 5, 7, 9, 11, 13, 15, 17, 19, 21의 회의록 기재와 같은 당의 발전 및 쇄신 기타에 관한 의논을 거듭하고 그 결과 제2 사실 중 기재 개소 이외에 동성 연길현 상의향(尙義獅) 동불사(鋼佛寺)에 1개, 동현 수신향(守信鄕) 이도구(二道構)에 1개, 동향 두도구(頭道構)에 1개, 동성 화룡현(和龍縣) 지신사(智信社) 화룡(和龍)에 1개의 각 세포단체를 설치하고 당의 목적을 위해 책동하고,

제4. 피고인 황일보(黃一南)는 쇼와 2년 2월 초 국자가(局子街)의 청년회관에서 당원 김복만의 권유로 피고인 박재하는 쇼와 2년 3월경 용정촌 해란강가에서 당원 이순의 권유에 따라 피고인 이주봉(李柱鳳)은 쇼와 2년 3월 말경 자택에서 당원 장시우(張時雨)의 권유에 따라 피고인 김규극은 쇼와 2년 4월 1일 자택에서 피고인 이주화의 권유에 따라, 피고인 방명준(方明俊)은 쇼와 2년 4월 2일경 자택에서 당원 김형복(金衡福)의 권유로 피고인 정성기는 쇼와 2년 4월 7일 피고인 이주화의 집에서 동인의 권유로 피고인 김홍계는 동년 동월 동일 피고 이주화의 집에서 동인의 권유로 피고인 하리환(河利煥)은 쇼와 2년 4월 초순 자택에서 피고인 이주화의 권유로, 피고인 임동원(林東元)은 쇼와 2년 4월 중순경 자택에서 당원 김복만 김형복의 권유로 피고인 정인석은 쇼와 2년 4월 24일 자택에서 당원 김복만의 권유로 피고인 박일무는 쇼와 2년 5월 4일경 피고인 하리환 집에서 피고인 안기성의 권유로 피고인 이영근은 쇼와 2년 5월 중순경 자택에서 김복만의 권유로 피고인 차종수는 쇼와 2년 6월 16일경 피고 박재하 집에서 당원 이순의 권유로 각각 동만구역군은 조선공산당 만주총국의 지부로써 전기의 목적으로 설치된 비밀결사라는 점을 잘 알면서 이에 가입하여 당원이 되었다. 피고 박재하는 용정촌의 제1세포에 피고 정인석은 동촌 제2세포에 피고 이영근, 하리환은 동촌 제3세포단체에 피고인 이주봉은 두도구의 세포에 피고 김홍계는 은도구의 세포에 피고 김규극 방명준 황일보 임동원은 국자가 세포에 피고 송산우는 화룡세포에 피고 박일무는 소명월구의 세포에 피고인 차종수는 동불사의 세포에 각각 속하고,

제5. 피고인 한일(韓一)은 다이쇼 15년 9월 중순경 자택에서 회원 이종희(李鍾熙)의 권유로 앞의 목적으로 조직된 비밀결사 고려공산당청년

회 만주 비서부가 하부 지부로써 길림성 연길현 용지향 용정촌에 설치한 동만도(東滿道)에 그 사정을 알면서 가입하고 그 회원이 되었다. 이어서 쇼와 2년 2월경 그의 집에서 만주총국원 김복만 박윤서의 권유로 앞의 목적으로 조직된 비밀결사 조선공산당 만주총국지부로 설치된 동만구역국에 가입하여 당원이 되었고, 왕청(汪淸)의 세포조직에 피고 장시철은 다이쇼 15년(1926년) 9월 중순경 자택에서 회원 이순의 권유로 동일 목적으로 조직된 비밀결사 고려공산청년회 만주비서부가 그 지부로써 용정촌에 설치한 동만도에 가입하고, 이어서 쇼와 2년 1월 하순 용정촌 해룡강 호반에서 당원 이순의 권유로 동년 4월 24일 앞의 목적으로 조직된 조선공산당 만주지국의 지부로써 설치한 동만구역국에 그 사정을 알면서 가입하여 그 당원이 되고 용정촌의 제4세포 단체에 소속하고, 피고인 방훈은 다이쇼 15년 4월 중순경 자택에서 회원 김송렬(金松烈)의 권유로 위의 목적으로 조직된 비밀결사 고려공산당청년회 만주비서부가 지부로 용정촌에 설치한 동만도에 가입한데 이어 쇼와 2년 7월 15일경 자택에서 당원 이순의 권유로 위의 목적으로 조직된 비밀결사 조선공산당 만주총국이 그 지부로써 설치한 동만구역국에 그 사정을 알면서 가입하여 그 당원이 되고 동불사의 세포단체에 속하고,

제6. 피고인 이종회(李鍾繪)는 다이쇼 15년 12월 3일경 당원 김진국(金鎭國)의 권유로 피고 진종완(陳宗琓)은 다이쇼 15년 7월 중순경 피고인 남병석 집에서 당원 김희창(金希昌)의 권유로 피고인 남병석은 쇼와 2년 7월 중순경 그의 자택에서 상기 김희창의 권유로 전기의 목적으로 조직된 비밀결사 조선공산당 만주총국이 그 지부로써 설치한 동만구역국에 그 사정을 모두 알면서 입당을 승락하고 모두 그 취지의 제의를 했으나 동국(同局)에서 당원이 되는 승인을 하지 않고 경과해서 위 피

고인 3명은 끝내 각 가입 목적을 이루지 못하고,

제7. 피고인 김지종은 박헌영(朴憲永) 권오설(權五卨) 김단야(金丹治) 김찬 조봉암 임원근(林元根) 임형관(林亨寬) 김상주(金尙珠) 조이환 정경창(鄭敬昌) 안상훈(安相勳) 진병기(陳秉基) 박길양(朴吉陽) 홍증식(洪增植) 신철수(申哲洙) 장순명(張順明) 등과 함께 다이쇼 14년(1925년) 4월 18일 오후 7시경 경성부 훈정동 4번지 당시의 박헌영 집에 모여 '조선을 우리 일본제국의 굴레로부터 이탈(국체변혁)시키고 또한 조선에서 사유재산제도를 부인하여 공산제도를 실현시키려는 목적으로 고려공산청년회라는 비밀결사를 조직했다. 그리고 그 집행위원이 됨으로써 동회의 임원이 되어 선전부의 업무를 담당하는 중 관헌이 이를 탐지하고 이들 체포에 힘썼기 때문에 고려공산 청년회는 거의 자멸의 비경(悲境)에 빠지게 되려는 시점부터 피고인은 위 권오설과 함께 크게 이를 우려하고 동년 12월 10일경 동 회원 이병립(李炳立) 염창렬(廉昌烈) 김경재를 경기도 고양군(高陽郡) 연희면 창천리 정달헌(鄭達憲)의 하숙집으로 초청하여 고려공산 청년회의 현 상황을 알려고 함께 협력하여 이를 만회할 것을 협의하고 위의 3명이 이에 응하여 즉시 동인 등을 중앙집행위원회 후보로 천거한 이후 다이쇼 15년 3월 초순경 그 당국의 체포를 우려하고 중국 상해로 도주할 때까지 잠복하여 동회의 목적 관철을 위해 획책하고 이어서 피고인 김지종은 쇼와 2년 7월중 당원 오기선(吳基善)의 권유로 만주총국은 조선공산당의 지부로써 위의 목적으로 조직된 것이라는 사정을 알면서도 이에 가입하여 동국의 선전부장에 취임하여 그 임원이 되고 동부의 사무를 맡아 처리하고,

제8. 피고 김정환은 다이쇼 15년 1월 15일경 중국 길림성 연길현 용지

향 동흥촌 조병삼(趙炳三) 집에서 동만도(東滿道)는 전기 목적으로 조직된 전게 고려공산청년회 만주비서부의 지부로써 설치된 것이라는 사정을 알면서 이에 가입하여 그 회원이 되었다. 동월 22일경 동만도가 장래 공산주의 선전기관으로 쓰기 위해 용정촌의 사립동흥 중학교 내에 설치한 정치적 집회의 회원으로 배속되었다. 이어서 쇼와 2년 1월 4일경 추측 하건데 상기 만주비서부가 남만주(南滿洲)의 길림성 반석현(盤石縣) 반석(盤石)에 그 지부로써 전기 목적을 달성하기 위해 설치된 남만주 제1도의 집행위원으로서 교양부 위원에 취임하고 그 임원이 되었다. 동년 2월 1일 및 동년 11월 20일경 반석의 호숫가에서 개최된 집행위원회에 참석하는 등 동회의 목적 관철을 획책하고 이어서 피고인은 쇼와 2년 11월 10일경 중국 길림성 반석현 반석에서 남만주구역국은 전기 조선공산당 만주총국의 지부로써 전시 목적으로 설치된 것이라는 사정을 알면서 위 구역국의 집행위원에 취임함으로써 임원이 된 자이다. 그리고 피고인 최원택 이주화 김소연 임계학 현칠종 김지종 김정환 안기성 방훈 한일 장시철의 행위는 모두 동일 범의를 계속해서 행한 것이다. 피고인 황일보는 다이쇼 10년 7월 25일 함흥 지방법원 청진지청에서 다이쇼 8년 제령 제7호 위반 죄에 의해 징역 6월에 처해지고 그해 9월 15일 그 판결은 확정하여 계속해서 그 형의 집행을 받고 마친 자이다.

증거를 조사해보나 모두 소재 사실은 그 각 피고인에 대한 예심 신문조서 중 각각 그 내용의 각 공술기재가 있음에 의해 이를 인정해야 한다. 그리고 판시 제1의 피고인 최원택에 관한 사실은 동 피고인이 당 법정에서 동 피고인이 판시일, 판시 장소에서 판시의 상황 아래 조선공산당을 조직하고 그 후 판시일 판시 일면파(一面坡)의 들판에서 동 당의 지부로써 만주총국을 설치하게 되기까지의 판시 사실에 조응하는 공술 및 그 만주총국 설치와 동시에 "나는 그 집행위원이 되고 또한 그 조직부장이 되었는데 만주 총국에서는 그 후 만주를 동만 남만 북만 3구역으로 나누고 조선공산당 만주총국의 지부로써 동만에는 동만구역국을 남만에는 남만구 역국을 북만에는 북만구역국을 각 설치할 것을 협의하고 압제 1536호의 증 제1호의 1 임시규정을 만들고 만주총국의 본거지를 판시의 영고탑에 이루고 쇼와 2년 9월 2일까지의 사이에 약 80~90명의 당원을 입당시켰다"는 내용, 조선공산당은 판시와 같이 조선을 우리 일본제국의 굴레로부터 이탈시키고 또한 조선에서 사유재산제도를 부인하고 공산 제도를 실현시킬 것을 목적으로써 조직한 것이라는 내용의 공술, 동 피고인에 대한 제1, 2회 예심 신문조서 중 판시 동 취지의 공술 기재 및 압제 1536호의 증 제1호의 1의 임시규정의 현존에 의해 이를 인정해야 한다.

판시 제2의 피고인 이주화 김소연 임계학에 관한 사실은 피고인 이주화가 당 법정에서 '나는 판시일 판시 용정촌의 박두환 집에서 조선공산당 만주총국의 당원 한응갑 전용락과 만나 동인 등의 권유에 의해 만주총국에 가입했다. 그리고 동 국의 지부인 동만구역국의 집행위원이 되어 표면부원이 된 이후 쇼와 2년 3월 20일까지 사이에 전용락 집 기타에서 개최된 집행위원회에 참석하고 동만구역국의 발전 등에 대해 협의했다. 압제 1536호의 증 제7호는 '동구 지역 국 간부의 도장이다. 그리고 판시 계기의 13개의 세포단체를 설치했다.'는 내용 및 '김소연도 나와 똑같은 동만구역국의 집행위원이 되어 표면부원이 되었다.'는 내용의 공술, 피고인 김소연이 당 법정에서 '다이쇼 15년 겨울 무렵 김복만이 나에게 너를 용정촌의 공산당 집행위원으로 하고 또한 표면부원으로 예상하고 있으니 승낙해 주겠다고 말했는데 그 후 전용락 으로부터도 똑같은 권유를 받았다.'는 내용 및 '판시 계기의 용정촌 외 9군데에 13개의 세포단체를 조직하고 있음은 알고 있었다.'는 내용의 공술, 피고인 이주화에 대한 제1회 예심 신문조서 중 '압제 1536호의 증 제2호의 당원 주의사항, 동호의 증 제7호의 동만구역국 간부 도장의 작성 및 조선 공산당, 만주총국, 동만구역국 판사의 취지 목적으로 조직, 설치된 점을 제외한 그 나머지 판시 사실과 동 취지의 공술기재, 동 피고인에 대한 제2회 예심 신문조서 중 압제 1536호의 증 제2호의 당원 주의사항, 동호의 증 제7호의 동만구역국 간부의 도장을 작성했다는 내용의 공술기재, 동 피고인에 대한 제3회 예심 신문조서 중 조선공산당 만주총국, 동만구역국은 판시와 같은 취지, 목적으로 조직하고 설치된 것으로 이것들에 입장한 자는 모두 그 취지 목적을 양지하고 입당했다는 내용의 공술기재, 피고인 최원택이 당 법정에서 '이주화, 김소연, 임계학은 모두 동만구역국을 조직한 일원으로 동인 등은 모두 동 국의 집행위원이 되었다는 내용이 동만구역국으로부터 보고가 왔다'는 내용의 공술, 압제 1536호의 증 제2호의 당원 주의사항, 동호의 증 제7호의 동만구역국 간부 인장(印章)의 현존에 의해 이를 인정한다.

판시 제3의 피고인 현칠종, 안기성에 관한 사설은 피고인 현칠종이 당 법정에서 '나는 판시 동흥촌의 이순 집 기타에서 개최된 동만구역국 집행위원회에 참가했음에 틀림없다.'는 내용의 공술, 피고인 안기성이 당 법정에서 '나는 다이쇼 15년 10월 10일경 만주 총국원 김하구의 권유에 의해 동 국에 입당했다. 쇼와 2년 3월 28일 무렵 동 국 지부의 동만구역국의 책임비서가 되었는데 책임비서는 일반 서류의 작성 및 통신 등의 사무를 맡아 처리하는 것으로 단체로 말하면 서무에 해당한다. 동만 구 지역 국은 그 창립당시는 비서부, 선전부, 조직부, 검열부, 표면부의 각 부가 설치되어 있는데 내가 취임 당시에는 비서부, 조직부, 선전부만 남아 있고 기타는 폐지되었다. 내가 책임비서 취임 후 쇼와 2년 9월 4일까지 사이에 판시 동흥촌의 이순 집 기타에서 십수 회 집행위원회를 개최하고 동만구역국의 발전 및 그 목적의 수행 등에 대해 여러 가지 협의를 했는데 압제 1536호의 증 제3호의 1, 3, 5, 7, 9, 11, 13, 15, 17, 19, 21은 그 집행위원회의 회의록이다. 그리고 동만구역국은 그 관내에 판시의 13개의 세포단체를 설치하고 이에 당원을 각 배치했다.'는 내용의 공술, 피고인 안기성에 대한 제1, 2회 예심 신문조서 중 조선공산당, 만주총국, 동만구역국이 판시의 취지 목적이라는 점을 제외한 그 나머지 판시 사실과 동 취지의 공술기재, 동 피고인에 대한 제3회 예심 신문조서 중 조선공산당, 만주총국, 동만구역국은 판시와 같은 취지, 목적으로 조직하고 설치된 것이라는 내용의 공술기재, 피고인 현칠종에 대한 제1회 예심 신문조서 중 '나는 판시의 동만구역국에 가입하여 쇼와 2년 5월 하순경 선전부장이 되고 그 이후 집행위원회에 참석하고 동만구역국의 목적 관철에 대해 여러 가지 협의를 했다.'는 내용의 공술기재, 피고인 현칠종에 대한 제2회 예심 신문조서 중 조선공산당, 만주총국, 동만구역국은 판시와 같은 취지, 목적으로 조직하고 설치된 것이라는 내용의 공술기재, 피고인 최원택에 대한 제4회 예심 신문조서 중 '현칠종은 다이쇼 15년 10월 중순경에 김석훈의 권유에 의해 만주총국에 입당했다.'는 내용의 공술기재, 압제 1536호의 증 제3호의 1, 3, 5, 7, 9, 11, 13, 15, 17, 19, 21의 집행위원회 회의록의 현존에 의해 이를 인정한다.

판시 제4의 사실 중 피고인 황일보에 관한 사실은 동 피고인이 당 법정에서 2년 3월 중 국자가의 청년회관에서 김복만으로부터 간도(間島)에 조선공산당이 설치되었으니 입당하라는 권유를 받고 그 후 박일천

(朴一天)으로부터 '나를 국자가의 세포단체에 소속시키려한다는 것을 들었다'는 내용의 공술, 검사 사무취급의 동 피고인에 대한 신문조서 중 '나는 조선공산당에 가입했다.'는 내용의 공술기재, 피고인 이주황에 대한 제4회 예심 신문조서 중 '황일보는 쇼와 2년 3월 초순 김복만의 권유에 의해 동만구역국에 입당했다'는 내용의 공술기재, 피고인 안기성에 대한 제2회 예심 신문조서 중 '황일보는 국자가의 세포단체에 소속해 있다.'는 내용의 공술기재, 동 피고인에 대한 제2회 예심 신문조서 중 '조선공산당, 만주총국, 동만구역국은 판시의 취지, 목적으로 조직된 것이다.'라는 내용의 공술기재, 동 피고인에 대한 제4회 예심 신문조서 중 '입당의 권유를 할 경우에는 반드시 당의 목적을 은밀히 일러주기 때문에 입당할 때 물론 숙지하고 있다.'는 내용의 공술기재에 의해 이를 인정한다. 피고인 박재하에 관한 사실은 동 피고인에 대한 예심 신문조서 중 판시 동 취지의 공술기재에 의해 이를 인정한다. 피고인 이주봉에 관한 사실은 동 피고인에 대한 예심 신문조서 중 당의 목적이라는 점을 제외한 그 나머지 판시 사실과 동 취지의 공술기재, 피고인 안기성에 대한 제3회 예심 신문조서 중 조선공산당, 만주총국, 동만구역국은 판시와 같은 취지 목적으로 조직하고 설치되었다는 내용의 공술기재, 동 피고인에 대한 제4회 예심 신문조서 중 '입당의 권유를 할 경우는 반드시 당의 목적을 은밀히 일러주기 때문에 입당 때는 물론 그 목적을 숙지하고 있다.'는 내용의 공술기재에 의해 이를 인정한다.

피고인 김규극에 관한 사실은 통 피고인이 당 법정에서 '나는 판시 날 자택에서 이주화, 김복만으로부터 공산당에 가입하라는 권유를 받고 이를 승낙했다.'는 내용의 공술 및 동 피고인에 대한 예심 신문조서 중 판시 동 취지의 공술기재에 의해 이를 인정한다. 피고인 방명준에 관한 사실은 동 피고인이 당 법정에서 '쇼와 2년 4월 초순경 자택에서 김형복으로부터 공산당에 입당하라는 권유를 받고 이를 승낙했다.'는 내용의 공술, 동 피고인에 대한 예심 신문조서 중 당의 목적이라는 점을 제외한 그 나머지 판시 사실과 동 취지의 공술기재, 피고인 안기성에 대한 제3회 예심 신문조서 중 '조선공산당, 만주총국, 동만구역국은 판시의 취지, 목적으로 조직되었다.'는 내용의 공술기재, 동 피고인에 대한 제4회 예심 신문조서 중 '입당을 할 때에는 당의 목적을 반드시 은밀히 일러주기 때문에 입당할 때 그 목적은 물론 숙지했다.'는 내용의 공술지재에 의해 이를 인정한다.

　피고인 정성기에 관한 사실은 동 피고인이 당 법정에서 '쇼와 2년 4월 상순 이주화 집에서 동인으로부터 만주의 공산당에 가입하라고 권유를 받고 이를 승낙했다.'는 내용의 공술 및 동 피고인에 대한 예심 신문조서 중 판시 동 취지의 공술기재에 의해 이를 인정한다. 피고인 김홍계에 관한 사실은 동 피고인이 당 법정에서 '쇼와 2년 4월 7일 이주화 집에서 동인으로부터 동만에 공산당이 조직되어 있으니 가입하라고 권유를 받았기 때문에 나는 입당할 생각으로 나의 경력 등을 써서 이주화에게 건넸다.'는 내용의 공술 및 동 피고인에 대한 예심 신문조서 중 판시 사실과 동 취지의 공술기재에 의해 이를 인정한다.

　피고인 하리환에 관한 사실은 동 피고인이 당 법정에서 '판시 무렵 자택에서 이주화로부터 동만에 있는 공산당에 가입하라고 권유를 받고 이를 승낙했다.'는 내용의 공술 및 동 피고인에 대한 제1회 예심 신문조서 중 당의 목적이라는 점을 제외한 그 나머지 판시 사실과 동 취지의 공술기재, 동 피고인에 대한 제2회 예심 신문조서 중 '조선공산당, 만주총국, 동만국 지역국은 판시의 취지, 목적으로 조직된 것이다.'라는 내용의 공술기재에 의해 이를 인정한다. 피고인 임동원에 관한 사실은 동 피고인이 당 법정에서 '나는 김복만, 김형복으로부터 공산당이 조직되어 있으니 입당하라는 권유를 받았다.'는 내용의 공술, 동 피고인에 대한 예심 신문조서 중 당의 목적에 관한 점을 제외한 그 나머지 판시 사실과 통 취지의 공술기재, 피고인 안기성에 대한 제3회 예심 신문조서 중 '조선공산당, 만주총국, 동만구역국은 판시의 목적 취지로 조직된 것이다.'라는 내용의 공술기재, 동 피고인에 대한 제4회 예심 신문조서 중 '입당할 때에는 당의 목적을 반드시 비밀리에 알려주기 때문에 입당 때는 그 목적은 잘 숙지하고 있다.'는 내용의 공술기재에 의해 이를 인정한다.

피고인 정인석에 관한 사실은 동 피고인이 당 법정에서 '쇼와 2년 4월 24일경 김복만은 나에게 공산당에 가입하면 어떠냐고 권유했기 때문에 나는 이를 승낙했다.'는 내용의 공술, 동 피고인에 대한 예심 신문조서 중 판시 사실과 동 취지의 공술기재에 의해 이를 인정한다.

피고인 박일무(朴一茂)에 관한 사실은 동 피고인이 당 법정에서 '나는 판시 일 무렵 하리환 집에서 안기성으로부터 고공당(高共黨)에 가입하라고 권유를 받고 이를 승낙했다.'는 내용의 공술, 동 피고인에 대한 예심 신문조서 중 판시 사실과 동 취지의 공술기재, 피고인 안기성이 당 법정에서 고공당은 즉 조선공산당이라는 것이라는 내용의 공술에 의해 이를 인정한다.

피고인 이영근에 관한 사실은 동 피고인이 당 법정에서 '나는 김복만으로부터 공산당에 입당하라고 권유 받고 입당원서를 제출했다.'는 내용의 공술, 동 피고인에 대한 예심 신문조서 판시 사실과 동 취지의 공술기재 중 세포단체 소속이라는 점을 제외한 그 나머지 한장순(韓長順)에 대한 예심 신문조서 중 '이영근은 용정촌의 제3 세포단체에 속해 있다'는 내용의 공술기재에 의해 이를 인정한다.

피고인 송산우(宋山雨)에 관한 사실은 동 피고인이 당 법정에서 '나는 이주화로부터 조선공산당 만주총국의 동만구역국에 가입하라는 권유를 받았는데 그 후 안기성은 나에게 화룡에 세포단체를 설치하고 싶다고 말했다.'는 내용의 공술, 동 피고인에 대한 예심 신문조서 중 판시 사실과 동 취지의 공술기재에 의해 이를 인정한다.

피고인 차종수에 관한 사실은 동 피고인에 대한 예심 신문조서 중 세포단체 소속이라는 점을 제외한 그 나머지 판시 사실과 동 취지의 공술기재 및 피고인 방훈에 대한 예심 신문조서 중 '차종수는 동불사의 세포단체에 속해 있다.'는 내용의 공술기재에 의해 이를 인정한다.

판시 제5의 사실 중 피고인 한일(韓一)에 관한 사실은 동 피고인이 당 법정에서 '다이쇼 15년 9월 중순경 자택에서 이종회로부터 판시의 동만도에 입당하라는 권유를 받았다.'는 내용 및 '쇼와 2년 2월 중 동만구역국에 가입했다.'는 내용의 공술, 동 피고인에 대한 예심 신문조서 중 판시 사실과 동 취지의 공술기재에 의해 이를 인정한다.

피고인 장시철에 관한 사실은 동 피고인이 당 법정에서 '나는 쇼와 2년 1월 하순경 판시 장소에서 이순(李淳)의 권유에 의해 그해 4월 24일 동만구역국에 가입하고 용정촌의 제4 세포단체에 소속했다.'는 내용의 공술, 동 피고인에 대한 예심 신문조서 중 판시 사실과 동 취지의 공술기재에 의해 이를 인정한다.

피고인 방훈(方薰)에 관한 사실은 동 피고인이 당 법정에서 '나는 쇼와 2년 7월 15일경 자택에서 이순의 권유에 의해 조선공산당, 만주총국의 동만구역국에 입당했다.'는 내용 및 '김송렬(金松烈)로부터 고려공산청년회가 만주에 조직되어 있으니 입회하라고 권유를 받았다.'는 내용의 공술 및 동 피고인에 대한 예심 신문조서 중 판시 사실과 동 취지의 공술기재에 의해 이를 인정한다.

판시 제6의 사실 중 피고인 이종회에 관한 사실은 동 피고인이 당 법정에서 '판시일 무렵 나는 자택에서 김진국으로부터 만주에 있는 공산당에 가입하라고 권유를 받았다.'는 내용의 공술, 동 피고인에 대한 예심 신문조서 중 일시 및 당의 목적이라는 점을 제외한 그 나머지 판시사실과 동 취지의 공술기재, 피고인 안기성에 대한 제3회 예심 신문조서 중 '조선공산당, 만주총국, 동만구역국은 판시의 목적으로 조직된 것이다.'라는 내용의 공술기재, 동 피고인에 대한 제4회 예심 신문조서 중 '당에 입당할 때에는 반드시 당의 목적을 알려주기 때문에 잘 그 목적은 숙지하고 있다.'는 내용의 공술기재에 의해 이를 인정한다.

피고인 진종완에 관한 사실은 동 피고인이 당 법정에서 '판시 무렵 남병석 집에서 김희창(金希昌)으로부터 공산당에 가입하라고 권유 받았기 때문에 나는 이름만 기재하라고 했는데 동인은 나의 성명을 기재하고 있었다.'는 내용의 공술 및 동 피고인에 대한 예심 신문조서 중 판시 동취지의 공술기재에 의해 이를 인정한다.

피고인 남병석에 관한 사실은 동 피고인이 당 법정에서 '쇼와 2년 7월 중 김희창이 우리 집에 와서 간도에 공산당이 조직되어 있으니 입당하라고 권유했기 때문에 나는 성명만 낼 것을 승낙했는데 동인은 자격 심사한 후 타당하다고 인정되면 입당 통지를 하겠지만 아니면 아무런 통지를 하지 않을 것이니 그 경우에는 입당하지 못한 것이라고 생각하라고 말했는데 그 후 아무런 통지를 접하지 못했다.'는 내용의 공술 및 동피고인에 대한 예심 신문조서 중 판시 동 취지의 공술기재에 의해 이를 인정한다.

판시 제7의 피고인 김지종(金知宗)에 관한 사실은 동 피고인이 당 법정에서 '나는 판시의 고려공산청년회에 입회했는데 판시와 같이 관헌에서 동 회원의 검거에 힘썼기 때문에 동회는 거의 자멸의 비경에 빠지려는 시점부터 판시 날 무렵 권오설과 함께 판시의 정달헌 집에 가서 판시의 동회원 이병립(李炳立), 염창렬(廉昌烈), 김경재(金璟載)를 불러오게 했는데 권오설은 고려공산청년회의 간부는 대부분 검거되고 또는 해외로 망명했기 때문에 위 3명을 동회의 중앙 집행 위원 후보로 추천하니 승인해 달라고 말했기 때문에 나는 이를 승낙했다.'는 내용의 공술, 동 피고인에 대한 예심 신문조서 중 고려공산청년회 조직 관여 및 그 집행위원 취임이라는 점 및 조선공산당 만주총국에 관한 점 및 범의 계속이라는 점을 제외한 그 나머지 판시 사실과 동 취지의 공술기재, 압제 1536호의 증 제38호 다이쇼 15년 예 제41, 42, 45호 권오설 외 11명에 대한 치안유지법 및 출판법 위반 명예훼손 피고사건 기록 중 권오설에 대한 예심 신문조서(1173정(丁) 이하) 중 '우리들은 고려공산청년회라고 하는 비밀결사를 조직했는데 그것은 나 및 김찬, 김단야, 박헌영 등은 다이쇼 14년(1925년) 4월 20일 전 조선의 민중운동대회가 경성에서 개최되게 되어 사회운동자가 각 지방으로부터 끊이지 않고 상경했기 때문에 이 기회를 이용하여 비밀결사를 조직할 것을 계획하고 동 사회운동자 중 사상이 견고한 자를 권유하고 그달 18일 오후 1, 2시경 경성부 훈정동 4번지 박헌영 집에 합 17명의 사람이 모이고 그 자리에서 김단야가 비밀결사를 조직할 것을 발의했는데 만장일치로 이에 찬동했다. 이에 바로 일본 제국의 국체를 변혁하고 사유재산제도를 부인할 것을 목적으로써 비밀결사를 조직하고 이를 고려고산청년회 라고 명명하고 비서부, 조직부, 선전부의 3부를 설치하고 중앙집행위원 7명을 선임하여 그 부의 사무를 담당한 이후 그 목적의 관철을 기하고 회원을 모집했는데 중앙집행위원에는 나 및 박헌영, 김단야, 임원근, 김동명, 홍증식, 조봉암이 선정되고 박헌영, 김단야는 비서부, 나 및 홍증식은 조직부, 임원근,

조봉암, 김동명은 선전부의 각 사무를 관장하고 있었다.'는 내용의 공술기재, 압제 1536호의 증제 39호의 다이쇼 15년 예(豫) 제46호 내지 제49호, 제54호 김재봉 외 19명에 대한 치안유지법 위반 상해 및 폭행 피고사건 기록 중 박헌영에 대한 예심 신문조서(1239丁 이하) 중 '나는 다이쇼 14년 4월 18일 경성부 훈정동 4번지 우리 집에서 임원근, 김단야, 권오설, 김광(金光), 김찬, 조봉암, 김상주, 신철수, 정경창, 임형근(林亨根), 조이환, 홍증식, 박길양, 장수산(張水山), 안상훈(安相勳), 김동명, 진병기 등과 만나 우선 내가 일동의 사람을 향해 오늘 모임을 원한 것은 공산청년회를 조직하기 위함이라고 주장하고 조봉양이 사회자가 되어 다시 비밀리에 공산청년회 창립의 필요를 설명하고 일동의 찬부를 구했는데 모인 자는 모두 공산주의자뿐이라는 관계상 일동 이의 없이 이에 찬성했기 때문에 바로 그 조직에 착수하고 조봉암의 제의에 의해 그 비밀결사를 고려공산청년회라고 명명하고 그 강령을 김단야가 낭독하고 나 및 조봉암, 홍증식 3명이 임원의 전위위원에 내세워 지고 우리들 위원에서 중앙집행위원 7명, 검사위원 3명을 선정했다.'는 내용의 공술기재, 검사 사무취급의 피고인에 대한 제3회 신문조서 중 '나는 다이쇼 14년 4월 중순경 경성에 가서 고려공산청년회 위원을 하고 있었는데 그해 11월 29일 관헌에 발각되었기 때문에 경성부 내를 전전하며 잠복하고 있었는데 그 다음 다이쇼 15년 3월 초순경 경성을 탈출하여 장기(長倚)로 가서 연락선 장기호로 중국 상해에 이르러 프랑스 조계의 중국인 모 여관에 투숙하고 약 1주일 동안 체재하고 중국 상선으로 포렴(浦鹽)에 상륙하여 신한촌의 조선이 여관에 투숙 중 올해(쇼와 2년) 6월경 조선공산당 만주총국의 책임비서 우단우(禹丹宇, 오기선) 군부터 위 만주총국의 선전부장으로 임명하니 오라는 통신이 있었는데 당시 나는 건강이 좋지 않았기 때문에 일단 거절했는데 재차 그 교섭의 통신이 있어 어쨌든 와달라는 간절한 요청이 있어서 그달 말 블라디보스토크를 출발하여 훈춘(琿春)을 거쳐 용정촌에 그해 7월 초순 도착했다.'는 내용의 공술기재, 피고인 안기성에 대한 제3회 동 예심 신문조서 중 '김지종은 조선공산당 만주총국에 가입해 있는데 동 결사는 판시의 목적으로 조직되어 있다.'는 내용의 공술기재, 동 피고인에 대한 제4회 동 예심 신문조서 중 '당에 가입하는 자에 대해서는 반드시 비밀리에 당의 목적을 알려주기 때문에 입당할 때 그 목적은 숙지하고 있다.'는 내용의 공술기재, 피고인 최원택에 대한 제1회 예심 신문조서 중 '김동명은 조선공산당 만주총국의 선전부장에 취임했다.'는 내용의 공술기재, 피고인 이주화에 대한 제3회 예심 신문조서 중 '김지종은 조선공산당 만주총국의 당원임은 틀림없다.'는 내용의 공술기재에 의해 이를 인정한다.

판시 제8의 김정환의 사실은 동 피고인이 당 법정에서 '나는 판시 날 무렵 동흥촌(東興村)의 조병삼 집에서 동인의 권유에 의해 고려공산청년회 만주비서부의 동만도에 가입했지만 그 후 만주 비서부로부터 나를 남만 제1도(道)의 집행위원으로 했다는 임명서가 나왔다는 것을 들어 알았다. 그리고 쇼와 2년 2월경 반석에서 모여 집행위원회를 열었다.'는 내용 및 '조선공산당 만주총국의 남만구역국 간부회에서 나를 동 국의 간부로 한다는 결의를 했다는 것을 들었다.'는 내용의 공술 및 동 피고인에 대한 예심 신문조서 중 동인의 공술로써 판시 사실과 동 취지의 기재에 의해 이를 인정한다. 그리하여 피고인 최원택, 이주화, 김소연, 임계학, 현칠종, 김지종, 김정환, 안기성, 방훈, 한일, 장시철의 범의계속이라는 점은 모두 단기간 내에 동종의 행위를 반복 누행(累行)한 사실에 비추어 이를 인정한다. 피고인 황일보의 전시 수형(受刑) 사실은 동 피고인이 당 법정에 한 그 취지의 공술 및 청진 지방법원 검사국 명의의 경성 지방법원 검사국 앞 동 피고인에 대한 전과 조회에 대한 회답서의 기재에 의해 이를 인정한다.

## 해 제

이 문서는 1927년 10월 발생한 제1차 간도공산당 사건에 대한 경성지방법원 형사부의 판결문으로 사건번호는 昭和3年刑公第541號, 542號, 543號이다. 이 사건에 관여한 판사는 재판장 조선총독부 판사 마츠히로(末廣淸吉), 고노(小野勝太郎), 쿠리야마(栗山茂二) 등 3인이다.

간도공산당 사건은 일제가 간도에서 활동하던 공산주의운동가들을 검거한 사건으로 1927년부터 1930년까지 모두 3차에 걸쳐 일어났다. 제1차는 1927년 10월, 당시 서울에서 진행 중이던 조선공산당 공판의 공개를 요구하는 시위를 계획하다가 일제 간도영사관 경찰서에 검거되어, 조선공산당 만주총국 책임비서 대리 조직부장 최원택(崔元澤), 동만구역국 책임비서 안기성(安基成)을 비롯하여 이주화(李周和), 김지종(金知宗) 등 29명이 징역 8년부터 1년까지의 실형을 선고받았다.

제2차 검거사건은 1928년 9월, 고려공산청년회 만주총국 동만도 간부 및 당원에 대한 검거로서 이들은 1928년 9월 2일 국제청년일 기념집회를 열려다가 일제영사관 경찰서에 탐지되어 72명이 검거되었다. 이 중 이정만(李正萬), 김철산(金鐵山), 최종호(崔鐘浩) 등 49명이 실형을 선고받았다.

제3차 검거사건은 1930년 3월, 장주련(張周璉), 윤복송(尹福松), 강석준(姜錫俊) 등 만주총국 및 동만도 간부 50여 명이 검거된 사건이다. 이들은 1930년 3·1운동 11주년을 맞아 농민, 학생, 노동자들의 대대적 시위운동을 조직했으며, 이를 무장봉기로 발전시키기 위한 준비를 하던 중 일제영사관 경찰서에 탐지되어 검거당했다. 이 사건으로 130여 명이 체포되고 그중 49명이 기소되어 실형을 선고받았다.[173)]

조선공산당 만주총국은 1926년 5월 16일 길림성 위사(葦沙) 일면파(一面坡)의 들판[174)]에서 김찬이 파견한 최원택, 조봉암, 김동명, 윤자영, 김하구 등에 의해 설립되었다. 그 본거지는 길림성 영안현(寧安縣) 영고탑(寧古塔)에 두고 동만, 남만, 북만에 각 구역국을 설치하였으며, 조봉암을 책임비서로, 최원택을 조직부 책임으로, 윤자영을 선전부 책임으로 그리고 김하구, 김철훈, 김용낙을 중앙집행위원으로 선정하였다.[175))]

이후 조봉암은 상해로 돌아가서 코민테른의 극동부원으로 활동하기 위하여 오희선(吳羲善)을 만주총국 책임비서로 선정하였는데 오희선[176)]이 부임할 때까지는 최원택이 대리를 맡게 되었다. 1927년 10월 초 일제 당국에 의한 제1차 간도조선공산당 검거사건이 발생하였다.

만주총국은 일본공산당의 후쿠모토(福本)의 '방향전환론'의 영향 속에서 사상운동에서 정치투쟁으로 전환할 때에 관한 조선공산당의 지시에 따라 연속적인 반일시위를 단행했다. 1927년 5월 1일, 연변지구의 조선 민중들은 조선공산당 만주총국 동만구역국의 구체적인 지도하에 용정, 투도구 일대에서 '5·1절 국제노동절기념시위행진'을 성대하게 진행하고 일제의 침략과 조선 민중들에 대한 만행을 규탄하였다. 이번 시위운동은 별다른 방해없이 순조롭게 거행되어 큰 성과를 거두었다. 이에 고

--------------------------------------------------

173) 강만길 외, 『한국현대사회운동사전』, 열음사, 1988 참조.
174) 흑룡강성 주하현(상지현) 일면파의 하동에 있는 김철훈의 집에서 조선공산당 만주총국을 설립하였다(『연변일보』, 2007.10.19).
175) 김준엽·김창순, 『한국공산주의운동사』 2권, 청계, 1986, 423쪽.
176) 오희선은 종로경찰서에서 제1, 2차 조선공산당의 주요인물로 지명수배 상태였다. 제1차 간도조선공산당 검거사건이 발생하자 그는 일제 당국의 검거를 피하여 중국 등으로 피해 다니면서 모플 책임자로 활동하다가 1930년에 비밀리에 귀국하였다.

무된 동만구역국에서는 1927년 10월 2일 조선공산당 사건[177]에서 체포된 동지들의 공판대회를 반대함과 아울러 '일본제국주위를 타도'하고 '일체 정치범의 석방'을 요구하는 반일시위를 단행하기로 결정하였다.

그런데 10월 2일 용정에 억수같은 폭우로 시위운동이 연기되었고 이날 만주총국 책임대리비서인 안기성 등은 동만구역국 간부들과 함께 안기성의 집에 모여 투쟁계획을 모색하였다. 그러나 사전에 이런 상황을 탐지한 간도일본총령사관에서는 경찰을 파견하여 안기성의 집을 포위하고 최원택, 안기성, 현칠종, 이주화, 김소연, 임계학, 박재하, 김규국 등 구역국 간부들을 체포하였다. 다음날 10월 3일 이 사실을 알게 된 대성중학교와 동흥중학교의 청년학생들은 손에 '적기'를 들고 거리에 나와 삐라를 뿌리면서 시위행진을 단행하였다. 시위대오는 거리를 지나 일본총영사관 문 앞에 가서 체포된 간부들을 석방하라고 하면서 항의를 하였다. 청년학생들은 "일제침략을 반대하자!", "일제백색테로 반대!", "일체 정치범 석방!", "무고한 교원들을 석방하라!"는 등등 구호를 외치면서 시위를 단행하였다.

이 사건으로 29명의 주요 간부가 체포되어 서울에 압송되어 재판에서 징역을 선고받았다. 이것이 바로 '제1차 간도공산당 사건'이다.

1928년 4월 30일 경성지방법원은 간도공산당 사건의 예심을 종결하여 박진욱(朴眞旭)을 제외하고 29명을 치안유지법 위반혐의로 기소하였다.[178] 1928년 12월 5일 경성지방법원은 간도공산당 사건 관계자 29명

---

177) 1925년 11월 22일 신의주에서 일어난 조선공산당 검거사건으로 조선에서 공산주의 비밀결사에 대한 검거선풍이 일어났다. 이때 조선공산당 책임비서 김재봉(金在鳳), 고려공산청년회 책임비서 박헌영(朴憲永)을 비롯한 조선공산당과 고려공산청년회의 간부 및 당원들이 대량 체포되었다. 또 1926년 6월 '6·10만세운동'으로 당시 조선공산당 중앙집행위원회 책임비서였던 강달영을 비롯한 100여 명의 당 간부와 관계자들이 대거 체포되었다. 두 차례에 걸쳐 검거된 조선공산당 당원 및 간부들에 대한 공판이 1927년 9월부터 열렸다.

중 한장순(韓長順)은 늑막염으로 분리 심리하기로 하고 나머지 28명에 대한 공판을 속개하여 '신 치안유지법을 최초로 적용'하여 다음과 같이 구형하였다.

최원택(42) 8년, 이주화(30) 6년, 임계학(44) 4년, 박재하(35) 4년, 하리환(30) 3년, 이주봉(23) 2년, 김홍주(26) 2年, 이영근(24) 2년, 이종회(41) 1년, 박일무(26) 1년, 안기성(31) 7년, 김소연(25) 6년, 현칠종(31) 4년, 황일보(26) 3년, 한일(35) 2년, 방명준(26) 2년, 임원동(32) 2년, 송산우(28) 2년, 진종완(26) 1년, 김지종(27) 7년, 김정환(22) 5년, 장시철(35) 4년, 김규극(40) 3년, 차종수(32) 2년, 정성기(29) 2년, 정인석(38) 2년, 방훈(29) 2년, 남병석(34) 1년[179]

1928년 12월 27일 간도공산당 사건의 관련자 28명에 대한 선고 공판이 경성지방법원에서 개정되어 다음과 같이 언도되었다. 죄명은 제령7호 위반과 구치안유지법을 적용하다.[180]

| 被告 | 求刑 | 判決 | 拘留通算 |
|---|---|---|---|
| 崔元澤(42) | 8年 | 6年 | 150日 |
| 金知宗(27) | 7年 | 5年 | 150日 |
| 安基成(31) | 7年 | 5年 | 150日 |
| 金周和(30) | 6年 | 4年 | 150日 |
| 金素然(35) | 6年 | 4年 | 150日 |
| 金正煥(22) | 5年 | 4年 | 150日 |
| 玄七鍾(31) | 4年 | 4年 | 150日 |
| 林啓學(44) | 4年 | 4年 | 150日 |
| 黃一甫(40) | 3年 | 2年半 | 150日 |

178) 『東亞日報』, 1928.5.1.
179) 『東亞日報』, 1928.12.6.
180) 『東亞日報』, 1928.12.28.

| | | | |
|---|---|---|---|
| 朴載慶(35) | 4年 | 2年 | 150日 |
| 張時澈(35) | 4年 | 2年 | 150日 |
| 李英根(24) | 2年 | 2年 | 150日 |
| 韓一(35) | 2年 | 2年 | 150日 |
| 方薰(29) | 2年 | 2年 | 150日 |
| 金奎極(40) | 3年 | 1年半 | 150日 |
| 河利煥(30) | 3年 | 1年半 | 150日 |
| 車鍾洙(32) | 2年 | 1年半 | 150日 |
| 宋山雨(28) | 2年 | 1年半 | 150日 |
| 金洪桂(26) | 2年 | 1年半 | 150日 |
| 鄭聖基(29) | 2年 | 1年半 | 150日 |
| 鄭寅哲(38) | 2年 | 1年半 | 150日 |
| 方明俊(26) | 2年 | 1年半 | 150日 |
| 林東元(32) | 2年 | 1年半 | 150日 |
| 李柱鳳(23) | 2年 | 1年半 | 150日 |
| 朴一茂(26) | 1年 | 1年 | 執行猶豫3年 |
| 李鍾繪(39) | 1年 | 1年 | 執行猶豫3年 |
| 南秉錫(34) | 1年 | 1年 | 60日 |
| 陳宗琬(26) | 1年 | 1年 | 90日 |

판결문에 언급된 1차 간도공산당 사건 관련자 28인에 대한 구체적인 법적용의 내용은 다음과 같다. 먼저 피고인 최원택이 결사(조선공산당) 조직한 행위는(결사조직행위만이 다이쇼 8년 제령 제7호 시행 당시에 행해진 것이고 기타의 행위는 구 치안유지법 시행 당시에 행해진 것이 다) 그 행위 당시의 법령에 의하면 다이쇼 8년 제령 제7호 정치에관한범 죄처벌의건(범죄시법) 제1조 제1항[181]에 해당하고, 그 결사의 조직과 임

181) 「정치에관한범죄처벌의건」 [시행 1919.4.15] [조선총독부제령 제7호, 1919.4.15, 제 정] 제1조 ①정치의 변혁을 목적으로 하여 다수공동으로 안녕 질서를 방해하거나 방해하고자 하는 자는 10년 이하의 징역 또는 금고에 처한다. 다만 형법 제2편 제2 장의 규정에 해당하는 때에는 이 영을 적용하지 아니한다. ②전항의 행위를 하게

원 및 지도자인 임무에 종사한 행위는 구 치안유지법(중간법)에 의하면 동법 제1조 제1항[182]에 해당한다. 쇼와 3년 칙령 제129호에 의해 개정된 치안유지법(현행법)에 의하면 그 결사의 조직은 동법 제1조 제1항 전단에 해당함과 동시에 동조 제2항 전단에 해당하고 그 후 임원 및 지도자인 임무에 종사(만주총국의 설치 및 이와 동시에 동 국의 집행위원 조직부장이 됨)한 점은 동조 제1항 전단에 각 해당한다.

위 조직은 한 개의 행위로 여러 개의 죄명에 저촉되는 경우이므로 형법 제54조 제1항 전단,[183] 제10조[184]에 의해 무거운 국체변혁을 목적으로 하는 결사조직의 형에 따른다. 그리고 이것과 임원 및 지도자인 임무에 종사한 행위와는 연속 관계에 있음에 대해 동법 제55조[185]를 적용하여 무거운 결사조직의 한 죄로써 처단해야 하는데 범죄 후의 법률에 의해 형의 변경이 있던 경우이므로 동법 제6조,[186] 제10조에 의해 그 형을 비교, 대조함에 중간법 및 범죄시 법은 모두 현행법보다 그 형이 가볍고 중간법과 범죄시 법과는 그 형이 동일함에 대해 범죄시 법인 다이

......................................

할 목적으로 선동한 자의 죄도 전항과 같다.

[182] 「치안유지법」 [시행 1925.4.29] [조선총독부법률 제46호, 1925.4.21, 제정] 제1조 ①국체를 변혁하거나 사유재산제도를 부인하는 것을 목적으로 결사를 조직하거나 이에 가입한 자는 10년 이하의 징역 또는 금고에 처한다. ②전항의 미수죄는 벌한다.

[183] [大正10年4第77號 改正] 형법 제54조는 다음과 같다. "1개의 행위로서 수개의 죄명에 촉하거나 또는 범죄의 수단 또는 결과된 행위로 타의 죄명에 觸한 때는 그 가장 중형으로 처단한다."

[184] 형법 제10조 "主刑의 경중은 전조 기재의 순서에 의한다. 단, 무기금고와 유기징역은 금고로서 중함으로 하고 유기금고의 장기가 유기징역의 장기의 2배를 넘을 때는 금고로서 重함으로 한다." 형법 제9조 "사형, 징역, 금고, 벌금, 구류 및 과료를 主刑으로 하고 몰수를 부가형으로 한다."

[185] 형법 제55조 "연속한 수개의 행위로 동일 죄명에 觸할 때는 一罪로서 이를 처단한다."라고 규정되어 있다.

[186] 형법 제6조 "범죄후의 법률에 因하여 형의 변경이 있는 때는 그 輕한 것을 적용한다."

쇼 8년 제령 제7호 정치에 관한 범죄 처벌의 건 제1조 제1항에 의해 처단하기로 하고 그 소정 형 중 징역형을 선택하여 동 피고인을 징역 6년에 처해야 한다.

최원택[187]은 경북 대구 출신으로 1923년 6월 꼬르뷰로(조선공산당 중앙총국) 국내부 대구지역야체이까 책임자가 되었다. 그해 여름 대구에서 사회주의 사상단체 상미회(尙微會) 활동에 참여했다. 1924년 2월 신흥청년동맹 결성에 참여했고 3월 대구청년회 회장으로서 조선청년총동맹 결성에 참가했다. 같은 달 남선노농동맹 창립대회에 참가하고 중앙상무집행위원이 되었다. 4월 조선노농총동맹 결성에 참여하여 중앙집행위원이 되었고 8월 사상단체 정오회(正午會)에 참여했다. 1925년 2월 전조선민중운동자대회 준비위원으로 선정되었다. 같은 달 청총 중앙본부가 주도한 경북청년대회에 반대하여 안동에서 독자적으로 대구청년회 중심의 경북청년대회 준비회를 발족시켰다. 3월 노농총 조사부 담당 상무집행위원이 되었다.

1925년 4월 조선공산당 창립대회에 참가했다. 같은 달 전조선민중운동자대회 집회금지령에 반발하여 일어난 '적기(赤旗)시위 사건'에 연루되어 일본으로 망명했다. 11월 도쿄(東京)에 설치된 조공 일본부의 초대 책임자가 되었다. 1926년 초 일본경찰의 추적을 피해 상해(上海)로 망명했다. 5월 만주로 파견되어 조공 만주총국 결성에 참여하고 조직부장이 되었다.

1927년 10월 '제1차 간도공산당 검거사건'으로 일본경찰에 체포되어 1928년 12월 징역 6년을 선고받았다. 1932년 7월 대전형무소로 이감 도중 대전역에서 "조공 만세" "조선 민족해방운동 만세"를 외치며 만세시

187) 최원택(崔元澤). 1895~1973.

위를 주도하여 징역 1년을 추가받았다. 1936년 출옥했다. 1943년 화요파 공산주의자그룹 결성에 참여하고 위원이 되었으며 1944년 11월 공산주의자협의회에 가담했다. 1945년 3월 건국동맹과 함께 군사위원회를 결성하고 위원이 되어 노농군(勞農軍) 편성과 무장봉기를 계획했다. 이 무렵 일본경찰에 검거되었다.

이후 8·15 해방과 함께 출옥하여 재경혁명자대회에 참석하여 조공 재건을 협의하고 정치부 간부가 되었다. 1945년 9월 조공 재건을 위한 계동 열성자대회에 참석했고, 서울시인민위원회 건립에 참가하여 위원장이 되었다. 미군정이 임명한 서울시장을 비난한 선전문 때문에 미군정 경찰에 체포되어 징역 11월과 벌금 1만 원형을 선고받았다. 1946년 11월 남조선노동당 결성에 참가하고 의장단에 선출되었고 12월 남로당 중앙감찰위원장으로 선정되었다. 1947년 8월 미군정에 의해 한때 구금되었다. 1948년 4월 남북연석회의에 참석하기 위해 월북했고 8월 해주에서 열린 남조선인민대표자대회에서 제1기 최고인민회의 대의원으로 선출되었다. 이후 1953년 8월 조선노동당 중앙위원회 상무위원, 10월 최고인민회의 상임위원, 1955년 1월 평화옹호전국민족위원회 부위원장 1957년 9월 최고인민회의 의장, 1958년 1월 조소(朝蘇)친선협회 중앙위원, 1961년 5월 조국평화통일위원회 상무위원이 되었다. 1964년 3월 최고인민회의 대표단장으로서 인도네시아, 캄푸치아, 스리랑카를 순방했다. 1970년 11월 노동당 중앙위원을 지냈다.[188]

피고인 김지종의 결사(고려공산청년회) 조직행위 및 이와 동시에 그 임원(집행위원)이 된 점(그 행위만이 다이쇼 8년 제령 제7호 시행 당시에 행해진 것이고 기타의 행위 즉 만주총국 선전 부장인 임원이 된 것

188) 강만길·성대경 편, 『한국사회주의운동인명사전』, 창비사, 1996 참조.

은 구 치안유지법 시행 당시에 행해진 것이다)은 그 행위 당시의 법령에 의하면 다이쇼 8년 제령 제7호 정치에관한범죄처벌의건(범죄시법) 제1조 제1항에 해당하고 그 행위 및 그 후에 만주총국의 선전부장인 임원이 된 점은 구 치안유지법 (중간법)에 의하면 동법 제1조 제1항에 해당한다. 쇼와 3년 칙령 제129호에 의해 개정된 치안유지법(현행법)에 의하면 위 결사의 조직 및 이와 동시에 그 임원이 된 점은 동법 제1조 제1항 전단에 해당함과 동시에 동조 제1항 전단에 해당한다. 그 후 만주 총국 선전 부장인 임원이 된 점은 동조 제1조 제1항 전단에 해당하고 위 결사의 조직 및 이와 동시에 그 임원이 된 점은 한 개의 행위로 여러 개의 죄명에 저촉되는 경우이므로 형법 제54조 제1항 전단. 제10조에 의해 무거운 국체변혁을 목적으로 하는 결사조직의 형에 따른다. 그리고 이것과 그 후 임원이 된 행위와는 연속 관계에 있음에 대해 동법 제55조를 적용하여 무거운 결사조직의 한 죄로써 처단해야 하는데 범죄 후의 법률에 의해 형의 변경이 있던 경우이므로 동법 제6조, 제10조에 의해 그 형을 비교, 대조함에 중간법 및 범죄 시법은 모두 현행법보다 그 형이 가볍고 중간법과 범죄 시법과는 그 형이 동일함에 대해 범죄 시법인 다이쇼 8년 제령 제7호 정치에관한범죄처벌의건 제1조 제1항에 의해 처단하기로 하고 그 소정 형 중 징역형을 선택하여 동 피고인을 징역 5년에 처해야 한다.

피고인 안기성의 결사(조선공산당 만주총국)의 가입 및 그 후 동 국의 지부인 동만구역국의 책임비서인 임원이 된 행위는 그 행위 당시의 법령에 의하면 치안유지법 제1조 제1항에 해당한다. 쇼와 3년 칙령 제129호에 의해 개정된 치안유지법에 의하면 위 결사가입한 점은 동법 제1항 후단에 해당함과 동시에 동조 제2항 후단에 해당한다. 그 후 임원이 된 점은 동조 제1항 전단에 해당하는데 위 결사가입은 한 개의 행위로 여러 개의 죄명에 저촉되는 경우이므로 형법 제54조 제1항 전단, 제10조에 의해 무거운 국체변혁을 목적으로 하는 결사가입의 형에 따른다. 그리고 이것과 그 이후 임원이 된 행위와는 연속 관계이므로 동법 제55조를 적용하여 무거운 임원이 된 죄의 한 죄로써 처단해야 하는데 범죄 후의 법률로 인해 형의 변경이 있던 경우임에 대해 동법 제6조, 제10조에 의해 그 형을 비교, 대조하고 가벼운 범죄 시 법인 구 치안유지법 제1조 제1항에 따라 징역을 선택하고 동 피고인을 징역 5년에 처해야 한다.

피고인 이주화, 김소연, 임계학의 결사(조선공산당 만주총국) 가입 및 그 후에 동 국의 지부 동만구역국을 설치하여 지도자인 임무에 종사한 행위는 그 행위 당시의 법령에 의하면 치안유지법 제1조 제1항에 각 해당하고 전시 칙령에 의해 개정된 치안유지법에 의하면 위 결사가입의 점은 동법 제1조 제1항 후단에 해당함과 동시에 동조 제2항 후단에 해당한다. 그 후에 지도자인 임무에 종사한 점은 동조 제1항 전단에 해당하는데 위 결사가입은 한 개의 행위로 여러 개의 죄명에 저촉되는 경우이므로 형법 제54조 제2항 전단, 제10조에 의해 무거운 국체변혁을 목적으로 하는 결사가입의 형에 따른다. 그리고 이것과 지도자인 임무에 종사한 행위와는 연속관계에 있음에 대해 동법 제55조를 적용하여 무거운 지도자인 임무에 종사한 죄의 한 죄로써 처단해야 하는데 범죄 후의 법률로 인해 형의 변경이 있던 경우이므로 동법 제6조, 제10조에 의해 그 형을 비교, 대조하고 가벼운 범죄 시법인 구 치안유지법 제1조 제1항에 따라 징역형을 선택하여 동 피고인 등을 각 징역 4년에 처해야 한다. 피고인 현칠종의 결사(조선공산당 만주총국)의 가입 및 그 후 동 국의 지부 동만구역국의 선전 부장인 임원이 된 행위는 그 행위 당시의 법령에 의하면 구 치안유지법 제1조 제1항에 해당하고 전시 칙령에 의해 개정된 치안유지법에 의하면 결사가입은 동법 제1조 제1항 후단에 해당함과 동시에 동조 제2항 후단에 해당한다. 그 후에 임원이 된 점은 동조 제1항 전단에 해당하는데 위 결사가입은 한 개의 행위로 여러 개의 죄명에 저촉되는 경우이므로 형법 제54조 제1항 전단, 제10조에 의해 무거운 국체변혁을 목적으로 하는 결사가입의 형에 따라야 한다. 그리고 이것과 그 후 임원이 된 행위와는 연속관계에 있음에 대책 동법 제55조를 적용하여 무거운 임원이 된 행위의 한 죄로써 처단해야 하는데 범죄 후의 법률로 인해 형의 변경이 있던 경우이므로 동법 제6조, 제10조에 의해 그 형을 비교, 대조하고 가벼운 구 치안유지법 제1조 제1항에 의해 처단하고 그 소정의 징역형을 선택하여 동 피고인을 징역 4년에 처해야 한다.

피고인 김정환의 결사(고려공산 청년회 만주비서 부의 지부인 동만도) 가입 및 그 후 동부의 남만 제1도의 집행위원 이어서 조선공산당 만주총국의 지부 남만구역국의 집행위원이 임원이 된 행위는 그 행위 당시의 법령에 의하면 치안유지법 제1조 제1항에 해당하고 그 후 전시 칙령에 의해 개정된 치안유지법에 의하면 결사가입의 행위는 동법 제1조 제1항 후단에 해당함과 동시에 동조 제1항 후단에 해당한다. 그 후 순차로 임원이 된 행위는 동조 제1항 전단에 해당한다. 위 결사가입은 한 개의 행위로 여러 개의 죄명에 저촉되므로 형법 제54조 제1항 전단, 제10조에 의해 무거운 국체변혁을 목적으로 하는 결사강비의 형에 따른다. 그리고 이것과 위 순차로 2회 임원이 된 행위는 연속관계에 있음에 대해 동법 제55조를 적용하여 무거운 임원이 된 행위의 한 죄로써 처단해야 하는데 범죄 후의 법률로 인해 형의 변경이 있던 경우이므로 동법 제6조, 제10조에 의해 그 형을 비교, 대조하고 가벼운 구 치안유지법 제1조 제1항에 의해 처단하기로 함에 따라 그 소정 형 중 징역형을 선택하여 동 피고인을 징역 4년에 처해야 한다.

피고인 장시철, 한일, 방훈의 2개의 결사(고려공산청년회 만주비서부의 지부 동만도 및 조선공산당 만주총국의 지부 동만구역국) 가입의 행위는 그 행위 당시의 법령에 의하면 구 치안유지법 제1조 제1항, 형법 제55조에 해당하고 전시(前示) 칙령에 의해 개정된 치안유지법에 의하면 동법 제1조 제1항 후단, 형법 제55조에 해당함과 동시에 동 치안유지법 제1조 제2항 후단, 형법 제55조에 해당하고 한 개의 행위로 여러 개의 죄명에 저촉되므로 동법 제54조 제1항 전단, 제10조에 의해 무거운 국체 변혁을 목적으로 하는 결사가입의 형에 따라 처단해야 하는데 범죄 후의 법률로 인해 형의 변경이 있던 경우임에 따라 동법 제6조, 제10조에 의해 그 형을 비교, 대조하고 가벼운 범죄 시 법인 구 치안유지법 제1조 제1항에 의해 처단해야 할 것이므로 그 소정 형 중 징역형을 선택하여 동 피고인 등을 각 징역 2년에 처해야 한다.

피고인 황일보, 박재하, 이영근, 김규극, 차종수, 송산우, 김홍계, 정성기, 정인석, 하리환, 방명준, 임동원, 이주봉, 박일무의 결사(조선공산당 만주총국의 지부 동만구역국) 가입의 행위는 그 행위 당시의 법령에 의하면 구 치안유지법 제1조 제1항에 해당하고 전시 칙령에 의해 개정된 치안유지법 에 의하면 동법 제1조 제1항 후단에 해당함과 동시에 동조 제2항 후단에 해당하고 한 개의 행위로 여러 개의 죄명에 저촉되므로 형법 제54조 제1항 전단 제10조에 의해 무거운 국체 변혁을 목적으로 하는 결사가입의 형에 따라야 하는데 범죄 후의 법률로 인해 형의 변경이 있던 경우이므로 동법 제6조, 제10조에 의해 그 형을 비교, 대조하고 가벼운 구 치안유지법 제1조 제1항에 따라 처단해야 할 것이므로 그 소정 형 중 징역형을 선택하여 피고인 박재하, 이영근을 각 징역 2년에, 피고인 김규극, 차종수, 송산우, 김홍계, 정성기, 정인석, 하리환, 방명준, 임동원, 임주봉을 각 징역 1년 6월에, 피고 박일무를 징역 1년에 처한다. 피고인 황일보는 누범이므로 형법 제56조,[189] 제57조[190])에 의해 법정의 가중을 한 형기 범위 내에서 동 피고인을 징역 2년 6월에 처해야 한다. 피고인 이종회, 남병석, 진종완의 결사(조선공산당 만주총국의 지부 동만구역국)에 가입하려고 하여 이루지 못한 점은 그 행위 당시의 법령에 의하면 구 치안유지법 제1조 제2항 제1항에 해당하고 그 후 전시 칙령에 의해 개정된 치안유지법에 의하면 동법 제1조 제3항 제1항 후단에 해당함과 동시에 동조 제3항 제2항 후단에 해당한다. 위는 한 개의 행위로 여러 개의 죄명에 저촉되므로 형법 제54조 제1항 전단,[191] 제10조에 의해 무거운 국체변혁을 목적으로 하는 결사가입미수의 형에 따라 처단해야 하는데 범죄 후의 법률로 인해 형의 변경이 있던 경우임에 대해 동법 제6조, 제10조에 의해 그 형을 비교, 대조하고 가벼운 구 치안유지법 제1조 제2항 제1항의 형에 의해 처단해야 할 것이므로 그 소정 형 중 징역형을 선택하여 동 피고인 등을 각 징역 1년에 처해야 한다. 그리고 형법 제21조[192]에 의해 피고인 김정환에 대해서는 미결구류 일수 중 90일을, 피고인 남병석에 대해서는 동 일수 중 60일을 기타의 각 피고인에 대해서는 동 일수 중 150일을 각각 위 각 본 형에 산입한다. 피고인 박일무, 이종회, 남병석 진종완 4명에 대해서는 각 형의 집행을 유예할만한 정상(情狀)이 있으므로 동법 제25조[193]에 의해 3년간 각 위 형의 집행을 유예해야 한다. 압수물건 중 압제 1536호의 증제 1호

........................................

189) 형법 제56조 "징역에 처해 진 자가 그 집행을 마치고 또는 집행의 면제된 날부터 5년 내에 다시 죄를 범하여 유기징역에 처해질 때는 이를 재범으로 한다."
190) 형법 제57조 "再犯의 刑은 그 죄에 대하여 定한 징역의 長期의 2배 이하로 한다."
191) 형법 제54조 "1개의 행위로서 수개의 죄명에 촉하거나 또는 범죄의 수단 또는 결과된 행위로 타의 죄명에 觸한 때는 그 가장 중형으로 처단한다."
192) 형법 제21조 "미결구류의 일수는 그 전부 또는 일부를 본형에 산입함을 得한다."
193) 형법 제25조 "左에 기재한 자 2년 이하의 징역 또는 금고의 언도를 受한 때는 정상에 인하여 재판확정의 일부터 1년 이상 5년 이하의 기간 내 그 집행을 유예함을 得한다."

의 1의 임시규정은 판시 제1의 범죄행위로부터 압 동호의 증제 2호의 당원 주의사항 및 압 동호의 증 제7호의 동만구역국 간부의 도장은 판시 제2의 범죄행위로부터 압 동호의 증 제3호의 1, 3, 5, 7, 9, 11, 13, 15, 19, 21의 집행위원회 회의록은 판시 제3의 범죄행위로부터 각각 발생하고 또한 범인 이외의 사람에게 속하지 않는 물건이므로 동법 제19조 제1항 제3호 제2항[194]에 따라 각각 주문 게기의 피고인 등에 대해 각 이를 몰수하기로 한다. 따라서 위 주문과 같이 판결하였다.

치안유지법은 1925년 4월 21일 일본 제국의회에서 성립되어 4월 29일 일본에서 시행되었다. 이어서 일본은 다이쇼 14년(1925년) 「治安維持法을 朝鮮, 臺灣 및 樺太에 施行하는 件」(勅令 제175호, 1925.4.27)을 제정하여 이를 5월 7일 공포하고 1925년 5월 12일 이를 시행하였다.[195] 치안유지법은 일본에서 제정되어 거의 비슷한 시기에 조선, 대만, 사할린에 시행되었다.

〈치안유지법(治安維持法)〉 [시행 1925.4.29] (다이쇼 14년 법률 제46호) 1925.4.21,
제정, 공포
제1조 ①국체를 변혁하거나 사유재산제도를 부인하는 것을 목적으로 결사를
조직하거나 이에 가입한 자는 10년 이하의 징역 또는 금고에 처한다.
②전항의 미수죄는 벌한다.
제2조 전조 제1항의 목적으로 그 목적이 되는 사항의 실행에 관하여 협의를

---

[194] 형법 제19조 "좌에 기재한 物은 차를 몰수함을 득함 1.범죄행위를 조성한 물 2.범죄행위에 供하고 또는 供하고져 한 物 3.범죄행위에서 生하고 또는 차에 因하여 득한다. 몰수는 그 물이 범인 이외의 자에게 속하지 아니한 때에 한함."
[195] 「治安維持法ヲ朝鮮、台湾及樺太ニ施行スルノ件」, 1925.4.30. (國立公文書館 A01200536400).

한 자는 7년 이하의 징역 또는 금고에 처한다.

제3조 제1조 제1항의 목적으로 그 목적이 되는 사항의 실행을 선동한 자는 7년 이하의 징역 또는 금고에 처한다.

제4조 제1조 제1항의 목적으로 소요·폭행 기타 생명·신체 또는 재산에 해를 가할 수 있는 범죄를 선동한 자는 10년 이하의 징역 또는 금고에 처한다.

제5조 제1조 제1항 및 전3조의 죄를 범하게 할 것을 목적으로 하여 금품 기타의 재산상의 이익을 공여하거나 그 신청 또는 약속을 한 자는 5년 이하의 징역 또는 금고에 처한다. 공여를 받거나 그 요구 또는 약속을 한 자도 같다.

제6조 전5조의 죄를 범한 자가 자수한 때에는 그 형을 감경 또는 면제한다.

제7조 이 법은 이 법의 시행구역 외에서 죄를 범한 자에게도 적용한다.

부칙

다이쇼 12년(1923년) 칙령 제403호는 폐지한다.

치안유지법의 적용은 '內地'보다 식민지 조선에서 먼저 그 법이 적용되었다. 일본에서 치안유지법이 최초로 적용된 사건은 1926년 1월 15일 사회과학연구회 회원 다수가 검거되어 그중 38명의 학생[196]이 치안유지법 및 출판법 위반으로 기소된 '京都学連事件'이었다.[197]

1925년 4월 『開闢』誌에는 치안유지법의 성립 배경과 대한제국시기 보안법과 1919년 3·1운동 직후 만들어진 '제령 7호'와 더불어 치안유지법이 만들어져 '삼중으로 인민을 억압'하게 되었음을 지적하고 있다.

---

[196] 그중에 20명이 교토 제국대학 출신이었다.
[197] 리차드 H. 미첼, 김윤식 옮김, 『일제의 사상통제―사상전향과 법체계―』, 일지사, 1982, 86쪽.

"… 日露協約의 성립을 구실로 하야 작년 過激法案의 變形兒인 소위 治安
維持法案을 의회에 제출한 바 群盲의 論象과 가티 甲論乙駁하다가 결국 多
大數로 無事通過되고 다시 貴院까지 提案이 되얏슨즉 여기도 또한 無事通過
되야 不日 施行될 것은 물론이오 따라서 朝鮮에까지 실시할 것도 명료한 사
실이다. 現制度下에 잇서 권력자가 自行自止로 법령을 제정하야 인민을 억
압하는 것을 誰가 감히 容喙하며 더구나 無權無力한 우리 朝鮮이야 엇지 一
言의 抗爭과 非難을 할 수 잇스랴. 현재에도 舊韓國時代의 대표적 악법이라
할만한 소위 保安法이 절대의 효력이 잇고 또 己未 民族運動時에 特別施行
한 制令 7號의 苛法이 잇서 인민을 억압하는 외에 三重으로 此 治安維持法이
실시되게 되면 우리 朝鮮人은 手足動靜까지도 一毫의 자유가 업시 되야 결
국 사람의 형체를 具한 者치고는 法網에 罹치 안을 者가 업슬 것이다."[198]

1925년 5월에 공포된 치안유지법은 쇼와 3년(1928년) 칙령 제129호에
따라 다음과 같이 개정되었다.

[昭和 3년 6월 29일 긴급勅令(129호)에 의하야 개정][199]
제1조 國體를 변혁함을 목적하고 結社를 조직한 자나 결사의 役員(간부) 기
타 지도자의 임무에 종사한 자는 사형이나 무기 혹은 5년 이상의 징역
이나 禁錮에 처하며 情을 알고 結社에 가입한 자 또는 결사의 목적을
수행하려는 행위를 한 자에 2년 이상의 징역이나 금고에 처함. 사유재
산제도를 부인함을 목적하고 結社를 조직한 자나 情을 알고 결사에
가입한 자 혹은 결사의 목적을 수행하라고 행위를 한 자는 10년 이상
의 징역이나 금고에 처함. 前 2項의 미수죄는 此를 罰함.
제2조 前條 제1항이나 제2항의 목적으로써 그 목적인 事項의 실행에 관하야
협의를 한 자는 7년 이하의 징역이나 금고에 처함.

........................................

198) 「二重三重의 惡法令」, 『개벽』 제58호, 1925.4.1, 10쪽.
199) 『朝鮮總督府官報』 제454호, 1928.7.4.

제3조 제1조 제1항이나 제2항의 목적으로써 그 목적인 事項의 실행을 선동한 자는 7년 이하의 징역이나 금고에 처함.

제4조 제1조 제1항이나 제2항의 목적으로써 소요 폭행 기타 생명 신체나 재산에 해를 가할 범죄를 선동한 자는 10년 이하의 징역이나 금고에 처함.

제5조 제1조 제2항 및 前 3條의 죄를 범하게 함을 목적하고 금품 기타의 재산상 이익을 제공하거나 그 申込(請願) 혹 약속을 한 자 5년 이하의 징역이나 금고에 처함. 情을 알고 供與를 받거나 그 요구 혹은 약속을 한 자도 또한 동일함.

제6조 前5條의 죄를 범한 자가 자수한 내에는 형을 경감 혹은 면제함.

제7조 본법은 何人을 물론하고 본법 실행구역 외에서 죄를 범한 자에게도 또한 此를 적용함.


다나카(田中義一) 내각하에서 개정된 치안유지법의 주요 내용은 다음의 두 가지였다.

첫째, 형량을 높여 국체 변혁을 목적으로서 결사를 조직한 자, 지도한 자에게 최고 사형을 부과하였다. 엄벌주의를 취한 것으로 좌익에 대한 위압과 예방을 노린 것이고 일반에게는 이러한 부분이 강조되었다. 둘째, '목적수행죄'를 설치한 것이다. 이것은 치안유지법의 죄를 만드는 구성요건인 '목적죄'라는 특별한 용어이고 새로운 벌칙이다. 간단히 말하면 공산당의 활동을 지지하고 당의 목적에 기여한다고 보여지는 여러 가지 행위를 벌하는 것이다. 선전도 당연 포함되었다. 당초는 비판다운 비판도 없었지만 나중에는 확대 적용되어 맹위를 떨치게 되었다. 엄벌화보다도 상당히 중대한 개정 부분이었다고 할 수 있다.[200]

..........

[200] 中澤俊輔, 『治安維持法 ─ なぜ政黨政治は'惡法'を生んだか』, 中央公論新社, 2012, 95~98쪽.

이와 같이 개정 치안유지법은 '사유재산을 부인하는 사상'과 '국체를 변혁하는 사상'을 구별한 것이었다. 또 '목적수행죄'를 두어서 1925년 치안유지법에서는 공산당의 정식 당원인 피의자 만이 기소될 수 있었지만, 구성원 이외의 자를 비합법 결사의 '목적수행죄'로 처벌할 수 있게 된 것이었다. 다나카 내각은 이 개정안을 제55회 제국의회에서 통과시키려 했지만 회기 종료로 성립되지 못하자 긴급 칙령으로서 이를 제출하여 통과시켰다.[201]

일본제국 내에서 치안유지법의 개정안이 제출된 배경은 '3·15사건'이라는 일본공산당 등에 대한 대대적인 검거사건이었다. 1928년 2월 제1회 보통선거가 실시되었지만 사회주의적 정당(무산정당)의 활동에 위기감을 느낀 다나카 내각은 1928년 3월 15일 치안유지법 위반혐의로 전국에서 일제히 검거를 실시했다. 일본공산당(비합법정당의 제2차 공산당), 노동농민당(勞働農民党) 등의 관계자 약 1,600명이 검거되어 그 가운데 500여 명이 기소되었다.

1928년 4월 10일 '공산당의 결사 폭로, 전국에서 천여 명 대검거' '국체를 근본적으로 변혁하고 노농독재정치를 계획'이라는 '3·15사건'에 대한 기사가 신문에 보도되었다. 1928년 4월 11일 다나카 내각은 "사건의 내용은 완전 무결의 국체를 근본적으로 변혁하여 노농계급의 독재정치를 수립하고 그 근본방침으로서 힘을 노농러시아 옹호 및 각 식민지의 완전한 독립 등에 바쳐 공산주의사회의 실현을 기하고 당면 정책으로서 혁명을 수행하는데 있다는 것이다"라는 성명을 발표했다. 이 성명은 공

---

[201] 일본의 메이지 헌법 제8조는 의회의 폐회의 경우 공공의 안전을 보지하기 위한 법률에 대체될 수 있도록 칙령의 제정이 인정되어 있었고, 이러한 칙령은 다음 회기까지는 법률로서 효력을 가질 수 있었다(리차드 H. 미첼, 김윤식 옮김, 『일제의 사상통제-사상전향과 그 법체계-』, 일지사, 1982, 106쪽).

산주의가 주창하는 '노농계급의 독재정치'가 국체변혁에 해당한다는 것을 정부가 공식으로 인정한 최초의 것이다. 일본공산당의 「27년 테제」는 '군주제의 폐지'를 언급하고 있고 이것이 공산당에게 '국체변혁' 조항을 적용하는 단서로 되었다. 다나카 수상의 성명은 국체에 대한 반역자로서 공산당을 규탄하고 공산주의에 대한 혐오를 국민에게 안겨주는 것이었다.[202]

이후 치안유지법은 1941년 3월 8일 법률 제54로 대폭 개정, 시행되었다. 이 치안유지법은 제3장 총 65조로 구성되었으며 제1장은 치안유지법의 죄, 제2장에는 형사수속을 상세히 규정하였고 제3장에는 예방구금(豫防拘禁)을 포괄하였다. 이 예방구금은 "치안유지법의 죄를 범하여 형에 처하여진 자가 집행을 종료하여 석방되는 경우에 석방 후 다시 동법의 죄를 범할 우려가 현저한 때에는 재판소는 검사의 청구에 의하여 본인을 예방구금에 부친다는 취지를 명할 수 있다."는 것으로 조선총독부 제령 제8호로 제정된 「조선사상범예방구금령」(제정 1941.2.12, 시행 1941.3.10) 총 26조를 거의 그대로 수용하고 있다.[203]

---

202) 中澤俊輔, 『治安維持法-なぜ政黨政治は'惡法'を生んだか』, 中央公論新社, 2012, 98쪽.
203) 전명혁, 「1920년대 '사상사건(思想事件)'의 치안유지법 적용 및 형사재판과정」, 『역사연구』 37호, 2019.12 참조.

이 문서는 조선공산당 관련 이성태(李星泰, 29세) 외 2인에 대한 치안
유지법 관련 사건에 대한 1929년 2월 27일 경성지방법원 형사부의 판결
문이다. 그 내용은 다음과 같다.

1. 본적 충청남도 당진군 합덕면 운산리
   주거 경성부 청진동223번지
   조선지광(朝鮮之光) 기자 이성태(29세)

2. 본적 강원도 고성군 신북면 온정리
   주거 경성부 다동정 51번지
   무직 박봉운 또는 한명찬(25세)

3. 본적 경상남도 통영군 이운면 아주리 288번지
   주거 경상남도 김해군 대저면 도도리(桃島里) 윤일 또는 윤택근(37세)

위 사람에 대한 치안유지법 위반 피고사건에 대해 조선총독부 검사
미우라 후지로(三浦藤郎) 관여 후 다음과 같이 심리 판결한다.

## 주문

피고 이성태(李星泰), 한명찬(韓明燦) 2명을 징역 6년, 피고 윤택근을 징역 5년에 처한다.

미결구류 일수 중 100일을 위의 피고 3명의 각 본형에 산입한다.

압수에 관계된 세칙 및 당칙(증 제1호의 3 및 제2호의 1)은 이를 몰수한다.

## 이유

제1. 피고 한명찬은 다이쇼 15년(1926년) 11월 하순경 조선공산당원 김병일(金炳一)의 하숙집 경성부 수송동 조선인 모(某) 집에서 동인의 권유로, 피고 윤택근은 쇼와 2년(1927년) 7월 중순경 경상남도 김해군 김해읍 내 금능 뒷산에서 동(同) 공산당원 노백용(盧百容)의 종용에 따라, 피고 이성태는 쇼와 3년(1928년) 3월 10일경 경성부 청진동 233번지 조선지광사 사무소에서 동 공산당원 이경호(李景鎬)의 권유로, 모두 조선공산당은 조선을 일본제국의 굴레로부터 이탈시키고 또 조선에서의 사유재산제도를 부인하고 공산 제도를 실현시킬 목적으로 조직된 비밀결사임을 잘 알면서 이에 입당했는데, 그 후 조선공산당은 많은 간부가 관헌에 검거되어 바로 와해의 비경에 직면하게 되어 피고 등은 이를 만회할 것을 계획하고 피고 한명찬은 쇼와 2년(1927년) 3월 중순경, 피고 이성태는 쇼와 3년(1928년) 3월 중순경, 피고 윤택근은 쇼와 3년(1928년) 6월 3일경 모두 중앙집행위원에 취임하고 피고 이성태는 조직부장, 피고 한명찬은 정치부장, 피고 윤택근은 정치부원이 되고, 피고 이성태는 쇼와 3년(1928년) 3월 17일부터 6월 12일까지, 피고 한명찬은 동년 4월 초순부터 7월 4일까지 경성부 죽첨정 3정목(丁目) 43번지 차금봉의 집 기타 수개소(數箇所)에서, 피고 윤택근은 동년 6월 5일부터 동년 7월 4일까지 경성부 북미창정 89번지 이혁로(李赫魯)의 집 기타 여러 곳에서 각각 개최된 중앙집행위원회에 수차례 참석하였고 동당의 발전에 관하여 협의하고 그 사이 동 당의 세칙(증 제1호의 3) 및 당칙(증 제2호의 1)을 제정하고 러시아 모스크바 주재 제3국제공산당과 연락을 취하고 그 목적 달성을 위해 각종 운동을 하면서 임원의 임무에 종사하고,

제2. 피고 한명찬은 범의 계속하여 다이쇼 15년(1926년) 11월 하순경 고려공산청년회원 김병일(金炳一)의 하숙집 경성부 수송동 조선인 모(某) 집에서 동인의 권유로 고려공산청년회는 위와 동일한 목적으로 조직된 비밀결사라는 것을 잘 알면서 이에 입회한 것이다.

증거를 조사함에 판시 1의 사실 주 피고 이성태에 관한 부분은 동 피고의 당 공정에서의 그 뜻의 공술에 의해 이를 인정하고 피고 한명찬에 관한 부분 중 입당 일, 장소를 제외하고 그 나머지 사실은 동 피고의 당 공정에서의 그 뜻의 공술에 따르고, 동 피고인이 판시 날, 장소에서 판시 조선 공산당에 가입한 것은 동 피고의 제1 예심 신문조서 중 그 뜻의 공술 기재가 있음에 의해 각각 이를 인정하고, 또 피고 윤택근에 대한 부분 중 판시 조선공산당이 사유재산제도를 부인할 목적으로 한 것을 제외하고 그 나머지 사실은 피고의 당 공정에서의 그 뜻의 공술에 따르고, 동 공산당이 위와 같은 점을 그 목적으로 하고 또 피고가 이를 알고 입당한 것은 동 피고의 제2회 예심 신문조서 중 그 취지의 기재가 있음에 의해 모두 이를 인정한다. 따라서 판시와 같이 인정하고 판시 2의 사실 중 범의 계속이라는 점 및 고려공산당 청년회의 결사 목적 및 입회 일, 장소를 제외하고 그 나머지 사실은 피고 한명찬이 당 공정에서의 그

취지의 공술에 따르고, 또 동회가 판시와 같은 목적을 가지고 있다는 것 및 피고가 판시일, 판시 장소에서 동 피고의 제2회 예심 신문조서 중 그 취지의 공술 기재가 있음에 따르고 또 범의 계속이라는 점은 동 피고가 단기간에 동종의 범행을 반복 누행한 사실에 비추어 모두 이를 인정한다. 따라서 판시와 같이 인정한다.

## 해 제

이 문서는 조선공산당 관련하여 1928년 7월에 검거된 이성태(李星泰, 29세) 외 2인에 대한 치안유지법 관련 사건에 대한 1929년 2월 27일 경성지방법원 형사부의 판결문으로 사건번호는 昭和3年刑公第1524號, 1630號이다. 이 사건에 관여한 판사는 재판장 조선총독부판사 스에히로 세이키치(末廣淸吉), 판사 오노 가츠타로(小野勝太郎), 판사 김세완(金世玩)이다.

1925년 4월 17일 창립된 조선공산당은 1928년 12월 해체될 때까지 총 4차례에 걸친 일제의 탄압을 받는다. 1928년 2월 2일 '제3차 조선공산당 사건'('ML당 사건')에서 검거를 피한 당원들이 중심이 되어 경기도 고양군 용강면 아현리 537번지 김병환의 집에서 정백 등 10여 명이 모여 1928년 2월 27~28일 조선공산당의 마지막 당대회였던 3차당대회를 열었다.

이 사건은 바로 1928년 2월 27~28일 개최된 조선공산당 3차당대회 직후 조선공산당에 대한 검거 즉 제4차 조선공산당 사건의 시작을 알리는 일제의 조선공산당 검거사건이다. 당시 경기도 경찰부는 1928년 7월 5일 한명찬, 윤일(윤택근), 이성태 등을 검거하여 취조결과 이들이 1928년 2월 재조직된 '4차조선공산당'의 간부로 활동하고 있음을 파악하게 되었다.[204]

1928년 7월 5일 검거된 이성태, 한명찬, 윤택근 등은 경성지방법원 고이(五井) 예심판사의 예심을 거쳐 1929년 2월 20일 경성지방법원 형사부에서 제1회 공판이 개최되었다. 이 재판은 스에히로 재판장과 모리우라(森浦) 검사, 한국종(韓國鍾), 이인, 허헌 변호사가 참여하였다. 이 재판은 1928년 4월 29일 긴급칙령 제129호에 의해 치안유지법이 개정된 이후 처음으로 검거된 사건의 공판이었고 이성태는 오랫동안 조선지광, 이론투쟁의 필진이었다.[205]

이 사건의 관련자 한명찬은 강원도 대표, 윤일(윤택근)은 경남대표로 참여하였다. 여기서 조선공산당은 조선공산당 당칙을 통과하고 코민테른결정서와 '국제공산당에 보고할 국내정세'(논강) 등을 가결하고 정백, 이정윤, 이경호 3인을 전형위원으로 선출하였다. 이때 책임비서로는 철도노동자 출신 차금봉이 선출되었다. 안광천, 양명, 한명찬, 김재명, 윤일, 김한경, 윤일, 이성태 등으로 중앙집행위원을 구성했다. 그리고 안광천을 정치부장, 김한경을 조직부장으로 선출했다.

조선공산당 3차당대회는 규약을 개정하고 「코민테른 결정서」를 토의했다. 「코민테른 결정서」는 1928년 1월 상해국제위원회으로부터 이정윤이 받은 것으로 파벌청산, 당을 노동자출신으로 강화할 것, 공장, 광산, 철도 등에 당세포를 조직할 것, 산별노조의 조직, 신간회를 프롤레타리아트의 요소로서 형성할 것 등을 지시했다. 조선공산당은 「결정서」 가운데 '파벌청산문제'에 대해서는 코민테른의 지시를 거부하고 "조선에서의 파쟁은 1927년 상반기 이후는 완전히 소멸되어 현재의 소당파는 전혀 비공산주의단체이므로 평화수단에 의한 해결의 필요를 인정하지 않

204) 京畿道警察部(京高秘 第8036號), 「秘密結社朝鮮共産黨竝二高麗共産靑年會事件檢擧ノ件」, 1928.10.27 참조.
205) 『동아일보』, 1929.2.21.

는다"라고 수정하여 가결했다.

1928년 4월 조선공산당은 경성부 죽첨정 3丁目 차금봉 집에서 4, 5회 중앙위원회를 개최했다. 출석자는 차금봉 안광천 김한경 한명찬 이성태 김재명 등이었다. 중앙위원회는 상해에 있는 양명(梁明)으로부터 보내온 국제정세에 관한 보고 및 그 밖의 각 위원회의 인사문제에 관한 보고를 접수하였다. 5월에 아현리에서 제6회 중앙위원회를 개최하고 조선공산당 세칙 및 정치논강('조선민족해방운동에 관한 테제')을 토의, 가결하였다. 이 테제는 안광천이 기초한 것으로 "조선의 장래 권력형태는 조선사회의 정세에 기초한 혁명적 인민공화국이어야 한다. 조선에 소비에트공화국을 건설하는 것은 좌익소아병적 견해이고 부르조아공화국을 건설하는 것은 우경적 견해"라고 하면서 "조선의 장래 권력 조직은 조선사회의 실정에 기초한 혁명적 인민공화국에 있어야 한다"고 '인민공화국'을 권력형태로 상정하였다.[206)

이후 '4차조선공산당'은 1928년 7월부터 10월에 이르기 가지 계속적인 일제의 검거로 책임비서 차금봉이 구속되는 등 조직이 와해되었고 코민테른의 「12월테제」의 지침에 따라 노동자와 빈농에 기초한 당 재건운동으로 나아가게 된다.

한명찬(韓明燦)은 1903년 강원도 고성 출신으로, 1924년 12월 관동청년대회 준비위원이 되었다. 1925년 4월 전조선노농대회 준비위원으로 선정되었고 7월 조선청년총동맹 중앙집행위원이 되었다. 10월 함남청년연맹 창립에 참여하여 집행위원이 되었다. 그해 말 고려공산청년동맹 강원도책이 되었고 1926년 1월 원산청년회 집행위원이 되었다. '원산청

---

206) 김준엽 · 김창순, 『한국공산주의운동사』 3권, 청계, 1986, 276쪽; 전명혁, 『1920년대 한국사회주의운동연구』, 선인, 2006, 72쪽.

년회원 검거사건'에 연루되어 일본경찰의 수배를 받았다. 같은 달 서면(書面)에 의한 동북노동연맹 창립대회에서 집행위원으로 선출되었다. 2월 원산노동청년회 상무집행위원, 고려공산청년동맹 중앙위원이 되었고 3월 레닌주의동맹에 참여했다. 7월 고려공산청년동맹 중앙위원회에서 고려공산청년회와 통합하여 단일한 고려공청을 건립할 것을 주장했다. 1927년 8월 청총 중앙집행위원이 되었고 9월 강원도청년연맹 혁신대회를 주도해 집행위원장이 되었다. 1928년 2월 고려공청 중앙위원, 조선공산당 정치부 위원이 되었다. 7월 일본경찰에 검거되어 1929년 경성지법에서 징역 6년을 선고받았다. 1945년 9월 조선인민공화국 인민위원으로 선출되었다.[207]

이성태(李星泰)는 1901년 제주도에서 태어나 1913년 3월 보통학교를 졸업하고 1915년 4월 농업학교를 졸업했다. 서울 휘문고등보통학교에서 3년간 수학한 후 1919년 4월 경성청년학관에 들어가 9월까지 다녔다. 1920년 10월 상해(上海)로 가서 『독립신문』의 기자가 되었다. 1921년 3월 귀국하여 중앙학교 사무원으로 일했다. 1922년 3월 창간된 『신생활』지의 기자로서 「생활의 불안」, 「크로포트킨 학설 연구」 등의 글을 실었다. 1923년 3월 『동아일보』에 물산장려운동을 반대하는 논문 「중산계급의 이기적 운동」을 발표했다. 8월 민중사 결성에 참여했고 9월 조선노동대회 준비회 발기인이 되었다. 1924년 6월 '정재달(鄭在達) 사건'에 연루되어 한때 검거되었다. 1928년 2월 조선공산당 제3차 대회에서 조직부 담당 중앙집행위원으로 선임되었다. 당 기관지 『조선지광(朝蘇之光)』 책임자가 되었고 상해로 가서 당대회 상황을 양명(梁明)을 통해 코민테른에 보고했다. 코민테른의 「국제정세에 관한 보고」를 받아 입국했다.

207) 강만길·성대경 편, 『한국사회주의운동인명사전』, 창비사, 1996 참조.

7월 종로경찰서에 검거되어 1929년 2월 경성지법에서 치안유지법 위반으로 징역 6년을 선고받았다. 1934년 11월 만기 출옥했다.[208]

윤일로 불리우는 윤택근(尹澤根) 1893년 경남 거제도에서 태어났다. 1925년 12월 경남청년연맹 준비위원회 상무위원, 1926년 4월 이운청년회(二運靑年會) 집행위원, 1926년 8월 신흥청년회 결성에 참여하고 집행위원이 되었다. 같은 달 사회주의 사상단체 불꽃회[火花會] 창립에 참여하고 집행위원이 되었다. 10월 거제청년연맹 출석 대의원, 조선사회단체중앙협의회 출석 대표, 조선사상총동맹 출석 대표로 선정되었다. 1928년 2월 조선공산당 제3차 대회에 경남 대표로 출석했다. 3월 조선공산당 중앙조직부원 및 경남도책으로 선정되었다. 1928년 7월 일본경찰에 체포되어 1929년 2월 경성지법에서 징역 5년을 선고받았다. 1945년 10월 부산에서 경남도인민위원회 결성에 참여하고 위원장이 되었다. 11월 전국인민위원회 대표자대회에 경남 대표로 참석했다. 1946년 2월 민주주의민족전선 결성대회에 참가하고 중앙위원으로 선출되었다. 같은 달 '조공 중앙 및 지방동지 연석간담회'에 경남 대표로 참석하여 '조공 대회소집준비위원회 구성건의서'에 서명했다. 10월 사회노동당 합당위원회에서 발표한 3당합당에 대한 결정서에 서명했다. 11월 사회노동당 중앙상임위원이 되었다.[209]

이 판결문의 법률 적용 사항은 다음과 같다.

피고 이성태의 결사 가입 및 그 후 결사의 임원인 중앙집행위원 및 조직부장이 된 행위는 그 행위 당시의 법령에 의하면 구 치안유지법 제1조 제1항[210]에 해당하고, 쇼와 3년(1928년) 칙령 제129조에 의해 개

---

208) 강만길 · 성대경 편, 위의 책 참조.
209) 강만길 · 성대경 편, 위의 책 참조.
210) 치안유지법(治安維持法) [시행 1925.4.29](다이쇼 14년 법률 제46호) 제1조 ①국체를

정된 현행 치안유지법에 의하면 결사 가입행위는 동 법 제1조 제1항 후단[211]에 해당함과 동시에 동 조 제2항 후단에 해당하고 그 후 임원이 된 행위는 동 조 제1항 전단에 해당하고 위 결사 가입은 하나의 행위로 여러 개의 죄명에 저촉됨으로 형법 제54조 제1항 전단,[212] 제10조[213]에 의해 무거운 국체변혁을 목적으로 하는 결사 가입 형에 따르고, 이것과 임원이 된 행위와는 연속 관계에 있음으로 동 법 제55조[214]를 적용하여 무거운 임원이 된 행위의 한 죄로 처단해야 하는 바, 범죄 후의 법률에 의해 형의 변경이 있는 경우임으로 동 법 제6조,[215] 제10에 의해 그 형을 대조하고 가벼운 구 치안유지법 제1조 제1항에 의해 처단함에 따라 그 소정 형 중 징역형을 선택하고 피고를 징역 6년에 처하고, 또 피고 한명찬, 윤택근의 결사 가입행위는 모두 행위 당시 법령에 의하면 구 치안유지법 제1조 제1항에 해당하고 위 칙령에 따라 개정된 현행 치안유지법에 의하면 동 법 제1조 제1항 후단에 해당함과 동시에 동조 제2항

....................................

변혁하거나 사유재산제도를 부인하는 것을 목적으로 결사를 조직하거나 이에 가입한 자는 10년 이하의 징역 또는 금고에 처한다. ②전항의 미수죄는 벌한다.

[211] 치안유지법 [昭和 3년 6월 29일 긴급勅令(129호)에 의하야 개정] 제1조 ① 國體를 변혁함을 목적하고 結社를 조직한 자나 결사의 役員(간부) 기타 지도자의 임무에 종사한 자는 사형이나 무기 혹은 5년 이상의 징역이나 禁錮에 처하며, 情을 알고 結社에 가입한 자 또는 결사의 목적을 수행하려는 행위를 한 자에 2년 이상의 징역이나 금고에 처함. ② 사유재산제도를 부인함을 목적하고 結社를 조직한 자나 情을 알고 결사에 가입한 자 혹은 결사의 목적을 수행하라고 행위를 한 자는 10년 이상의 징역이나 금고에 처함. 前 2項의 미수죄는 此를 罰함.

[212] 형법 제54조 "1개의 행위로서 수개의 죄명에 촉하거나 또는 범죄의 수단 또는 결과된 행위로 타의 죄명에 觸한 때는 그 가장 중형으로 처단한다."

[213] 형법 제10조 "主刑의 경중은 전조 기재의 순서에 의한다. 단, 무기금고와 유기징역은 금고로서 중함으로 하고 유기금고의 장기가 유기징역의 장기의 2배를 넘을 때는 금고로서 重함으로 한다."

[214] 형법 제55조 "연속한 수개의 행위로 동일 죄명에 觸할 때는 一罪로서 이를 처단한다."

[215] 형법 제6조 "범죄 후의 법률에 因하여 형의 변경이 있는 때는 그 輕한 것을 적용한다."

후단에 해당하여 모두 하나의 행위로 여러 개의 죄명에 저촉됨으로 형법 제54조 1항 전단, 제10조에 따라 국체변혁을 목적으로 하는 결사 가입 형에 따라 처단한다. 또 피고 등이 결사 임원인 중앙집행위원 및 정치부장, 정치 부원이 된 소행은 현행 치안유지법 제1조 제1항 전단에 해당하고 위 결사가입 행위와 연속관계에 있음으로 형법 제55조에 따라 무거운 임원이 된 행위의 형에 따라 그 소정 형 중 유기징역형을 선택하고 그 범위 내에서 피고 한명찬을 징역 6년, 피고 윤택근을 징역 5년에 처한다. 미결 구류 일수 중 100일은 동 법 제21조에 따라 모두 피고 등 각 본 형에 산입하고, 주문 특기(특필)의 압수 물건은 모두 판시 임원인 임무에 종사한 행위에서 발생한 물건으로 피고 이외의 사람에게 속하지 않음에 따라 동 법 제19조에 의해 이를 몰수하기로 한다.

# ▌찾아보기 ▌

## ㅇ

## 전명혁(全明赫)

(현) 동국대학교 대외교류연구원 연구교수

(현) 한국외국어대 정보기록학과 겸임교수

성균관대학교 대학원 사학과 문학박사

역사학연구소 소장, 민주화운동기념사업회 사료관과 연구소 책임연구원, 진실화해를위한과거사정리위원회 전문위원, 성공회대학교 민주자료관 부관장 등을 역임하였다. 한국근현대 사회운동사 전공으로 최근에는 사상사, 법제사, 기록과 역사 등에도 많은 관심을 가지고 연구하고 있다. 최근 주요 저작으로 『1920년대 한국사회주의운동연구』(2006), 『한국현대사와 국가폭력』(공저, 2019), 『1919년 3월 1일을 걷다』(공저, 2019) 등과 「1920년대 '사상사건(思想事件)'의 치안유지법 적용 및 형사재판과정」(2019), 「1930년대 초 사회주의 잡지 『이러타』의 성격과 지향」(2018), 「1960년대 '남조선해방전략당'의 형성과 성격」(2016), 「1960년대 '1차인혁당' 연구」(2011) 등 논문이 있다.